rowohlt

Adolf Frisé

WIR LEBEN IMMER MEHRERE LEBEN

Erinnerungen

Rowohlt

Lektorat Hans Georg Heepe

1. Auflage Januar 2004

Satz aus der Aldus PostScript
von hanseatenSatz-bremen, Bremen
Druck und Bindung Clausen & Bosse, Leck
Printed in Germany
ISBN 3 498 02091 9

WIR LEBEN
IMMER MEHRERE
LEBEN

ES WAR MÄRZ, April, schon das zweite, bald das dritte Jahr Krieg. Etwa neun, halb zehn. Ein Tag wie all die Tage, leer, fahl, es hatte bis in den Morgen geregnet. Ich war noch nicht sechs, die Schule lag noch vor mir. Ich kann mich an keinen Tag davor erinnern. Unsere Straße war mir noch nicht wirklich vertraut. Sie wäre mir, doch nun war hier unser Zuhause, kaum aufgefallen. Sie begann, sie beginnt bis heute, im rechten Winkel zu der Straße mit den Geschäften, mitten in der Stadt. Sie schlich, vorbei an uns, nur zweihundert, dreihundert Meter weiter wie von sich gelangweilt aus ihr hinaus, sie verlief sich da. Die Lage ringsum war für mich ganz und gar offen. Es irritierte mich nicht. Ich hatte noch nicht den Blick dafür. Das Schild an unserer Ecke sagte mir nichts. Ich sah nicht mal zu ihm hoch, ich brauchte es nicht. Ich wußte, wir wohnten in der Petersstraße, links, rechts geht es in die Remigiusstraße. Remigius, einer war, fünftes, sechstes Jahrhundert, Bischof von Reims, einer, neuntes Jahrhundert, Erzbischof von Lyon. Ruderknechte Gottes, sie wurden heiliggesprochen. Der erste hatte auch der Kirche, ihr natürlich vorweg, seinen Namen gegeben. Sie war von uns aus nicht zu sehen. Ich erschrak, als ich mit der Mutter, der Schwester auf einmal vor ihr stand: Der spitze Turm schoß vor uns hoch, er schüchterte mich ein. Das war nach der ersten Nacht in unserem Haus. Es waren zwei Häuser. Man hätte sie verwechseln können. Sie waren beide, symmetrisch aufeinander abgestimmt, weiß mit einem Schimmer Grau gestrichen. Sie standen da wie Zwillinge. Jedes zusätzlich mit einer schmalen Gasse, einer Einfahrt für den Handkarren, fürs Fahrrad. Ich hatte mir so ein Haus gewünscht. Ein Tunnel exklusiv für mich. Der Weg von der Haustür durch den Flur, die Küche war mir zu umständlich.

So trat ich aus meinem Tunnel hinaus, und schon war ich im Garten.

Wir waren noch nicht lange hier. Drei Wochen, drei Monate. Ich hatte auch kein Gefühl für die Zeit. Ja, ich übersah nicht mal, wo wir waren. Viersen, Niederrhein. Ich bezweifle, daß ich das begriff. Es war mir bereits entfallen, von wo wir hierhergekommen waren. Das Bergische Land, Unter-Eschbach, Immekeppel, das alles war schon ferngerückt. Euskirchen, ein Name, für mich ein gedachter Punkt, aber ich war da geboren. Da hatte es angefangen. Das war noch weiter weg.

Ich wartete auf die Mutter. Sie hatte es mir schon einmal und noch einmal gesagt, morgen nehme ich dich mit. Sie ging schon ich weiß nicht das wievielte Mal, sie ging jeden Tag zum Lazarett. Aber es klingelte, die Frau von nebenan stand vor der Tür, die Mutter mochte sie nicht wegschicken. Ich drängte sie nicht, es ist Zeit, komm, das wagte ich nicht. Nein, ich quengelte nicht. Ich stand nur da oder ich ging zu ihr, zeigte mich. Hätte sie gelächelt, mir über den Kopf gestrichen, mich an sich gedrückt, ich wäre ohne ein Wort in den Flur zurückgegangen, hätte mich auf die Treppe gesetzt, neu auf sie gewartet. Kann sein, ich hoffte, sie würde sagen, geh schon, und ich wäre stolz gewesen, daß sie es mir zutraute, den Weg zu finden. Möglich auch, ich kannte ihn, links und noch mal links, dann immer geradeaus. Oder hatte sie mich, wie sie es mir versprach, doch am Ende mitgenommen? Oder, ich bin sicher, so wird es gewesen sein, ich wartete nicht mehr, ich zog einfach los.

Ich sehe es wie gestern. Ich stand unvermittelt vor seinem Bett. Dein Vater? Eine der Schwestern auf der Station hatte mich zu ihm geführt. Da waren auch andere Betten. Ich sah nur sein Bett, nur ihn. Ein Mann den sie von weit, sehr weit hierhergebracht hatten. Ich kannte die Geschichte. Es war irgendwo in Rußland. Er hatte da gottverlassen schwerverwundet in einem Graben gelegen. Granatsplitter im rechten Oberschenkel, er war ohne Bewußtsein. Ein Soldat wie er, auch Landsturmmann, hatte ihn in letzter Minute wie durch Zufall entdeckt. Er fühlte seinen Puls an seiner Hand, am Hals. Er lebte noch. Er hob ihn vorsichtig hoch, schulterte ihn. Er, er allein, da war niemand, der ihm hätte helfen können, brachte ihn in Sicherheit. Es stand fest, er wäre ohne ihn verblutet. Daran dachte ich.

Er war, so wie er dalag, für mich ein Fremder. Ich hätte ihn kennen müssen. Er hieß Adolf Altengarten. Er war schon so gesehen der Vater. Nur, ich entsann mich nicht, wann und wo ich ihn schon mal gesehen hatte. Ich hätte nicht sagen können, ob ich etwas und was ich für ihn empfand. Er sah mich an, wie ich ihn ansah, aber ich könnte es nicht beschreiben, wie genau er mich ansah. Es war sein Gesicht. Hager, abgezehrt, ein hartes Gesicht. Es gab einen Moment, da dachte ich, er stirbt, gleich ist er tot. Setz dich. Ich höre es noch. Er war Lehrer. Es fiel mir wieder ein, ich hatte es vergessen. Ich hatte noch nie einen Lehrer gesehen. Mir schien, ich war für ihn irgendein Junge. Ich war nicht aus Neugier zu ihm gegangen. Doch, natürlich, ich hatte ihn sehen wollen, die Mutter hatte es gewollt. Mit ihr war alles anders.

DER ERSTE SCHULTAG. Ob es so war, ich mag mich täuschen. Ich sehe niemanden, der mich an die Hand nahm, mich hinbrachte, mich der Schule übergab. Ich sehe nicht mal mich selbst. Aber die Mutter hätte mich wohl kaum allein gehen lassen. Es könnte mir peinlich gewesen sein. Oder ich sagte mich insgeheim von ihr los, stellte mich instinktiv darauf ein, daß ich mich mit dem, was mich erwartete, nur noch auf mich selbst verlassen könnte. Ich nehme an, ich kam mir wie ausgesetzt vor, aber es ängstigte mich nicht. Der Platz um die Schule war nach allen Seiten offen. Jeder hätte ihn passieren können, indes der Abstand zu uns wurde gewahrt. Ein Areal wie aus längst vergangener Zeit. Der Schultheißenhof. In zwei

Reihen sieben, acht mächtige Kastanienbäume. Im Hintergrund, von ihnen und den Häusern davor verdeckt, die Kirche, vor deren Turm ich erschrocken war. Nach Süden, auf der Sonnenseite, mit hochgelegenen eng vergitterten wie nie geöffneten Fenstern, das Amtsgericht. Hier war einst der Amtsplatz. Die Aura einer einmal von Privilegien beschützten Zone.

Keine Erinnerung an auch nur einen der Mitschüler, nicht mal an den oder die, die neben mir saßen. Auch an keinen der Lehrer. Es blieb nur die Vorstellung, es war immer derselbe Lehrer. Er entschied, unwiderruflich, was recht, was nicht recht war. Er rief mal den, mal jenen auf, hieß ihn vortreten, ihm die Hand, die Innenfläche nach oben, straff entgegenzustrecken, auf den Schlag, Schlag auf Schlag, mit der Weidenrute zu warten. Jeder Schlag, das war das Kalkül, durchzuckte auch mich, durchzuckte jeden von uns. Die Furcht, mehr Schock als Furcht, es könnte mich treffen, das Gefühl der Erleichterung, wenn ich verschont blieb. Hernach der eingeredete Mut, ich spiele nicht mit, ich verweigere mich. Der eine, der andere, den es traf, seifte in der Pause die gepeitschte Hand ein, ließ sie anschwellen, zeigte sie herum. Die Gedichte, die wir auswendig zu lernen hatten. Hatte ich, was ich mnemotechnisch speicherte, ohne zu stocken aufgesagt, vergaß ich es. So vieles versank, noch ehe ich es verstand.

So auch die Erinnerung an den Tag, an dem wir, vorbei an der Kirche, auf Abstand vorbei an der Schule in eine andere Straße zogen. Zu Fuß waren es zwanzig, allenfalls dreißig Minuten. Gleichwohl ein Umzug wie in eine andere Stadt. Ich bekam nicht mit, wie das ablief, erfuhr es erst, als es vorbei war. Ich saß in meiner Schulbank, machte mir keine Gedanken. Währenddem fuhr der Möbelwagen vor, vier, fünf Packer beluden ihn, luden eine halbe Stunde danach Betten, Schränke, Tische, Stühle wieder aus. Wie über Nacht hatten wir ein neues Zuhause, ja nun erst; ich denke, wir alle sahen es so, hatten wir ein Zuhause. Wieder eine Straße, die sich nicht lange in der Stadt aufhielt, bald wieder aus ihr hinausführte. Ein auf den ersten Blick präsentables Haus, Baujahr 1902. Eine Wohnung, fünf Zimmer, im ersten Stock, unter uns die alte Hausbesitzerin, eine ihrer zwei Töchter eine ledige Studienrätin, über uns eine auch alte Frau von einem großen Bauernhof, mit ihr eine gleichfalls ledige Tochter, auch sie war Lehrerin. Darüber das offene Dachgeschoß, fünf Mansarden, eine davon für die Schwester, eine für mich. Nun waren wir eine Familie. Es gab sie schon seit dem Frühjahr 1913. Ich hatte sie da nicht wahrgenommen, vielmehr was ich wahrnahm aus den Augen verloren. Es war ja auch, bis der Krieg kam, nicht viel mehr als ein Jahr gewesen. Für die Mutter wie den Mann, den ich im Lazarett nicht wiedererkannte, ein Provisorium, ein zweiter Versuch mit ungewissem Ausgang. Davon ahnte ich nichts, oder ich hatte es geahnt, wenn nicht sogar gewußt, nur mir nicht erklären können. Es war nicht zu ändern, so nichts als ein unnützer Ballast, ich schob ihn beiseite. Die Fantasie des kleinen Jungen lenkte den Blick nicht in die Vergangenheit. Er war für das, was hinter ihm lag, nicht verantwortlich. Er hatte, aus seiner Sicht, nicht daran teil.

Zwei der fünf Zimmer lagen zur Straße. Drei Fenster, zwischen ihnen ein Erker, er sprang etwa einen halben Meter vor. Links ein Auslug, rechts ein Auslug, blaue, rote, grüne bleigefaßte Butzenscheiben. Wer da, gelangweilt, neugierig, wozu immer stand, war für den, der zu uns hinaufsah, nur ein Schatten. Ein Raum, der für mich so, doch nicht allein deshalb, immer ein Geheimnis hatte. Zum Zimmer nebenan, es war ein Drittel schmaler, ging es durch eine Flügeltür. Bei unserem Einzug war sie weit geöffnet. Wir standen vor einem kleinen leeren Saal. Mir ging durch den Kopf, was sich alles damit machen ließe, aber es blieb so keine Woche. Es war schade, die Chance zu einem Stil, der den zwei Zimmern als Ganzes entsprochen hätte, vertan. Freilich, es war nicht die Zeit, sich in seinen vier Wänden komfortabel breitzumachen. Etwas von der Ambition indes, im tristen Alltag damals die Tür zu einem einmal besseren Leben offenzuhalten, war noch da. So weit natürlich dachte ich nicht. Die Straße beschäftigte mich. Wir hatten nun die Trambahn vor der Tür. Sie kam über Tag alle fünfzehn, zwanzig Minuten dicht bei uns vorbei, nur hundert Meter von uns hatte sie ihre Haltestelle. Es gab ständig etwas zu sehen. Eine Prozession, einen Leichenzug, die Feuerwehr, das Hin und Her der Nachbarn. So viele Menschen, die ich nicht kannte, manche, die ich wiedererkannte. Einmal, gleich in den ersten Tagen, stellte ich mir vor, der eine oder andere käme zu uns herauf, besuchte uns, die schöne Front zur Straße und was sie bot würde ihm gefallen. So verfehlt war das nicht. Mit seinem Meublement des gehobenen Geschmacks war es für uns das Vorzeigezimmer, ein Blüthner oder Steinway hätte noch dazugehört. Für die Mutter war es schlicht das Eßzimmer. Eine Funktion, der es nicht ein einziges Mal gerecht zu werden hatte. Es wurde hier nie ein Namenstag gefeiert, ein Geburtstag ohnehin nicht, unter Katholiken gab es ihn nicht, nicht mal Weihnachten.

Es stand mir nicht zu, mich zu verwundern, warum. Ich nahm es hin, der Respekt gebot es. Es war eben, ohne jeden Nutzen, ein Raum besonderer Art. Womöglich hatten sich, es fragt sich für wen, Erwartungen daran geknüpft, und sei es nur der Traum von der großen Tafel mit einigen guten Freunden. Das Porzellan, das Silberbesteck dafür lagen bereit. Sie wurden nur ein Mal im Jahr, zum Hausputz, aus dem Büffet herausgenommen. An die Wand daneben war, wie eine Ikone, das schwarzgerahmte große Foto einer ernsten jungen hübschen Frau plaziert. Es hieß dazu nur: Vaters erste Frau, sie lebt nicht mehr. Ich dachte mir nichts dabei. So vieles blieb unausgesprochen. Gab es Tabus? Ich hatte auch mit sechs, sieben kein Zeitgefühl. Wann war sie gestorben? Gab es mich da schon? Ich stellte keine Fragen. Ich hatte schon erfahren, es wäre unangebracht. Ich lebte arglos in den Tag hinein. Zudem, der Vater war nun bei uns. Schwerkriegsbeschädigt, für Jahre Invalide, herzkrank, war er erst seit ein paar Wochen in einem Nest am Rande der Stadt Rektor einer Schule, wie ich sie besuchte. Es war ziemlich nah zu uns. Die Minuten bei ihm im Lazarett lagen gerade erst ein Jahr zurück.

Wir kannten uns nun, wußten, wen wir vor uns hatten, aber wir waren uns, wenn sich das so sagen ließe, nicht nähergekommen. Er kaufte Bücher, sie wurden ihm ins Haus geschickt. Das war neu für mich. Im Schrank, im Zimmer zum Garten, standen glasgeschützt zweieinhalb Reihen Klassiker, Herder und so fort bis Platen, Lenau, ich hatte noch nie von ihnen gehört, Meyers vielbändiges Lexikon, eine Monographie mit vielen Bildern vom Menschen, ich sah unser Inneres aufgeklappt, ich studierte, was da vor sich ging, vertiefte mich in unsere Struktur, tastete das Geflecht der Adern, der Nervenstränge ab, zwei Bände, auch sie reich illustriert, zum Krieg 1870/71, für mich Bilder einer verwirrenden rohen Romantik. Die lange Pfeife des Vaters, sie reichte bis auf den Boden, gehörte dazu. Der gepflegte Schnauzbart, um die Augen, den Mund manchmal ein Anflug von Spott. Ein Mann um die vierzig, aber derlei schätzte ich noch nicht ein. Die Mutter erschien mir, ihm gegenüber, bald jünger, bald so alt wie er. Sie stammten beide aus Köln, aber sie hatten, das klang hin und wieder an, keine gemeinsame oder nur ähnliche Kölner Geschichte. Sein Vater war, irgendwo vor der Stadt, Landwirt, für ihn «ne Kölsche Kappesbur». Er lebte wohl nicht mehr, ich sah ihn nie. Die Mutter war im Norden Kölns, nicht weit vom Rhein, in einer riesigen Gartenwirtschaft mit samstags, sonntags Hunderten von Gästen aufgewachsen. Für sie war es das elterliche Etablissement. Dies wie das war kein Gesprächsstoff zwischen ihnen. Sie sprachen über unseren Anteil am Garten mit Äpfel-, Zwetschen-, Mirabellenbäumen, über seinen Mustergarten bei der Schule, über seine Rosenzucht dort, sein Spalierobst, seine Salat-, Kräuter-, Gurken-, Tomatenbeete, seinen Rosenkohl, seine Stangenbohnen. Es war seine Welt, nichts sonst, auch nicht seine Bücher, schien ihm auch nur annähernd so wichtig. Er lebte *bei* uns, nicht *mit* uns, wir lebten, wenn er auch unbestreitbar der Mittelpunkt war, nicht bei *ihm*. Es kam mir, wohl auch der Schwester, nie der Gedanke, er liebe uns, oder gar, wir liebten ihn. Unsere Gefühle füreinander, das betraf auch die Mutter, blieben unerklärbar kontrolliert. Lob, ein gutes Wort des Vaters, ich würde mich daran erinnern. Ich hätte glauben können, ich stünde ihm im Wege. Was ich auch tat, nicht tat, es reizte ihn. Mit einer Ausrede, einem unbedachten Wort, auch schon wenn ich nur schwieg, oder ich war eine halbe Stunde über die Zeit auf der Straße geblieben. Sein Rezept dagegen war einfach, die Prozedur mir alsbald vertraut, die Mutter protestierte nicht, sie fiel ihm, wenn es wieder so weit war, nicht in den Arm, sie ging nur aus dem Zimmer. So stand stets etwas zwischen uns. Ich fürchtete ihn nicht, ich wich ihm, wo ich nur konnte, aus. Er war der Vater, wer wollte das bezweifeln, er hatte die Macht, und er sah aus wie jemand, der die Macht hat. Er sah besser aus als meine Lehrer, war, nicht nur aus meiner Perspektive, hochgewachsen, schlank, hielt sich gut, wenn er lachte, lachte ich unwillkürlich mit. Der Kopf, das scharfgeschnittene Gesicht gefielen mir, ich hatte mich zu sehr an ihn gewöhnt. Es war schlimm, wie er mit uns, voran mit mir umging. War es schlimmer als schlimm, entsann ich mich, daß ich ihn vor Jahr und Tag ein Paar Sekunden, vielleicht eine Minute, zwei Minuten schon für tot, nahezu tot gehalten hatte. Manchmal dachte ich, es reizt ihn schon, wenn er mich sieht.

Zur Nacht stieg ich die drei Treppen zum Dachgeschoß hinauf. Anfangs, allein in der Mansarde, fühlte ich mich abgeschoben. Die Schwester blieb etwas länger auf. Hörte ich sie, schlüpfte ich wieder aus dem Bett, schlich zu ihr. Sie war gerne allein, es machte ihr nichts aus. Oder sie tat nur so. Was ist? Ich schlafe. Sie schloß sich fast immer sofort ein. Einmal nachts träumte ich, es regne, ich lag in einer Pfütze. Ich zog die Beine an, ruckte ein Stück nach oben, rollte mich ums Kopfkissen. Noch schläfrig, nicht mal halbwach, zerrte ich das Laken, auf dem ich gelegen hatte, unter mir weg, riß die Matratze hoch, schleuderte sie, die noch trockene Stelle zuoberst, ins Zimmer hinein, streckte mich, erleichtert, mir selbst entronnen zu sein, wohlig aus, deckte mich zu, sank wieder in den Schlaf. Die Mutter schimpfte nicht, sie war lediglich besorgt, ich tat ihr leid. Es blieb unter uns, was da passiert war. Eine trockene Nacht und wieder eine eingeregnete Nacht. Ich durfte am Abend unten bleiben. Die Mutter machte mir ein Bett zwischen dem Platz, wo der Vater schlief, und ihrem Platz. Sie deckte mich mit einem besonderen, für mich zu großen Plumeau zu. Es war wie im Märchen, ich versank in einer Wolke, die mich weich davontrug. Ich hörte noch, wie die Mutter leise aus dem Zimmer ging, lauschte, was nun käme, schlief ein. Irgendwann rutschten ihr Plumeau, ihr Kopfkissen zu mir herüber, ich spürte, sie hatte sich dazugelegt. Es bedrängte mich nicht, ich war nun nicht allein. Ich fühlte es nicht, als sich irgendwann auch der Vater links von mir dazuschob. Die Mutter, der Vater atmeten. Das hörte ich. Es schwoll an, ebbte ab, es lullte mich ein. Hatte der Vater bemerkt, daß ich zwischen ihnen lag? Er schlief noch, als die Mutter mich weckte. Sie preßte mir die Hand auf den Mund, schob mich hinaus.

Es gab noch einige Male eine Nacht bei den Eltern. Es wurde nie, wenn ich dabei war, darüber gesprochen. Ich müßte mich daran erinnern. Was hätte die Mutter, kam es doch einmal zur Sprache, gesagt? Es wäre gut für mich, ich sollte dann und wann auch schon mal bei ihnen sein? Oder sie sagte nur, es sei doch normal. Wurde es Abend, schreckte mich die vor mir liegende Nacht. Es war keine Angst, nur ein Gefühl von Angst. Ich wurde es nicht los. Schon das Gefühl allein bedrückte mich. Oben bei mir hielt ich den Schlaf erst einmal an. Ich wagte nicht, nur so zu schlafen. Ich bemühte mich, unter dem Schlaf zugleich, nur ein wenig, wach zu bleiben. Ich belauerte mich. Ich bin sicher, der Mutter entging nicht, wie schwer ich es mir machte. Sie rührte nicht daran.

Ich paßte auch am Tag auf mich auf. Ich ging gleich nach der Schule und wenn ich gegessen hatte, nicht erst am Abend, hinauf zu mir. Ob ich dachte, ich würde so, nicht nur nachts in meinem Nest, eher mit mir fertig? Ich ging so auch dem Vater aus dem Weg. Er war noch nicht auch nur ein Mal zu uns heraufgekommen. Schon die Treppen unten fielen ihm nicht leicht. Ich nahm da locker, es war ein Kinderspiel, drei, vier, auch mal fünf Stufen auf einmal. Ich träume noch heute davon. Ich habe das wieder und wieder geträumt. Mit der letzten Treppe, vom zweiten Stock hoch zu uns, ging das nicht. Für den Vater war sie entschieden zu steil. Doch das war es nicht. Es war schön so hoch. Ich hatte es nicht gleich erkannt. Abends, in der Frühe, schon oder noch im Bett, sah ich über mir einen schmalen Streifen vom Himmel, mal zog eine nicht bloß geträumte Wolke vorüber. Ich wollte mehr vom Himmel sehen, rückte den Stuhl bei meinem Tisch nah unters Fenster, es war knapp ins Dach hineingesetzt, war ein Teil des Dachs, hangelte mich über die Lehne des Stuhls aufs Fensterbrett. Das wurde nun mein Lieblingsplatz. Der Blick ging weit über die Dächer gegenüber. Gleich unter mir, über die Straße, die ich nun nicht sehen konnte, lag das Blumenfeld der Gärtnerei zwei Häuser neben uns. Dahinter Treibhäuser, Wiesen, ein sich in die Tiefe verlierendes Feld. Vor dem Horizont ein sanft ansteigender dunkler Wald, der Hohe Busch der Stadt. Von rechts, aus dem Osten, der weite Bogen des Bahndamms für die Züge Richtung Venlo, von da bis irgendwo ans Meer. Am Nachmittag wartete ich auf eine Wagenschlange, die kein Ende nahm. Sie kam von Berlin, in der Nacht, wohl gegen Morgen, doch da war ich noch nicht wach, ging es dahin zurück.

Ob die Sonne mittags den Anstoß gab? Oder einfach der Wunsch, etwas zuwege zu bringen? Die Blumenpracht unten inspirierte mich. Auch die Dachrinne dicht unter dem Fenster. Sie war ähnlich breit wie das Fensterbrett, auch so flach. Ich beschaffte mir eine kleine Holzkiste, dreißig mal fünfzig Zentimeter, es war exakt das richtige Maß für das Regenwasserbett, füllte sie gut zur Hälfte mit Blumenerde, setzte zwei, drei Stecklinge einer wundervoll bunten Blattpflanze hinein, der Gärtner nebenan hatte sie mir geschenkt. Auf dem Kärtchen dazu las ich: Coleus hortorum, Buntnessel, Buntlippe. Ich überdeckte das Ganze mit dünnem Glas. Mein Mini-Treibhaus: Rot, blau, gelb elegant symmetrisch gemusterte samtene Blätter. Ich pflegte sie sorgsam morgens, mittags, abends, meinte, ich sähe, wie sie von Tag zu Tag wüchsen. Eine oder zwei Wochen danach an einem späten Nachmittag, die Sonne tauchte schon in den Horizont ab, wollte ich auch mehr von meiner kleinen Welt hoch über allem weit herum sehen. Ich kletterte hinaus, stellte mich, den linken Fuß zuerst, neben die Blumenkiste, tastete mich zeitlupenlangsam, es waren drei, vier Meter, bis zum Fenster meiner Schwester und wieder zu mir zurück. Ein Balanceakt. Mein Spiel mit der Gefahr. Es war verrückt, ich provozierte mich. Es war kein Übermut. Ich mußte dazu gestimmt sein. Leicht windschief neigte ich mich zum Dach hinüber, es stieg steil an, ich vergewisserte mich der Möglichkeit, an ihm, falls nötig, Halt zu finden. So das Gefühl, das Risiko läßt sich begrenzen, man kann es ausschalten. Ich durfte nicht nach unten blicken. Ich wurde regelrecht süchtig, kaum mal ein Tag, an dem ich es nicht versuchte. Ich nahm nicht wahr, daß ich beobachtet wurde, hörte es erst von der Mutter. Sie verbot es mir, verriet mich aber nicht. Die etwas verwegene Gewißheit, es passiert nichts, ich bin höhensicher, ein Wachtraumzustand, war angeknackst. Ich verlor diese Traumsicherheit. Später, beim Abstieg in den Alpen – der Aufstieg, traute ich ihn mir zu, war nicht das Problem – oder in Mexiko beim Abstieg von den Pyramiden, hatte ich Schwierigkeiten. Ich hatte auf einmal Höhenangst.

DIESE WOCHEN, diese Monate. Ich war sicher, ich werde lange an sie denken, sie bleiben lange bei mir. So vieles indes taucht nicht wieder auf. Es war noch immer Krieg. Hört er einmal auf? Wann wird er aufhören? Keine Erinnerung, wie der Vater das sah. Er sprach nie darüber, er sprach überhaupt nicht über den Krieg. Er hatte ihn hinter sich. Was erwartete er? Auch dazu nie ein Wort von ihm. Wie war es vordem? Ich konnte es mir nicht vorstellen.

An einem Tag plötzlich, aber da war der Krieg schon vorbei, war alles anders. Es war spät, beinahe Abend. Unsere Straße war auf einmal, niemand hatte damit gerechnet, ein großes Heerlager. Marschkolonne auf Marschkolonne schob sich an uns vorbei in die Stadt hinein. Ich sah das erste Mal so viele Soldaten. Sie schienen wie abwesend. Sie brachten die Front mit, aber wer, der nicht dabei gewesen war, wußte, was die Front war? Der für uns endlose Zug stockte, ruckte weiter, stockte wieder, schließlich hielt er an, stand er. Es wurde Haus um Haus Quartier gemacht. Zu uns kam ein junger Leutnant. Die Mutter bot ihm das Eßzimmer an, wollte es für ihn herrichten. Er zog das Zimmer daneben mit dem Diwan, auf dem der Vater seinen Mittagsschlaf hielt, dazu mit einem bequemen Sofa vor. Ich bestaunte ihn, seinen Uniformrock, die Feldmütze, die hohen Stiefel. Der Säbel faszinierte mich. Er hatte ihn hinter die Tür gestellt. Ich hätte ihn gerne nur eben mal angefaßt, traute mich nicht. Ich stand herum, wollte mir nichts entgehen lassen. Was sollte mir entgehen? Der Leutnant war müde, er mochte nicht reden und worüber sollte er reden?

Ich schlief schlecht, wurde vorzeitig wach. Die Sorge, die Soldaten könnten schon abgerückt, in der Nacht längst weitergezogen sein oder ich würde, wären sie noch da, nicht dabei sein, wenn sie abrücken. Stimmen, Rufe von der Straße hatten mich geweckt. Ich schlug mir eine Handvoll Wasser ins Gesicht, stürzte hinunter. Des Leutnants Pferd, der Soldat dazu standen schon vor dem Haus, sie warteten auf ihn. Wo das

Pferd die Nacht über war? Der Soldat wies schräg hinüber auf einen Schuppen, er gehörte zum Kolpingheim dort plus Gastwirtschaft. Er wollte mir eine Freude machen, hob mich hoch, ich bat ihn nicht darum, setzte mich in den Sattel, gab mir sogar, wohl nur zur Probe und nur für einen Moment, die Zügel in die Hand. Ich machte irgend etwas falsch, das Pferd schreckte auf, scheute, riß mir die Zügel aus der Hand. Es machte abrupt kehrt, setzte über die Straße quer durch die Blumenbeete der Gärtnerei zurück zu seinem Stall. Ich hing, wer mich so sah, mußte glauben, in tausend Ängsten, doch vielleicht gar nicht mal ängstlich, an seinem Hals, umklammerte ihn. Die Zügel verfingen sich in der Klinke des Tors, es war zum Glück nicht verschlossen, stand halb offen. Ein kurzer scharfer Galopp. Mehr konnte ich nicht verlangen. Ich war nicht hinuntergefallen, nicht mal aus dem Sattel geglitten. Noch am selben Tag – später las ich, es war der 9. Dezember 1918 – rückten, in senfgelben Uniformen, auch am Abend, die Belgier nach. Unser Quartiergast diesmal ein Sergeant. Ich ging ihm, erinnere ich mich recht, aus dem Weg. Er interessierte mich nicht.

Wir waren nun besetztes Land. Es gab neue Worte, eine andere Sprache. Ich konnte den Sergeanten, die Soldaten, mit denen er zusammenstand, nicht verstehen. Ich hatte noch nie Fremde aus einem anderen Land gesehen. Ich beneidete jeden, der mit ihnen sprach, sie verstand. An der Litfaßsäule auf dem Platz vor der Kirche, auch an einer Mauer bei der Schule klebten frisch gedruckte Plakate. Männer, Frauen standen davor, studierten sie. Es gab, wie es schien, nichts dazu zu sagen. Sie sprachen nicht miteinander, gingen weiter. Ich weiß nicht mehr, was der Lehrer uns sagte, ob er uns etwas sagte. Der Vater zu Hause, ich schnappte es zufällig auf: Ich habe das kommen sehen. Auch: Das war zu erwarten. Mutters Spruch, ich hörte ihn von ihr nicht zum ersten Mal: Man gewöhnt sich an alles. Der Tag, schon gleich der erste

Tag, war anders als die Tage davor. Abends ab acht durfte sich niemand mehr auf der Straße sehen lassen. Erst früh, ab sechs, war die Straße wieder frei. Ich schlich ins Eßzimmer, stellte mich ans Erkerfenster, sah mir an, wie das am Abend ablief. Die Kirchenuhr schlug die erste Viertelstunde nach sieben. Die Menschen, die unten vorbeikamen, gingen da noch, wie sie immer gingen. Es war ihnen nicht anzusehen, was sie dachten. Einige strafften sich, sie hatten es eilig. Einige Frauen gingen so schnell, als liefen sie. Männer wie Frauen liefen dann auch. Die letzten waren ein Mädchen, zwanzig Meter dahinter ein noch junger Mann. Sie spurteten plötzlich, rannten. Auf die Sekunde um acht waren auch sie nicht mehr zu sehen. Die Straße war mit einem Schlag menschenleer. Ich stellte mir vor, so könnte es im Theater sein, ich war noch nie im Theater, es gab bei uns kein Theater: Die Leute sitzen da, der Vorhang wird gleich aufgehen, er geht auch auf – nur, nichts passiert. So etwa, freilich umgekehrt, war es bei uns. Ein Theater ohne Vorhang, wir selbst waren die Schauspieler – niemand sah uns zu. Der Vater saß im Zimmer mit den Büchern. Wir hätten nicht gewagt, ihn da zu stören. Die Schwester war, gegen ihre Gewohnheit, schon vor mir nach oben, auf ihre Mansarde, gegangen. Sie kam noch einmal herunter. Die Mutter hatte noch in der Küche zu tun. Ich dachte, nun ist die Familie, sind wohl alle Familien für viele Stunden eingesperrt. So wird das nun immer sein.

WAREN WIR EINE FAMILIE? Ein Sonntag, zwei Nachmittagsstunden, blieb mir wie ein Film, den irgendwer damals aufnahm, im Gedächtnis. Ich sah ihn mir von Zeit zu Zeit, ich sehe ihn mir auch jetzt wieder an. Die Eltern, sie waren da unsere Eltern, mit uns, wir mit ihnen auf dem Weg zu der Höhe, die ich von meinem Dachfenster aus Tag für Tag, sofern nicht eine Wolke, der Nebel sich dazwischenschob, vor mir hatte. Der Vater ging, obzwar noch Invalide, eher sportlich auf seinen Stock gestützt, voran, das Gehen fiel ihm noch schwer, die Mutter, einiges kleiner als er, rechts von ihm etwas abgesetzt, zwei, drei Schritte zurück. Sie kam, der Weg bis an den Wald zog sich hin, ein wenig außer Atem. Die Schwester schien mit ihren Gedanken woanders. Ich aufgekratzt wie ein verspielter junger Hund, den sie endlich losgelassen haben, sauste voraus, wieder zurück und wieder vierzig, fünfzig Meter voraus. Es war unser erster gemeinsamer Sonntagnachmittagsspaziergang. Der Himmel strahlte. Ein besonnter Familientag. Ziel für alle ein von alten hohen Bäumen eingerahmter kahlgetretener Platz, in seiner Mitte der wuchtige Bismarckturm, ich sah von meinem Fenster gerade noch ein Stück von ihm, ein Wahrzeichen der Stadt.

Es war der Einfall der Mutter, deutlich ihr Wunsch, sie hatte auf dem Ausflug mit uns, mit dem Vater bestanden. Es war für sie, zumindest diese zwei Stunden waren es, der Ausbruch aus dem Alltag. Es erschloß sich mir erst spät, ich war schon Student, wie freudlos das Leben damals für sie war. Gewiß, es war die Zeit, unabsehbar und allgemein, kaum mal ein von Sorgen unbeschwerter Tag. Selten, so gut wie nie von ihr ein Wort zu ihrem Leben vorher. Für sie gab es nur das Heute, das Morgen. Doch, sie sagte schon einmal, es gehörte für sie zur Erziehung, mir wurde, als ich so jung, sie wollte sagen so alt war wie ihr, nichts geschenkt. Im Rückblick der Eindruck, sie erwartete etwas, wovon sie nicht sprechen, was sie nicht in Worte fassen konnte. Enttäuschungen der Mutter teilen sich dem Kind mit, aber was weiß es schon von unerfüllt gebliebenen, nicht aufgegebenen Hoffnungen, die sie verschweigt, die sie sich selbst nicht eingesteht?

Auf dem Heimweg das Gefühl, der Vater ist nicht wirklich bei uns, er entfernt sich von uns. Die Mutter mochte es nicht so empfinden, oder sie versuchte es zu überspielen. Es gelang ihr nicht. Es kamen Tage, an denen sie, auch für sie unerwartet, allein mit uns war. Sie vertraute sich der Schwester an, sie mußte mit irgendwem sprechen. Mich bedrückte es nicht, daß der Vater ein Leben weg von uns zu leben begann. Eines Morgens war er einfach nicht mehr da. Mir war es recht, ich entbehrte ihn nicht. Ich sah die Frau, die den Vater von der Mutter wegzog. Sie wohnte irgendwo nicht weit von uns oder sie war irgendwo in der Nähe beschäftigt, sie kam hin und wieder vorbei. Sie sah wie irgendeine Frau aus, nicht jung, nicht alt, ich hätte sie auf einer Straße in der Stadt nicht wiedererkannt. Ich verstand nicht, daß es die Mutter kränkte. Mag sein, da war auch noch eine Frau. Die Schwester wisperte was von einem Brief. Er war an Frau Altengarten adressiert, ein Irrläufer, er kam von einem Hotel am Vierwaldstätter See in der Schweiz, schon das war geheimnisvoll, er bestätigte, das Zimmer für Sie und Ihren Gatten ist, wie Sie es wünschen, reserviert. Der Mutter war anzusehen, daß sie geweint hatte. Es hieß auch einmal, der Vater kam heimlich irgendwann in der Nacht, ein Besuch, der nicht erkannt werden wollte, er verschwand, bevor es Tag wurde. Wir rätselten, warum er sich nicht sehen ließ. Er kam, wieder in der Nacht, noch einmal und noch einmal. Seltsam. Kein Gruß an die Kinder. Er hatte nicht mal nach uns gefragt. Die Mutter hätte es erwähnt.

ETWA UM DIESE ZEIT, im zweiten Jahr nach dem Krieg, war es soweit, daß ich die Schule wechselte. Der Vater, er blieb es bis dahin, war unserem Blickfeld, gewiß nicht so entschieden dem der Mutter, mehr und mehr entrückt, es gab ihn nicht mehr. Irgendwer, einiges spricht dafür, es war meine Schule, gab den Anstoß oder sie entschied sogar, daß ich aufs Gymnasium kam. Die Mutter hatte, wie ich sie verstand, dem Rektor am Schultheißenhof eine gewisse Kompetenz für mich angetragen. Sie sah in ihm nicht bloß den Kollegen, vielmehr auch einen Freund ihres Mannes. Und deutete sie nicht an, daß auch er in Rußland gewesen war? Ich kombinierte, er, wer sonst, hatte den Vater dort in letzter Minute in Sicherheit gebracht, hatte ihn gerettet, und ich war für ihn, das war nicht eigens amtlich zu belegen, ich hieß ja auch wie er, ohne jede Frage, wer wollte daran zweifeln, dessen Sohn. Ich entsinne mich, ich besuchte ihn, die Mutter wünschte es, er wohnte, wie der Pfarrer bei seiner Kirche, im Diensthaus gleich um die Ecke bei seiner Schule, ein Patriarch mit dichtem krausem Haar, einer grundgütigen Frau, fünf, sechs Kindern.

Ein simples Papier, ich war nicht darauf vorbereitet. Vier Jahre vorher hatte niemand danach gefragt. Nun auf einmal wurde es verlangt. Der Geburtsschein als Paß. Der Paß des Kindes. Ich hatte ihn noch nie gesehen. Aber es überraschte mich nicht, was sich für mich mit ihm verband, es war, als hätte ich es gespürt. Ich war auf einmal nicht mehr der, der ich all die Zeit gewesen war. Da stand unversehens, wie ich in Wahrheit hieß und wie der Vater hieß. Er starb, bevor du geboren wurdest. Ich erinnerte mich dunkel oder sagte mir, ich erinnere mich, daß die Mutter es mir vor Jahren schon einmal erzählte, ja daß sie mir da auch ein Foto des Vaters zeigte. Aber das war wohl für mich, noch nicht oder gerade erst drei, nichts, das sich greifen ließ. Das war es. Ich hatte den Mann, der schon, ehe es mich gab, mein Vater gewesen war, nie und sei es nur für eine Sekunde berühren können. Er hatte mich nicht ein einziges Mal auch nur angeblickt. Möglich, ich schließe es nicht aus, ich dachte, der Vater kann nicht einfach weggehen, wenn ich noch nicht da bin. Ein Phantom? Jemand, den es nicht gab? Wie sollte ich schon wissen, was ein Phantom ist? Die Schwester natürlich hatte ihn gekannt, aber ich kam nicht darauf, daß sie sich doch noch an ihn erinnern müßte. Es war für sie zu kurz gewesen, und es war auch schon so lange her. Sie sprach nicht mit mir über ihn. Es war für sie auch nichts dazu zu sagen, daß sie über Nacht, wie ich sein Sohn, ein zweites Mal die Tochter unseres Vaters wurde. Die Mutter erklärte es mir nun so, daß ich es begriff. Der Vater war noch keine vierzig, exakt neununddreißig Jahre, sechs

Monate, acht Tage alt, als er starb. Sie war da neunundzwanzig. Sie war dreiundzwanzig, als sie heirateten. Mitte Juli 1904. Zwei Tage vor der Hochzeit, St. Engelbert Köln-Riehl, unterschrieben sie «auf der Amtsstube» eines Königlich Preußischen Notars ihren Ehe- und Erbvertrag: «Vollständige Gütertrennung mit Ausschluß jeder Verwaltung und Nutznießung des Ehemanns am Vermögen der Ehefrau». Sie noch als «Fräulein Ella Kolck ohne Gewerbe», er bereits als «Restaurateur in Elberfeld, Nevigeserstraße (fälschlich: Nevigerstraße) 77». Das war die Adresse des Gasthofs Briller Schloß, ein weit bekanntes, vielbesuchtes Ausflugslokal wie das ihrer Eltern, er dort als Pächter. Erst ein lieblich bunter «Gruss vom Briller Schloß» – Elberfeld, den 27. November 1904 – an eine «Liebe Emmy» («Wir sitzen hier so gemütlich zusammen ...») hatte auf diese Spur geführt. Ein Sammler solcher Ansichtskarten, Stadtarchivar in Wuppertal, hatte ihn entdeckt. Ein rosafarbenes breitgestrecktes wie herrschaftliches Haus, dazu links «Bes. Daniel Rheinfeld» und darüber blau gestempelt: Friesé (!). Der gleiche Stempel über dem umgitterten himmelblauen «Gondelteich» auf der anderen Seite der Straße. Zwei Jahre danach, Anfang 1907, meldete, «der Persönlichkeit nach auf Grund seines Landsturmscheines anerkannt, der Restaurateur Wilhelm Adolf Friesé (!), wohnhaft in Cöln, Deutscherring 5» beim Altstadt-Standesamt die Geburt ihres ersten Kindes, der Tochter Petronella Friederike, unterschrieb das Blatt korrekt: Adolf Frisé. Ende des Jahres beantragte er, als sein «Eigentümer», die Vermessung eines Grundstücks im Zentrum der Stadt Euskirchen. Seine Schwiegereltern hatten es samt dem Haus darauf je zur Hälfte für ihn und die Tochter erworben. Kaufpreis: 66.000,– Mark. Ende Juli 1908 schrieb er, «Inhaber» des Hotel Caspari – Spezialhaus für Geschäftsreisende/Haus ersten Ranges –, in makellos klarer, zeitgerecht stilisierter Schrift an den Bürgermeister: «An meinem Haus Neustraße No. 8 habe ich in Höhe von 4 m. ein Fahnen-

Schild angebracht ...» Er holt verspätet, und entschuldigt sich dafür, die Erlaubnis dazu ein. Schon fünf Monate davor hatte er in den zwei Blättern am Ort «während der Fastnachttage» zur «Großen Masken-Redoute» eingeladen. So auch, weit plakativer, Anfang Februar zwei Jahre später zum «Karneval 1910: Von heute ab Ausgabe der Passepartouts, gültig für die drei Karnevalstage». Am zweiten oder dritten Tag prallte im Keller ein Wein- oder Bierfaß gegen seine Beine, er schlug hin, er hatte sich verletzt, das linke Schienbein blutete. Eine Wunde, die er nicht ernst nahm, kein Gedanke, sie könne verschmutzt sein. Er hatte keine Zeit, sich damit aufzuhalten. Jäh, über Nacht, die zunächst noch nicht erfaßte Diagnose: Toxikämie. Blutvergiftung. Zersetzung des Blutes. Schon in der Woche darauf, am 17. Februar, donnerstags viertel nach sieben war sein Leben zu Ende. Mit der «schwergeprüften Witwe» trauerten in den zwei Zeitungen der Verein selbständiger Handwerker und Gewerbetreibenden, die Allgemeine Schützengesellschaft und der Quartett-Verein der Stadt. Vier Tage später ließ «Frau Adolf Frisé» in großen Anzeigen die «geehrten Gäste und Geschäftsfreunde» wissen, daß es nun allein ihr Hotel sei und daß sie es «im Sinne meines sel. Gatten weiterführen werde». Und wieder drei Tage danach in beiden Zeitungen die «Danksagung» der Witwe «für die vielen Beweise inniger Teilnahme bei dem allzu frühen Hinscheiden meines innigst geliebten Gatten, unseres guten, treusorgenden Vaters ...». Sie investierte fortlaufend in die Werbung für das ihr ausdrücklich vertraglich zustehende «Alleineigentum». Ihr war sichtlich darum zu tun, daß ihr und ihrer Kinder Hotel mit «Zentralheizung, vorzüglicher Küche, Original Pilsner Urquell, Münchner Löwenbräu, Dortmunder Viktoria und ff. Weinen» auch als «altbewährtes Gasthaus» stadtbekannt blieb. Sie hielt durch bis zum Januar 1912, sie hatte am Ende laut Amtsgericht Euskirchen ihren Zahlungsverpflichtungen nicht mehr nachkommen können. Das Grundstück wie das

Haus mit seinen Belastungen erwarb ein Bürovorsteher aus Mülheim am Rhein gegenüber ihrer Heimatstadt, und er verkaufte es wieder Mitte März 1913 an einen ortsansässigen Kaufmann, der aus dem Hotel ein Warenhaus machte. Sechs Wochen später heiratete die zweiunddreißigjährige Witwe den Schulmann Altengarten, Lehrer an einer Präparandenanstalt im Rücken des schon so bald liquidierten Hotels. Er war wohl einer ihrer Gäste gewesen, hatte vermutlich auch noch den Vater gekannt. Die Frau auf dem Großfoto im Eßzimmer, Petronella, genannt Nelly wie die Mutter, wie die Schwester, war auch noch jung, erst einunddreißig, «infolge eines Schlaganfalls» noch kein Jahr davor, Anfang Juli 1912, gestorben. Seine oder ihrer beider Adresse war ein gerade erst erbautes Haus – unter dem Dach steht noch: A. D. 1912 – an der Peripherie der Stadt, das «Sterbehaus» lag in Kreuzweingarten auf dem Weg nach Münstereifel.

HATTEN ALTENGARTEN, nun also nicht mehr der Vater, und die Mutter in der noch frischen Erinnerung an die erste Frau, den ersten Mann aus Pietät oder gar abergläubig die ihnen so vertrauten Vornamen, dreimal Petronella, dreimal Adolf, geheiratet? Eine romantische Geschichte, ein anderes Märchen, ich hätte es auch träumen können. Und sie war alt, der Krieg lag dazwischen, sie hatte mit dem Leben, wie es danach zu bestehen war, nichts zu tun. Ich hatte es mir angehört, ich begriff es, ich begriff es nicht, es ließ sich, was verlöre ich schon, beiseite schieben. Es änderte sich, nun Adolf Frisé, vordem aus Versehen Adolf Altengarten, nichts damit. Die Schule freilich entschied sich für den Kompromiß, in ihrer Schülerstammliste 1920 war ich dies und das: Adolf Friedrich August Frisé gen.(annt) Altengarten. Ich erfuhr es erst, als ich schon über sechzig war. Das Leben damals ging weiter. Es war schon eine Weile weiter gegangen. Es war für uns nicht leichter, es war nur einfacher, zugleich auf eine neue Weise schwieriger. Die Mutter hatte keine Philosophie dafür. Ihre Philosophie war ihre Erfahrung. Sie notierte Tag für Tag minutiös, über wieviel sie noch verfügte, was sie ausgab, was noch zu begleichen war. Sie trug es am Abend in ein schmales dünnes Heft ein. Es hatte seinen Platz in einer Schublade in der Küche. Es war ihr Tagebuch. So war sie jederzeit in der Lage, sich selbst zu belegen, wie sie wirtschaftete. So hatte sie es zu Hause gelernt, so es wohl auch, zumal als sie allein damit war, in des Vaters und ihrem Hotel praktiziert. Altengarten blieb für sie, ihr wie auch immer entfremdet, ihr Partner, sie entließ ihn nicht aus seiner Verantwortung. Er kam damit nur schwer zurecht, stellte sich nur widerstrebend darauf ein, daß wir für sie seine Familie waren. Das Minimum, das er sich Monat für Monat für uns abrang, entsprach mal nur knapp, mal bei weitem nicht unserem Existenzminimum. Es war kein Kleinkrieg, es war ein Hinhaltespiel, es ging Dritte, auch die Schwester, auch mich nichts an. Ein Schwebezustand, es blieb offen, ob es – außer für die Kirche – noch eine Ehe war. Die Mutter, gute Katholikin, weigerte sich, auch nur zu erwägen, ob es ihr zustünde, sie, sofern ihr Mann darauf dringe, aufzulösen. Wir hörten nicht ein Mal, er wünsche es. Das Schulamt beurlaubte ihn – «krankheitshalber». Die Zeit dafür war befristet. Nach einigen Wochen wurde er an eine Weltliche Schule in Düsseldorf versetzt. Ein Freidenker, ein Kommunist? Es gab Leute, die so redeten. Sie waren damit schnell bei der Hand. Freundinnen der Schwester gingen, auf Geheiß ihrer Eltern, auf Distanz. Ich sah mich wieder an einem Sonntag mit dem Vater Altengarten in der Kirche. Ich war vorausgegangen, er bemerkte es nicht. Es wunderte mich, wie er dastand, sich nicht setzte. Er blieb auch stehen, als alle um ihn herum, wie ja auch ich, niederknieten. Wer ihn kannte, wußte, es fiele ihm gewiß nicht leicht, gleichfalls niederzuknien. Aber er hätte sich setzen können. In der Bank keine zwei Schritte von ihm war noch Platz. Plötzlich, noch während der Messe, drehte er sich um, ging hinaus. Ich genierte mich für ihn. Ich stand, etwa auf gleicher Höhe, nicht weit von ihm. Ich glaubte, die Menschen starren mich an. Ich fühlte mich gedrängt, ihm zu folgen, zusammen mit ihm, als gehörte es sich so, hinauszugehen. Ich blieb, rührte mich nicht von der Stelle, ich kam mir wie ein Feigling vor.

Eine Schule ohne Religion? Ich war hin und wieder in der Kapelle unseres Religionslehrers, las er die Messe, einer seiner Ministranten. Diese eine Stunde hob mich, mir nicht recht begreiflich, über mich hinaus, zugleich erkannte ich, das ist nicht deine Rolle, ich war mir selbst fremd, sah mir verlegen zu. Altengarten also nun an einer Schule ohne einen Kaplan. War das so wichtig? Die Mutter organisierte weiter unser Leben, wie sie es schon all die Zeit organisierte. Schon die drei Jahre als Witwe hatten sie wohl mit dem Gedanken vertraut gemacht, wie es wäre, eines Tages nur noch für uns da zu sein. Sie war so gefühlvoll wie resolut. Sie hatte ihre Prinzipien. Wir hatten ihr, sie verhätschelte uns nicht, bei allem, was anfiel, zur Hand zu gehen. Was wir zu tun hatten, hatten wir gemeinsam zu tun. Jede Woche oder jede zweite Woche waren auf dem Hof hinter dem Haus die Teppiche zu klopfen, jeden zweiten, wenn nicht jeden Tag die Treppen zu kehren. Beim Nachbarn gegenüber standen unser Selbstversorgerschwein, unsere Selbstversorgerziege. Sie waren zweimal täglich zu füttern, jeden Morgen, vor der Schule, war der Stall auszumisten. Die Schuhe waren zu putzen, die Steinkohlen, die Briketts aus dem Keller heraufzuholen. Weit draußen, noch hinter der Schule, deren Rektor Altengarten gewesen war, hatten wir ein Stück Land gepachtet. Einen halben Morgen, es war unser «Acker». Der Bauer, dem er gehörte, pflügte ihn zu zwei Dritteln oder drei Fünfteln um, das war das Kartoffelfeld. Den Rest hatte ich umzugraben. Wir bepflanzten ihn mit Kohl aller Art, Weißkohl, Rotkohl, Wirsingkohl, Blumenkohl, Bohnen, Erbsen, Gurken, Tomaten, Salat. Das zog sich über Monate hin.

Dazwischen einmal für ein paar Tage ein wilder abenteuerlicher Raubzug in unserem Wald mit dem Bismarckturm. Ein Sog, in den unsere ganze Straße hineingezogen wurde. Familienväter, junge Burschen, selbst Knaben wie ich fällten Baum um Baum, zersägten sie, karrten sie, jeder konnte es sehen, als Brennholz heim. Es hatte den Prickel des Verbotenen. Die Obrigkeit störte uns nicht, sie ließ uns, durch einen falschen Alarm an anderer Stelle abgelenkt, unbehelligt. Insgeheim empfand ich den Einbruch in den Wald auch als Sakrileg. Wir zerschlugen ihn, weideten ihn aus. Wir hätten es uns nicht eingestanden, es spielte auch Vandalismus dabei mit. Es war auch ein kollektiver Rausch.

MEIN ERSTER SCHÜLER. Es war ein Versuch. Der Deutschlehrer kam darauf, oder war es der Lateinlehrer? Wer es auch war, er fragte mich nicht, ob ich es mir zutraue. Als er es mir sagte, hörte ich nur, ich traue es dir zu. Ich war in der Quarta. Unsere Mütze war, nach Rot für die Sexta, Grün für die Quinta, fesch himmelblau. Es war zwischen Pfingsten und den Sommerferien. Ende Mai war ich zwölf geworden. Es war die tote Zeit nach dem Essen, ein schöner warmer Mittag. Die Mutter gab mir für diese Stunde das Zimmer mit dem Diwan und dem Sofa, in das Altengarten sich zu seiner Siesta zurückgezogen hatte. Ich dachte, erst mal spielen wir. Unser Spielplatz, ein schon blank getrampelter abgewetzter Rasen bei der Gärtnerei, lag gleich nebenan. Es war da den ganzen Nachmittag ständig etwas los. Aber dann sagte ich mir, es ist besser, wir warten damit noch. Mein Schüler. Ich sah es nicht so. Ich sollte ihm helfen, ich zerbrach mir nicht weiter den Kopf. Er war Quintaner, nur etwas jünger als ich. Er war schon einmal sitzengeblieben, sie hätten ihn beinahe wieder nicht versetzt. Latein, Deutsch, es haperte da und dort bei ihm. Ich war sicher, ich hatte das alles noch parat. Es war nicht schwer. Er brauchte jemanden, mit dem er sprechen konnte.

Er kam anfangs jeden Tag um die gleiche Zeit. Er war immer pünktlich, ich freute mich auf ihn. Wir lachten. Er hatte nicht damit gerechnet, daß es auch mal was zu lachen gäbe. Es machte ihm Spaß. Einmal legten wir im Flur, die Mutter und die Schwester waren nicht da, zwischendurch, wie zur Entspannung, einen Ringkampf ein. Ich mochte nicht den Lehrer spielen. Ich spielte ihn nicht. Aber er konnte glauben, ich spielte ihn. Er war ein exzellenter Turner, sein Kopfstand imponierte mir. Er konnte bis zur Tür unserer Wohnung und zurück kerzengerade auf den Händen gehen. Nicht lange danach kam ein Sextaner dazu, er oder seine Mutter berief sich auf ihn. Mir war es recht. Es war ein Zubrot. Ich zog nun mit meinem Nachhilfebetrieb hinauf in meine Mansarde. Ich setzte mich da auch mal aufs Fensterbrett, ließ die Beine baumeln. Ich warf mich auch mal aufs Bett. Mich plagten nie Zweifel, ob wir es schafften. Ich hatte kein Rezept. Es war ganz einfach. Ich schloß aus, daß es am Ende schiefgehe. Ich verbürgte mich vor mir dafür. Der Optimismus, die Zuversicht steckten an, das übertrug sich.

ES WAR AUF EINMAL ein anderes Leben. Es hatte schon mit dem ersten Tag auf der neuen Schule begonnen. Kein Gesicht, so kam es mir vor, das ich schon einmal sah. Man ging mehr aneinander vorbei als aufeinander zu. Viele, es war die Mehrzahl, waren deutlich älter. Sie nahmen die Neuen nicht spontan, selbstverständlich als ihre Mitschüler an. Ich hatte es mir anders vorgestellt. Es gab Prioritäten. Voran der Anspruch auf Distanz. Es war albern, es ging auf eine abstruse Tradition zurück. Ein knapp ein Meter hoher Baumstumpf erinnerte daran. Er stand, keineswegs versteckt, in einer Ecke des Schulhofs. Man konnte glauben, er sei noch im Gebrauch. Er war oben rund und glatt poliert. Der Neuling wurde, wohl alles andere als fürsorglich, darüber gestreckt, zur Begrüßung rituell verprügelt. Ich erschrak, ich hielt es noch für möglich. Ein dummer Gedanke, es war nur ein Reflex: Wer würde dir helfen? Ich sah niemanden, der mir, dem ich vertraut war. Meine Freunde bis dahin waren zwei Brüder, die Söhne des Nachbarn gegenüber. Unser Schwein, unsere Ziege standen da im Stall. Wir waren, ein paar Monate, eine zwar nicht verschworene, aber unzertrennliche kleine Bande, der ältere der beiden der Häuptling. Es fehlte ihm nie an Geld. Die Mutter steckte es ihm zu, der Vater ahnte nicht, wieviel sie ihm gab. Was sie ihm nicht gab, nahm er sich. Er kaufte uns einen Fußball, wir spielten, wo Platz dafür war, zu dritt. Eines Tages, wir waren da bereits auseinandergegangen, flog er von der Schule. Ich hörte nichts mehr von ihm. Er war abgetaucht. Seine Mutter machte ein Geheimnis daraus. Auch der Bruder tauchte eines Tages ab. Ich hörte nur noch, ich studierte da bereits, zuerst war der Ältere, dann auch der Jüngere kriminell geworden: Gewohnheitstäter, beide aufs neue im Gefängnis.

Die Freunde danach, einige blieben es über Jahrzehnte, saßen mit mir in der Sexta. Wir waren nicht von heute auf morgen, auch nicht zu gleicher Zeit oder innerhalb von ein, zwei Monaten Freunde geworden. Es war jeweils eine andere Geschichte. Sie lief mehr oder minder langsam an, es war gut, miteinander zu reden, man begann zu verstehen, was dem anderen wichtig war, worauf es ihm ankam, fühlte sich von ihm verstanden, erkannte durch ihn, was mit einem geschieht, spiegelte sich in ihm. Bei Hermann L., unserem Ingenieur, ist mir, als läge nicht ein Leben dazwischen, zum Greifen nah gegenwärtig, wie es anfing. Ein kleiner Apparat war ins Gespräch gekommen. Ein winziges Kristall, dazu ein dünnes, spitzes Metall. L. zauberte mit ihm von irgendwoher Musik, sogar Nachrichten herbei. Zunächst bei ihm im Keller in seiner Werkstatt, bald darauf auch bei uns. Wir stiegen zusammen aufs Dach, überspannten von da den Garten mit der dazu nötigen Antenne. Er montierte mir auch in der Küche aufs Bügelbrett der Mutter eine Wasserturbine mit mehreren von ihr in Gang gesetzten kleinen Apparaten. Ein Großkraftwerk en miniature. Ich hatte ihm außer meinem Respekt wenig zu bieten. Beschäftigte mich etwas, worüber ich mit jemandem sprechen mußte, setzte ich mich aufs Rad, fuhr zu ihm. Oder ich hatte ein Gedicht geschrieben, er sollte mir sagen, ob und wie es ihm gefiel. Ja, es gefiel ihm. Er sagte nicht, lies es noch einmal, oder nur, zeig mal. Er sagte, ich könnte das nicht. Es war ihm fremd. Der Weg zu ihm knickte kurz vor der Kirche im rechten Winkel in die Straße mit dem E-Werk ab. Auch der Direktor des Gymnasiums, der Stadtbaurat wohnten dort. Häuser wohlsituierter Bürger, eine Gegenwelt. Eine Familie, die wie der Freund, jedenfalls nach außen hin, mit sich im Gleichgewicht war. Ich hatte nie das Gefühl, es gebe auch für sie Probleme. Eine gütige liebenswerte Mutter. Ich gehörte für sie, den ganz anderen wie stumpfen Bruder, die vielgeliebte kleine Schwester, nebenbei selbst für den Vater, der nicht viel Worte machte, dazu. Es wurde wenn auch nicht mein zweites, so doch ein anderes Zuhause. Ab und zu, immer öfter auch am Sonntagmorgen. Ich zog mit der Zeit die Stunde mit ihnen der in der Kirche vor. Deren Termine waren ihnen kaum geläufig, oder sie rührten nicht daran. Sie waren Protestanten. Ihre Kirchentermine waren mir nicht weniger fremd.

Mit Karl B. boxte ich. Es war, ein paar Wochen, ein paar Monate, für ihn wie für mich schon so etwas wie ein Pflichtprogramm. Wir wären beide nicht auf den Gedanken gekommen, uns auch einmal davor zu drücken. Wir sprachen nie darüber. Es war einfach so. Es ging um nichts. Wir trugen eine uns wohl nicht auch nur halbwegs bewußte Spannung aus. Wir beschimpften uns nicht, wir attackieren uns nicht. Wir standen wie unter einem Zwang, für den es kein erkennbares und sei es auch nur vorgegebenes Motiv gab. Mittags, gleich nach Schulschluß, traten wir, man sollte meinen mit hungrigem Magen, von etlichen Mitschülern umringt, die schon darauf warteten, ungeschützt, mit blanken Fäusten gegeneinander an. Möglich, wir hatten mal eine Differenz gehabt, irgendwas war mal der Anlaß. Wir konnten uns später, längst betagte Männer, nicht daran erinnern, entsannen uns auch nicht, ob der eine, der andere mal zu Boden ging. Mein einstiger Boxpartner hatte, schon Mitte zwanzig, für die Familie unerwartet, konvertiert. Er studierte Theologie, wurde ein sanftmütiger katholischer Gemeindepriester.

Ernst S. wohnte in unserer Straße. Es lagen zehn, zwölf Häuser zwischen uns. War mir ein Wort, ein Hinweis entgangen, oder ich hatte nicht exakt vermerkt, was uns aufgegeben, was besonders zu beachten war, ging ich kurz bei ihm vorbei. Ihm entging nichts, er hatte immer alles mitbekommen, er versagte sich nie, wenn ich ihn um etwas bat. Er war und blieb durch Jahre eine feste Größe für mich, auf ihn war immer Verlaß. Bescheiden, selbstlos. Mit ihm und durch ihn schien mir der gute Mensch keine Illusion.

Gustav Hocke, später, die Schule lag hinter uns, nannte er sich Gustav René. Zwei Jahre älter als wir, war er für uns alle lange uneinholbar. Wir waren noch Knaben in kurzen Hosen, er schon ein Elegant mit Fliege und Schal, seine Mutter puderte und schminkte sich, er sprach ihr Französisch, er war wie sie in Brüssel geboren, dort aufgewachsen. Er hätte die zwei Klassen, die er nach dem Krieg mit dem Vater als Rückkehrer in seine Stadt unverdient zurücklag, spielend überspringen können. Er machte das für ihn Beste daraus. Er genoß es, uns allen um die verlorene Zeit voraus zu sein. Die Schule wie allgemein das Leben waren ein Spiel für ihn. Er liebte den äußeren Schein, den Effekt. Er führte seine Freundin, gewiß, daß er um sie beneidet wurde, wie ein Galan durch die Stadt. Er war der an andere Dimensionen gewöhnte Weltmann inmitten braver, zu braver Bürger. Er gefiel sich, mit Witz, mit Charme, als eine Personifikation des Protests. Doch das war nur eine seiner Rollen. Ein brillanter Geiger, den wir schon als umjubelten Virtuosen sahen, begleitete er abends im Kino mit einem wie er jungen Pianisten die damals noch stummen Filme, spielte zum Tanz auf, gastierte in Cafés. Durch ihn erfuhr ich, wer Kierkegaard, wer James Joyce war. Wir fanden über die Literatur zueinander.

EIN TAG, den ich, ich wußte es sofort, nicht vergessen würde. Ich hatte, auch für die Mutter, in der Stadt zu tun. Ich ging von unserer Kirche in die Hauptstraße hinein, mein Ziel dort war die alte Apotheke vis-à-vis vom Rathaus. Ich ging gern dorthin. Es war für mich das nobelste Geschäft, eine noch schöne gute Stube. Ich kam nicht so weit. Gut zweihundert Meter davor war die Straße blockiert. Eine kaum noch überschaubare Menge staute sich da, Tausende drängten zum Rathaus: Mehr und mehr Menschen, auch aus der Straße, in der wir zu Anfang gewohnt hatten, schoben sich dazu. Ich saß bald fest, wurde nur noch Schritt um Schritt mitgeschoben, zurück ging es nicht, ich zwängte mich wie jeder vor mir, neben mir, hinter mir, zäh, verbissen durch. Ich wurde abgedrängt, Frauen, Männer drückten mich gegen ein Schaufenster, ich klebte fest, konnte mich kaum noch rühren, ich versuchte es erst gar nicht, es wäre sinnlos gewesen. Schmähungen, wüste Drohungen. Es hieß, im Rathaus hätten sich die Separatisten festgesetzt, sich da verschanzt. Ich hielt meine Stellung, mir blieb nichts anderes übrig, ich wartete wie alle ringsherum ab. Ich wußte nicht wirklich, worum es ging. Der Tumult verschlug mir die Sprache, und warum, wozu hätte ich mitbrüllen sollen? Es gab einen Ruck, die Menge schob sich ein Stück weiter, ich wurde aufs Neue mitgeschoben, wir steckten wieder fest. Wir sahen nun etwas vom Rathaus. Hoch oben, im Stockwerk unter dem Dach, riß jemand, der von uns aus nur als Umriß zu erkennen war, ein Fenster auf, es mußte über der breit ausladenden Treppe hoch zum Eingang liegen. Ein Mann offensichtlich, er hatte sich nicht dagegen gesträubt, geschweige gewehrt, er war vielleicht schon tot, wurde wie ein prall vollgepackter Sack hinunter auf den da, wie ich wußte, breiten Bürgersteig geschmissen. Er schlug unten, es war bis zu uns zu hören, dumpf auf. Die Menge war für diese ein, zwei Minuten verstummt. Sie johlte sogleich wieder auf. Es traf mich, wie wenn man mich von hoch oben in die Straße hineingeworfen hätte. Der Unbekannte da unten, daran war wohl nicht zu zweifeln, würde tot sein. Ich hatte es noch nie gesehen; wie ein Mensch einfach so umgebracht wird. Ich hatte es mir nicht vorstellen können.

Ein Heimatbuch der Region brachte mir den Tag wieder nahe. Herbst 1923, der 23. Oktober. Die Separatisten – «Rheinisches Recht für rheinisches Land» – hatten auch unsere Stadt, die Menschen hier auf ihre Seite zu ziehen versucht. Schon am Vortag waren sie zu Hunderten vorweg von München-Gladbach herübergekommen, sie waren angeblich von dort vertrieben worden: Die Belgier, ihre Polizei, ihre Offiziere, ließen sie passieren. Am Wohlfahrtsamt, wo sie über Nacht kampierten, appellierten sie mit einem roten Plakat «An das rheinische Volk – die Stunde der Freiheit hat geschlagen.» Den Startschuß hatte schon Ende September ihr «Generalkommando» in Koblenz gegeben. Seine Truppe, der «Rheinlandschutz» («Service de protection de Rhenanie»), war militärisch gegliedert: Stoßtrupps mit grün-weiß-roten Armbinden, jeweils 32 Mann. Die Viersener «Kompanie» blieb mit nur 26 unter dem Soll. Die Zeit schien ihnen reif für einen Umsturz. Die Inflation war auf dem Höhepunkt, dem entsprach das Gerücht, «das Reich» sehe sich gezwungen, alle Zahlungen für das linke Rheinland einzustellen. Zwei Tage zuvor hatte ein Sprecher der Separatisten, ein Aachener Kaufmann, die «Rheinische Republik» ausgerufen. Mit dem Gebot zur Mitarbeit an dieser Republik zog eine Delegation zum Rathaus. Sie forderte weiter, die Polizei – ihr Präsidium war auch bereits besetzt – zu entwaffnen sowie die rheinische Fahne zu hissen. Der Bürgermeister, seine Beamten verwiesen auf ihren Diensteid, sie seien an ihn gebunden, sie lehnten das alles ab. Sprecher der Gewerkschaften protestierten. An die zehntausend Menschen waren herbeigeströmt. Die Aufrührer wurden aus den von ihnen besetzten Gebäuden, auch aus dem Rathaus verjagt, ihre Fahne auf ihrem nächtlichen Quartier vom Dach heruntergeholt. «Fast alle anwesenden Separatisten fielen der Lynchjustiz zum Opfer.» Mitte November kam es im Siebengebirge zu einem letzten blutigen Gefecht, «die Umstürzler» wurden von der aufgebrachten Bevölkerung «vernichtend geschlagen».

Nichts vergessen. Ich hatte es mir schon einmal, schon mehrere Male vorgenommen. Festhalten, was, wenn ich nicht zupacke, nicht wirklich geschehen ist, es läuft mir davon. Ich hatte schon nach einem Wort dafür gesucht. Besondere Vorkommnisse. So stand es in der Zeitung. Chronik der Ereignisse. Ich war zweimal, dreimal krank gewesen. Grippe, Angina. Einmal drei Wochen, einmal sechs Wochen, dann vier Wochen. Ich hatte mich nahezu tot geschwitzt. Ich fixierte die Tapete, ihre Muster, ein Quadrat, ein Kreis, wieder ein Quadrat wiederholten sich, ich belauerte sie, sie lösten sich auf, verschwammen, ich brachte sie wieder zusammen. Das Glück, sich nach Tagen wieder zu fühlen. Man kann wieder denken, denkt nach. Altengarten hatte uns die Bücher dagelassen. Ich las und las. Anzengruber, Der Meineidbauer, Ganghofer, Die Martinsklause. Ich prägte mir, was auch immer ich las, ein, wollte es behalten. Was ich las, gehörte mir. Selbst das Durcheinander. Es ordnet sich wieder. Wir leben nie nur ein Leben. Wir leben immer mehrere Leben.

WIE WAR ES BEI DER MUTTER? Es gab Tage, da gefiel sie mir nicht. Ich kam von der Schule, sah, sie hatte geweint. Sie lächelte. Ihr manchmal gequältes Lächeln. Ich kannte das. Einmal, als ich sah, daß sie geweint hatte, glaubte ich, ich müsse sie trösten: Warte, ich bin bald groß: Das dauert nicht mehr lange. Ich heirate dich dann. Es ließ sich nicht verbergen, aber sie hätte es nicht zugegeben, es war für sie, so wie sie lebte, nicht einfach. Es war für sie von Woche zu Woche schwerer geworden. Wem sollte sie sich anvertrauen? Vom Abend bis in den Morgen, dazu den größten Teil des Tages war sie sich selbst ausgeliefert, allein. Die Schwester begriff es eher als ich. Sie blieb die eine, die andere Nacht unten, sie schlief bei ihr. Einer war immer allein. Doch das war es nicht. Die Wohnung ist zu groß für mich. Wir spürten, die Mutter dachte, es sollte noch jemand da sein. Wer? Irgendwer. Die Schwester malte sich aus, was die Freundinnen sagen würden. Ich dachte an den Leutnant, der die eine Nacht bei uns einquartiert war. Vielleicht so jemand.

Für die Mutter war, wer bei uns wohnte, ein Hotelgast. Sie gab ihm, ich war schon gleich darauf gekommen, das Zimmer neben dem mit dem Erker. Ein junger Mann, zwanzig, einundzwanzig. Er kam aus Leipzig. Leipzig war unendlich weit weg. Er volontierte bei einer Spinnerei, der Vater, er war ein Geschäftsfreund, hatte gleichfalls eine Spinnerei. Er war der Mutter, sie hatte sich umgehört, über zwei, drei Adressen empfohlen worden. Er fuhr per Motorrad vor. Eine mittelgroße englische Maschine. Nur für hier. Die weite Strecke war er mit dem Zug gekommen. Knicker-bocker, ein halbes Dutzend Schals. Die Tür bei ihm stand offen. Madonna, du bist schöner als der Mondenschein. Er hatte sein Grammophon mitgebracht. Er legte Schlager auf Schlager auf. Die Mutter zog, setzte sie sich ans Klavier, ihren Czerny vor, sie liebte Chopin. Aber schon tags darauf, all die Tage war unser Gast kaum zu sehen. Abends kam er nur auf einen Sprung von der Arbeit, zog sich um, brauste gleich wieder los. Er fuhr nach Krefeld, nach Düsseldorf, kam irgendwann in der Nacht zurück.

Es war nur ein Zwischenspiel. Es kam noch ein weiterer Volontär, auch jung, auch aus Leipzig und auch nur für ein paar Monate. Ihre Namen waren uns bald entfallen. Der ihres Nachfolgers, ich hatte mich an ihn erinnert, fand sich unter unserer Hausnummer mit dem der Mutter – Altengarten, Petronella, Ehefrau – im Straßenadreßbuch 1924/25: Goeres, Friedr., Techniker. Er war auch noch relativ jung, noch keine dreißig. Seine Schwester wohnte am anderen Ende, im Süden der Stadt. Sie waren beide hier zu Hause, die Eltern lebten nicht mehr. Die Mutter hatte diesmal, unsere Wohnung sollte kein Taubenschlag werden, eine Annonce aufgegeben. So war sie auf ihn, er zu uns gekommen. Er war aufgeschlossen, stets freundlich, sprach so gut wie nie über sich, trat, als gehe es nur so, hinter sich zurück. Doch seltsam, schon nach drei, vier Tagen sah es so aus, als sei er schon seit langem bei uns. Er konnte, vorweg für die Schwester, beinahe auch für mich der ältere, uns freilich weit überlegene Bruder sein. Aber er war für sie wie für mich, und dabei blieb es, schlicht Herr Goeres. Es lag an ihm. Undenkbar, er würde etwas beanspruchen, was ihm nicht zustand. Es war zwischen uns eine Balance eigener Art. Wir waren mit ihm nicht eine andere Familie, aber er gehörte, auf Distanz, dazu. Wir waren nun zu viert, nicht mehr nur zu dritt.

Es wurde Sommer. Ich war, wie die Schwester, noch nie über Köln, über Düsseldorf hinausgekommen. Goeres schlug vor, mit uns für ein, zwei Wochen in die Eifel zu fahren. Es wurden drei Wochen. Es ging anfangs mit der Bahn über Köln rheinauf bis Andernach oder bis zu der Station davor. Da begann unsere große Wanderung vorbei am Laacher See mit dem legendären Kloster Maria Laach über Mayen, Monreal hinunter an die Mosel. Tagespensum um die dreißig Kilometer. Mal übernachteten wir in einer Jugendherberge, mal in einem billigen Gasthaus. Kein Tag, an dem wir ausruhten. Die Route war festgelegt. Goeres kannte sie. Er war überall schon einmal, da und dort sogar zweimal gewesen. So erfuhren wir aus erster Hand, mußten es nicht nachlesen, was, wo wir gerade waren, einst geschah, was zu beachten war, was keinesfalls übersehen werden durfte. Am Abend brachen wir nicht zusammen, aber wir waren redlich erschöpft, ich zwischendurch, wenn die noch vor uns liegende Strecke kein Ende finden wollte, halb voller Wut, halb den Tränen nahe.

Ob Goeres allein mit mir durch die Eifel gewandert wäre? Gewiß nicht allein mit der Schwester, sie gewiß nicht allein mit ihm. Ich zwischen ihnen, wie sonst sollte es sein? Sie und ein Mann, ich hätte gelacht. Ich wußte nichts von ihr, aber ich war sicher, niemand, nicht mal die Mutter, kenne sie so gut wie ich. Wir führten keine Gespräche. Sie sagte lieber nichts als ein Wort zuviel. Möglich, daß ich daraus schloß, ich hätte ihr wohl nichts, was sie nicht wußte, zu sagen. Dabei hatten wir vor dem Sommer in der Eifel, dem Marsch zur Mosel noch nie länger als ein paar Stunden etwas gemeinsam unternommen.

Wir fuhren im Jahr darauf noch einmal in die Eifel. Es ging da über die Hohe Acht, den Toten Mann. Es wurde wieder eine Kraftprobe. Für Goeres war sie ein Training wie beim Sport. Man steht eine Sache, auch wenn sie einen überfordert, durch. Er hatte durch Jahre engagiert Fußball gespielt, war der Mittelstürmer der Klubmannschaft am Ort, ließ keines ihrer Spiele aus. Ich hatte gerade, bevor er zu uns kam, nicht nur auf der Schule mit dem Sport begonnen. Leichtathletik. Hundert Meter, Hochsprung, Weitsprung. Training, ich kannte mich aus. Ich versuchte, mich zu steigern, besorgte mir endlich die ersten Spikes, trat in seinen Klub ein, trug nun auch dessen Trikot, so weit hatte ich es vordem noch nicht gebracht.

DAS FRÜHESTE FOTO, 7,8 mal 5,3 cm: eine Aufnahme von 1926. Auf der Rückseite steht, mit Bleistift, nicht von mir, der Vorname, darunter, kann sein von mir, die Jahreszahl. Die Aufnahmen davor, es wird wohl einige gegeben haben, gingen verloren oder sie waren nur nicht aufgehoben worden. Unter ihnen womöglich das obligate Babyfoto, ich hätte mich gerne in diesem Stadium gesehen. Der Mutter stand, bei meiner Geburt schon seit drei Monaten Witwe, in ihrer Situation damals vermutlich nicht der Sinn danach. Ein Gruppenbild in unserem Garten. Ich erkannte mich sofort. Gerade noch fünfzehn oder erst seit kurzem sechzehn. Nackte Knie, grob gestrickte Stutzen, robuste Schuhe. Ernst, ein offenes Gesicht. Ich sitze, ein kleines Mädchen ganz in Weiß auf dem Schoß, in meiner zwischen zwei Bäumen, die nicht zu sehen sind, straff gespannten Hängematte. Links von uns hat sich der Bruder meiner kleinen Freundin hingehockt, etwa zwei Meter vor mir noch ein Junge, beide im Matrosenanzug. In unserem Rücken Sträucher, dichtes Gestrüpp. Wir alle blicken wie gebannt, das Mädchen, der Junge vor mir ein wenig scheu, auf den, der uns knipst. Bruder und Schwester, er sechs, sie zwei, sind die Kinder der neuen Mitbewohner über uns, aus meiner Perspektive unter mir. Auch eine Lehrerfamilie. Sie stammten aus der Gegend, kamen vom Lande. Sie waren am 1. April eingezogen.

Mit der Klosterruhe unter dem Dach war es vorbei. Die Verwandten kamen, sie lösten einander ab. Aus zwei der Mansarden an unserem schmalen Flur waren Fremdenzimmer geworden. Sie waren über Wochen ausgebucht. Mit der Zeit ebbte das wieder ab. Schließlich war nur noch eine Nichte da. Die Tante kränkelte, oder sie erwartete wieder ein Kind. Die Tochter des Bruders oder der Schwester sollte ihr noch ein paar Tage zur Seite stehen. Sie war hübsch, ich hielt sie für hübsch. Ich hörte, wenn sie am Abend zu uns heraufkam, den Schlüssel in die Tür steckte, sie schloß, den Schlüssel innen umdrehte. Ich wartete auf sie, wollte sie heraufkommen hören, ließ die Tür bei mir auch mal, wie aus Versehen, eine Handbreit auf, hatte aber nicht den Mut, wenn ich hörte, sie war oben, wie zufällig hinauszutreten, ihr Gute Nacht, was weiß ich zu sagen. Es ging so eine Woche. Ich zwang mich, nicht mehr auf sie zu warten, oder ich ging noch einmal nach unten und erst wieder nach oben, wenn sie, wie ich schätzte, wohl schon in ihrem Zimmer war, ich sie nicht mehr hörte. Einmal stand die Tür bei ihr auch noch eine Handbreit auf, es war Licht in ihrem Zimmer, ich blieb stehen, rührte mich nicht. Ich drückte die Tür etwas weiter auf, klopfte vorsichtig. Ich entsinne mich nicht, was sie, ob sie etwas sagte. Vielleicht: Komm rein. Ich bin noch auf. Oder: Hast du Angst? Sie lag schon im Bett, las. Ich trat ein, drückte die Türklinke leise ins Schloß. Komm, sagte sie. Ihr Bett war, wie das bei mir, dicht an die Wand gerückt. Sie hatte das Buch, in dem sie gelesen hatte, auf den Nachttisch geschoben, ihre Hände lagen auf der Decke. Ich trat zwei Schritte vor, blieb stehen. Sie sah mich wie über sich selbst verwundert an. Setz dich. Ein Stuhl stand, wie ebenfalls durchweg bei mir, unter dem Fenster, einer am Fußende des Bettes. Ich ging zu dem beim Fenster, trug ihn zu ihr. Laß, sagte sie. Sie hob das Gesäß an, rückte zur Wand. Komm. Ich bin müde. Ich streifte die Schuhe ab, zog meinen Sweater über den Kopf. Die kurze Hose, das Hemd behielt ich an. Ich setzte mich zu ihr. Nicht so. Leg dich hin. Sie hatte sich umgedreht, lag, mit dem Rücken zu mir, regungslos da. Ich war erstaunt, wie leicht das alles war. Ich wollte nichts falsch machen, wartete. Sie blieb still, sie schien nicht einmal zu atmen. Mein Glied störte mich, ich knöpfte die Hose auf, streifte sie über die Knie bis auf die Füße, stieß sie weg. Sie blieb weiter für mich schmerzlich still, es war, als schliefe sie. Ich hob die Decke ein wenig an, schob mich, ich wollte sie nicht wecken, mit den Beinen, dem Bauch in ihre Wärme. Sie reagierte nicht darauf, daß ich nun, sie mußte mich fühlen, bei ihr lag. Ich tastete mich an ihr rechtes Bein, an ihren Schoß, legte den Zeige-, den Mittelfinger in ihre Vagina, öffnete sie. Sie wandte sich, sie sagte nichts, nun wirklich wie im Schlaf zu mir, legte die Beine ein wenig auseinander, ließ mich zu sich. Auf einmal im Körper einer Frau. Ich kannte das nicht. Noch nicht ausgewachsene kleine feste Brüste. Ein glatter flacher Bauch. Wir küßten uns, wie wenn wir uns erst noch entdecken müßten. An was dachte ich? Ich fragte mich, was kommt danach? Ich versuchte mir vorzustellen, was wir sonst noch miteinander tun könnten. Sie nahm mich hin, es erregte sie nicht, sie stemmte sich gegen meine Stöße, blockte sie ab. Sie hatte die Arme in meinem Rücken lose verschlungen, sie preßte mich nicht an sich. Nicht so, sagte sie. Schlaf ein bißchen. Es war, als wären wir Geschwister, als wolle sie nur, daß ich bei ihr liege, mit ihr eins sei. Empfand ich etwas für sie? Gefiel es ihr? Sie hatte ein ebenmäßiges schmales Gesicht, lange leicht rötliche Haare, ich hatte noch nie ein Mädchen so völlig entblößt gesehen. Nicht. Warte. Sie rief irgendwas. Sie hob mir ihren Schoß entgegen, packte mich bei den Hüften, drückte mich aus sich hinaus. Ich schob mich von ihr weg. Sie hielt mich fest. Bleib. Sie drehte sich nun ganz zu mir, legte ihr linkes Bein quer über meine Beine, ihr linker Arm legte sich um meine Schulter. Sie hob ihn noch einmal kurz an, ihre Hand suchte etwas, das ich nicht sehen konnte, fand den Sweater, ich hatte ihn hinter ihr Kopfkissen geschleudert, sie zog ihn über die Lampe. Sie schlief ein. Mir blieb nur, gleichfalls einzuschlafen. Als ich wach wurde, hatte es schon hell zu werden begonnen. Sie war nicht mehr da.

Am Abend stand ihre Tür auch nicht nur eine Handbreit auf. Unten schimmerte auch kein Licht durch. Das Zimmer war verschlossen. Es blieb auch am nächsten, auch am übernächsten Abend verschlossen. Sie hieß Gertrud. Ich wußte sonst nichts von ihr. Eine Nichte? Vielleicht war sie eine Freundin der Familie in der Etage unter mir. Ich konnte niemanden fragen, wo sie sei. Ich sah sie erst wieder nach mehr als einem Jahr. Sie sagte, sie habe geheiratet.

SO um die Zeit, als ihre Verwandten oder Freunde bei uns eingezogen waren, gab es, nach sechs Jahren Realprogymnasium (Latein, Französisch, Englisch), für den «Sohn des † Adolf Frisé, Mutter Nelly» das «Zeugnis für die bestandene Schlußprüfung (Reife für die Obersekunda)». Die Schulzeit in Viersen war damit zu Ende. Die nächstgelegenen Plätze fürs Abitur waren München-Gladbach oder Krefeld. Ich entschied mich wie die Mehrzahl für Gladbach. Es war mehr der Nachbar, und man kam auch mit der Straßenbahn dorthin. Hocke war uns ein halbes Jahr vorausgeeilt. Seine Lebensart, seine Selbstsicherheit hatten den Autoritäten der Schule nicht behagt, er hatte sie, wie sie es sahen, wieder und wieder provoziert. Das Kollegium der Lehrer trat zusammen, es entschied sich, was höchst selten vorkam, fürs «consilium abeundi». Sie legten ihm nahe, die Schule zu verlassen, sie verabschiedeten ihn. Nun trafen wir uns wieder, saßen wieder in einer Klasse. Er hatte nichts dabei eingebüßt. Der ihm so folgenreich angekreidete Habitus des Außenseiters gab ihm die Aureole des Rebellen. Der Dandy, der Flaneur mit seinem Mädchen war in der dreimal größeren Stadt für niemanden ein Ärgernis. Seine Reputation, sollte es so gedacht gewesen sein, hatte keinen Schaden gelitten, im Gegenteil. Der unfreiwillige Wechsel der Schule hatte ihm eher ein Mehr an Prestige eingebracht.

Es schien, keine zehn Kilometer von hier nach da, auf den ersten Blick eine andere Welt. Die Klassenmütze täuschte vor, wir seien bereits Studenten. Der Freund hatte sie mir, sichtlich stolz, schon vorgeführt. Sie verlieh schon dem Sextaner den Nimbus, er sei der Elite zuzusprechen. Ihr Modell war der «Stürmer», «de Ofepief», des auf eine schon damals längst überlebte Tradition eingeschworenen Korpsstudenten. Anspruch, eine noch unverdiente Würde in von Klasse zu Klasse variierenden Farben: Dunkelblau, Hellgrau, Grün, Lila bis Hellblau, dazu jeweils eine silberne oder goldene Paspelierung (Kordel, Schnur). Die Obersekundafarbe ein dekoratives Rot mit Gold. Zuviel Glanz für die Überlandfahrt mit der Tram, für das Abteil vierter Klasse der Reichsbahn. Schon bei nur passablem Wetter fuhr ich weit lieber per Rad zur Schule. Ich konnte ab und zu einen Stopp einlegen, wagte auch mal einen Umweg, kam mit gemischten Gefühlen eine viertel, eine halbe Stunde zu spät, gab als Grund eine Reifenpanne oder Pech mit der Kette an, das entschuldigte mich.

MÜNCHEN-GLADBACH blieb mir die drei Jahre zum Schluß absonderlich fremd. Es war für uns die Stadt unseres Gymnasiums, die Externen wie wir waren nur für diese Stunden in ihr zu Gast. Eine Zeitlang ging es für mich nach der Schule erst einmal über den sich lang hinziehenden Bahndamm, den ich von meinem Fenster aus immer vor mir hatte, im weiten Bogen um unser Haus herum bis nahe an die Grenze zu Holland. Mit mir zwei Brüder, ich war ihr Hauslehrer. Die gemeinsame Tischzeit mit einer Familie am Rande eines Dorfes, mit der mich allein der Zusatzunterricht für die Söhne verband. Ich gehörte quasi zum Gesinde. So hatte ich es in den alten Romanen, die auf dem Lande spielen, gelesen. Ein Leben an der Peripherie. Ich sah nie, wo die Mitschüler, die nicht von außerhalb kamen, ihr Zuhause hatten, wußte nicht einmal, wo sie wohnten, erlebte sie nicht einen Tag in ihrem Milieu. Ihre Biographien waren für mich ein unbekanntes Terrain. So selbst die meines Nebenmannes in der ersten Bank. Sein Vater, mehr erfuhr ich nicht über ihn, war Kinderarzt. Er war bewundernswert unangestrengt intelligent, mußte sich nicht spreizen, um zur Geltung zu kommen, ein diskreter Primus. Das in ihm wie gespeicherte Wissen war für ihn jederzeit verfügbar, er brauchte es nur abzurufen.

Eine Ewigkeit später, an einem Samstag, überraschte er mich mit einem Brief, er kam aus Jerusalem. Er dankte für das «maßlos übertriebene Lob meiner Person» bei einem Treffen, zu dem auch er erwartet worden war: «Walter Eichelberg, der noch 1937 nach Israel emigrierte, hätte ich mir heute unter uns gewünscht. Er war unser Wunderkind: Blitzgescheit, ohne alle Mühe klug, auf jedem Gebiet, das uns zu beschäftigen hatte, beschlagen, aus dem Stand, in der Sekunde, reaktionsbereit. Seine Intelligenz erlaubte ihm, sich ihrer nur soweit, wie unbedingt nötig, zu bedienen.» Ich hatte mich gefragt, was die Schule damals uns gegeben hatte: «Ich habe Freunden später oft gesagt, wir haben hier seinerzeit Liberalität, Toleranz gelernt, von uns wechselseitig Liberalität, Toleranz erwartet, uns darin geübt. Ich habe es Freunden in den dreißiger Jahren, vor dem Krieg, anderen Freunden während des Krieges gesagt und den Freunden danach, als Toleranz, Liberalität neu erkannte, von vielen erstmals entdeckte Werte geworden waren ... Das Etikett der Zwischengeneration, das uns aufgeklebt wurde ..., hatte in manchem Fall die Funktion, uns in den späteren Turbulenzen – aus unserer Sicht – von der Verantwortung für das, was vorging, zu entlasten. Alles in allem war es ein Ausdruck des Mißtrauens, zumindest des Vorbehalts uns gegenüber. Wir waren eben noch von Wertvorstellungen imprägniert, die uns gegen Radikalität, Brutalität immunisierten, die uns aber auch nicht reizten, uns nicht hungrig darauf machten, über Bord zu werfen, was wir uns zu sichern gerade erst bemüht gewesen waren. Wir waren aber auch – und das war damals wohl der entscheidende Vorzug unserer Zwischengeneration – nicht mehr so ressentimentbesetzt wie ein Teil der Vätergeneration, auch nicht so enttäuscht – wovon auch? –, daß wir das zu inszenieren versucht wurden, was man in den Jahren nach dem Zweiten Weltkrieg, nach unserem Krieg, ‹den Aufstand proben› genannt hat.»

Wir wechselten weitere Briefe, telefonierten. Zwei Jahre danach trafen wir uns am Toten Meer, ich war zu einer Kur dort. Ich war keine fünf Minuten in meinem Zimmer, da hieß er mich aus Jerusalem willkommen, am Tag darauf besuchte er mich. All die inzwischen verstrichene Zeit gab es nicht mehr. Wir fuhren in einem kleinen Toyota kreuz und quer durchs Land. Er hatte noch alles präsent, mußte sich nicht mühsam, geschweige nur wie zum Schein an das Nebeneinander in der Schulbank, an dieses, jenes Mißgeschick, an die kleinen Triumphe erinnern. Noch 1935 hatte er in Frankfurt am Main sein Jurastudium abgeschlossen, dort auch noch promoviert. Schon seit den sechs Jahren davor ohne jeglichen Kontakt war er plötzlich der damals am Ort einzige Freund.

DER INGENIEUR, der Boxer hatten sich für Krefeld entschieden. Unsere Wege gingen auseinander, wir verloren uns aus den Augen. Nah, vertraut blieb der so selbstlose Freund in unserer Straße. Mit Gustav Hocke verbanden mich mehr und mehr einander ähnliche Interessen. In einem Rückblick auf die Jahre damals sah er mich mit ihm in «einer Art Protestgruppe». Als «in dieser Hinsicht früh ... einig» mit ihm nannte er noch Gert H. Theunissen, einen der «wenigen genialen Menschen, denen ich begegnet war». Er war, ein Jahr älter als er, der ihm bis zuletzt nächststehende Freund. Wir waren, ohne es zu ahnen, einige Monate oder ein Jahr Nachbarskinder gewesen. Das Haus seiner Eltern, auch das Spiegelbild des Hauses nebenan, stand in der Straße, in der auch wir anfangs gewohnt hatten. Ich erinnere mich nur an eine halbe Stunde mit ihm in der Straßenbahn. Wir standen zu viert auf der hinteren Plattform. Außer Hocke noch dessen wie Theunissens Freund Franz Zimmermann. Er hatte, verglichen mit uns, schon seinen Weg gemacht, war Dramaturg bei Louise Dumont-Lindemann, der legendären Prinzipalin am Schauspielhaus in Düsseldorf. Ein Avantgarde-Ensemble in einer mittelgroßen Stadt vor den Toren der großen Welt, ich mehr der nachsichtig geduldete Zaungast, der gut beraten war, zuzuhören, sich nicht zu weit vorzuwagen, sich nicht den Mund zu verbrennen. Zwei Mitschüler, zwei Außenseiter, die nichts mit dem Gymnasium verband. Das épater le bourgeois Hockes, Theunissens war mir fremd, ich war einfach nur ein Einzelgänger, dem es nicht lag, sich einer Doktrin, auch nur dem Programm eines Kollektivs zu verschreiben, ich wollte aber auch nicht abseits stehen. Jede Begegnung, jede Teilhabe an einem Gespräch war ein Test auf die wie immer gegebenen Möglichkeiten. Es war ein langer, bisweilen verschlungener Weg der vielen kleinen Schritte. In der Erinnerung eine lose Folge von zeitweiligen Alleingängen, kleinen Ausbrüchen, Versuchen, Episoden, sporadischen Begebnissen.

EINE WELTKARTE für meine Mansarde. Ich kann nur vermuten, wie ich dazu kam. Sie war kein Geschenk, ich nahm sie auch nicht irgendwem weg. Möglich wäre, ich sah sie am ehesten auf dem langen Weg vom Bahnhof München-Gladbach hinauf zu unserer Schule, und sei es lediglich als Dekor in einem Schaufenster. Nein, ich kaufte sie nicht. So bliebe letztlich, ich entdeckte sie zufällig, korrekt eingerollt, in einer Ecke im Keller. Altengarten hatte, als er wegging, auch sie bei uns zurückgelassen. Ich hatte die ganze Wand gleich neben der Tür dafür. Sie war nahezu zehn Jahre eine leere, ungenutzte Fläche, es war mir all die Zeit nicht aufgefallen. In eine kahle Wand läßt sich dies und das hineinsehen. Doch nun breitete sich über sie, drei mal zwei Meter, das Panorama der Kontinente und der riesigen Ozeane aus, die Erde war nicht mehr rund, sie lag weit ausgebreitet vor mir, sie versteckte sich nicht mehr. Ich hatte die Welt als Ganzes zu mir hereingeholt.

Es war kein Fernweh. Ich plagte mich nicht mit der Illusion von der überall anderswo vielleicht schöneren Welt. Es war nur ein Mittel mehr, sich zurechtzufinden. Es gehörte zum Spiel mit den Möglichkeiten. Der Blick hoch vom Dach bis an den mal nahen, mal fernen Horizont genügte nicht mehr.

IN DEN FERIEN setzte ich mich aufs Rad, nichts sonst war mir so unentbehrlich geworden, fuhr allein, von niemandem abhängig, so unverbunden wie in meiner Klause, aufs Geratewohl und ohne Zeitplan quer durchs Ruhrgebiet über Münster zum Teutoburger Wald und weiter bis zur Porta Westfalica, ein andermal über Dortmund, Unna, Soest, von dort durch den Arnsberger Wald bis zu den Briloner Höhen und zurück durchs Sauerland. Der Rausch der Abfahrten über noch freie Straßen. Schmale Felgen und keine Schutzbleche, das war sportlicher, und ich fühlte mich auch so, als säße ich auf einem Rennrad. Schuhe, Socken, die kurze Hose, die Windjacke waren von Dreck überkrustet. Das war ein zusätzlicher Effekt. Motorradrennen waren in Mode gekommen. Sie gingen meist über extrem kurvenreiche Landstraßen. Ich scheute keinen noch so weiten Weg, suchte nach einer Kurve mit einem breiten Einblick in die Strecke, warf mich, hatte ich sie gefunden, mit Lust in den Straßengraben, fieberte den schweren Maschinen entgegen. Favoriten waren, konkurrenzlos, die Harley-Davidsons. Es dauerte manchmal unerträglich lange, bis endlich sie herandonnerten. Spannung, Ungeduld, auch das gehörte dazu. Das Rad trug mich überallhin, wo etwas los war. Aber auch zu den stillen Vergnügungen: zum Rudern auf der verträumten Schwalm, einem Zufluß der Maas, mit ihren kleinen Buchten, stillen Seen oder zum Freibad in einem Baggerlochsee.

ENDE JANUAR 1926. Das alte Spielparadies, unsere brach gebliebene Wiese bei der Gärtnerei, war überfällig geworden. Es machte einer Straße rings um die innere Stadt Platz. Es war ein schon seit Jahren vorbereitetes Projekt. Die Zeit der Besatzung war zu Ende, nun ließ es sich verwirklichen. Eine Umgehungsstraße wie so unzählige seitdem. Sie wurde Freiheitsstraße getauft. Schon damals war vermutlich bald vergessen, warum. Zehn Jahre danach war es für mich der Abschied von der Kindheit. Eine Erinnerung an «Die Spielwiese». Ihr erster sentimentaler Satz: «Ungeachtet der Straßenbahn, die eingleisig zwischen unserem Haus und den spärlichen Häusern der Nachbarn ins Land hinausfuhr, hin und her, aber in so leeren, weiten Abständen, daß es uns immer der gleiche Wagen schien, hielt eine einfältige Stille die kleine Wiese umzäunt, die unser Spielplatz war.»

Zu der Zeit dieses Abschieds hatte ich einen Bericht über unsere Straße und die neue Straße quer zu ihr versucht. Ich ging mit ihr zu unserem Lokalblatt, mir schien das sicherer als mich mit einem Brief anzubieten, wollte auch den sehen, der ihn lesen würde. Zuständig dafür, ich entnahm es dem Impressum: Dr. Oscar Wessel (Kunst – Wissenschaft – Unterhaltung – Sport). Ein noch junger Mann, achtundzwanzig, mit üppigem Haarwuchs, ein Dichterkopf. Im Jahr darauf trat er im Kölner Funk mit seinem ersten Hörspiel («Der Admiral») hervor. Es ging über alle deutschen Sender, wurde auch von ausländischen Radiostationen übernommen. Nach dem Krieg machte er alsbald mit dem Hörspiel «Hiroshima» auf sich aufmerksam, wurde schließlich Hörspielchef bei Radio Bremen. Die Routine des Redakteurs, er mochte den jungen Mann nicht zu sehr enttäuschen: Nicht übel. Platzmangel, Sie verstehen. Die Sache ist auch schon vergeben. Aber er gab mir eine Chance, schickte mich noch gleich an diesem Abend zu einer Versammlung der Fleischer-Innung. Ich habe auch so angefangen.

Etwa um diese Zeit hatte ich mich an eine erste Geschichte gewagt, «Kurze Flucht aus der Stadt»: «Als ich gegen 5 Uhr erwachte, galt mein erster Blick dem Wetter ...» Der nächste Versuch war eine Skizze, «Suche nach dem verlorenen Sohn»: «In einem kleinen Dorfe, irgendwo in Deutschland, lebte ein sparsamer und bescheidener Mann, dem seine Vaterpflicht alles bedeutete ...» Ich gab auch sie Wessel, er sah sie für den Druck vor. Es ließ sich nicht mehr ermitteln, ob es dazu kam.

ANFANG DEZEMBER 1927 das erste und einzige Ereignis München-Gladbachs, an dem ich teilhatte. Zwei Vormittagsstunden in der Buchhandlung Boltze an der Hindenburgstraße. Die erste Begegnung mit einem großen Autor: Thomas Mann liest aus seiner im Jahr zuvor erschienenen Erzählung «Unordnung und frühes Leid». Ein soignierter, korrekt gekleideter Herr. Zwischen den Bücherregalen eingepfercht kann ich ihn vorbei an den Köpfen vor mir gerade noch sehen. Ich höre eine sonore, halb sachlich, halb ironisch artikulierende Stimme. Was sie vorträgt, erreicht mich nicht. Eine Geschichte aus einer mir verschlossenen Welt des Wohlbehagens, der gesicherten Verhältnisse. Was da geschieht, liegt weit weg von dem mir vertrauten Alltag. Ein mir fernes Milieu. Ein Mädchen vor dem Abitur, das spricht mich an. Sonst Probleme, die mich nicht berühren. Eine mit sich einverstandene Gesellschaft, zu der ich mich nicht hingezogen fühle. Indes, die Würde, die der berühmte Dichter ausstrahlt, der Respekt vor ihm berühren mich. Ich sehe auch einige unserer Lehrer. Ich bin mir bewußt, daß es ein besonderer Tag ist.

Im Sommer darauf großes Schülertreffen in Weimar. Primanerinnen, Primaner aus allen Teilen des Landes, die nächste Abiturientengeneration. Privatquartier bei einer freundlichen Familie. Am ersten Abend in großer Korona in einem Fischrestaurant. In der Nacht Übelkeit, Erbrechen. Ein Häufchen Elend. Eine veritable Fischvergiftung. Ganz auf die Fürsorge der Gastgeber angewiesen. Drei, vier Tage unfähig, etwas zu mir zu nehmen. Keine Erinnerung, ob sich sonst jemand um mich kümmerte. Vom frühen Morgen bis in die Nacht währenddem ein volles Programm: Besichtigungen, Theater. Mir ist das alles versagt. Ich ermesse nicht, was mir entgeht, bin einzig auf mich konzentriert, die Hilflosigkeit, die Schwäche, meine Isolation. Als ich aufstehen, wieder vorsichtig etwas zu mir nehmen kann, ist das Treffen so gut wie zu Ende. Ich wage mich auf die Straße, will doch irgend etwas von dem sehen, weswegen wir aus allen Himmelsrichtungen herbeigereist waren. Am Goethe-Haus, am Schiller-Haus, am Nationaltheater, an den Schlössern schleiche ich vorbei, es zieht mich in den Park an der Ilm, ich setze mich zu einem blonden Mädchen auf einer Bank, will nur mit jemandem sprechen. Sie ist siebzehn. Sie ist aus dem Osten gekommen, aus einer für mich entlegenen Region. Sie erzählt mir, was sie, als ein verdorbener Fisch mich von allem ausschloß, sah, erlebte. Ich spiele mein Mißgeschick herunter, will nicht bedauert sein. Über sechzig Jahre danach, Dezember 1990, ein anonymer Gruß (X. Y.) aus Köln: «Ich kaufte gestern das Buch ‹Beginn der Vergangenheit› – da holte mich meine Vergangenheit selbst ein: Ein 17jähriges, blondes Mädchen (Schneidemühl) auf Klassenfahrt in Weimar – ein Primaner aus Viersen. Merkwürdig, daß ich in all den Jahren diesen Sommernachmittag im Park von Weimar nicht vergessen habe und auch nicht den Namen! Nun zitiere ich (Sie werden wissen, wen): ...» Erst Jahre später gebe ich in einem Kölner Blatt eine Anzeige an X. Y. auf: «Zum schönen Brecht-Zitat (Erinnerung an Maria A.) erbittet ein offenes Lebenszeichen A. F.» Mitte Oktober Antwort einer Tochter mit der Todesanzeige vom 10. Oktober. «Die Mutter hat vor ihrem Tode noch Ihre Nachricht bekommen.» Die Erinnerungen laufen immer mit.

Im selben Jahr, es muß im Herbst gewesen sein, eine Klosterwoche in Holland. Ich war einige Male, wieder allein, wieder aufs Geratewohl mit dem Rad über die Grenze gefahren: Von Venlo parallel zur Maas nach Norden bis Nijmegen, Arnhem, nach Süden, auch parallel zur Maas, bis Roermond. Es waren Tagestouren, ich hatte nicht einmal eine Nacht dort verbracht, war auch mit niemandem ins Gespräch gekommen. Mir gefiel es drüben. Haus für Haus blitzsauber wie im Bilderbuch. Keine Vorhänge vor den Fenstern, der Blick geht bis in den Garten hinter dem Haus. Ausdruck vertrauensvoller Nachbarschaft. Die langen, schnurgeraden Wasserstraßen, Brücken, wie van Gogh sie malte. Da und dort die Frauen noch in ihrer traditionellen, einst alltäglichen Tracht.

Der Religionslehrer stellte seinen katholischen Schülern anheim, für einige Tage über Emmerich zu Exerzitien in einem Jesuitenkloster gleich hinter der Grenze zu fahren. Es ist kein Muß, doch immerhin auch eine Vorbereitung aufs Abitur, eine Einstimmung auf die Zeit danach. Die durchweg grenznahe Strecke Kempen – Geldern – Kevelaer – Kleve – Emmerich kannte ich noch nicht. Ich entschied mich auch hier für die Fahrt mit dem Rad. Auf dem Rückweg zunächst rechts vom Rhein konnte ich so endlich auch die Niederrhein-Juwele Rees, Kalkar, Xanten sehen.

Eine spirituelle Übung, auf die ich, wie wir wohl alle, nicht gefaßt war. Eine karg möblierte Zelle, die perfekte Mönch-Situation. Drei Tage und Nächte striktes Schweigegebot. Wir unterliefen es, versuchten wie Strafgefangene durch Klopfzeichen miteinander zu kommunizieren oder schoben den Nachbarn rechts und links Zettel unter die Tür. Schweigen auch an der großen Tafel im Refektorium. Ein konsequentes Training in Selbstbeherrschung. Es endet erst mit der Beichte. Der Pater, der sie mir abnimmt, verbirgt sich nicht wie im Beichtstuhl hinter einem Holzgitter. Er empfängt mich in einem geräumigen Amtszimmer. Wir sitzen uns in dunkelbraunen Ledersesseln gegenüber, unterhalten uns. Es ist wie ein Antrittsgespräch, als bewürbe ich mich um eine gehobene Position im Komplex «Exerzitienhaus und Noviziat» in der «Duitse Provincie der Jezuieten» am Rande der anmutigen kleinen Grenzstadt s'Heerenberg. Ich war für ihn kein reuiger Sünder, er erwartete von mir keine Geständnisse. Ein Mädchen begehrt. Natürlich. Ab und an onaniert. Es interessierte ihn nicht. Von meinem Flirt mit einem hübschen Mädchen in Emmerich redete ich gar nicht erst. Ich hatte den flüchtigen erotischen Reiz vor dem Gebot der Askese nicht beiseite drängen oder ihn verkapseln wollen, und ich würde mich der beiläufigen sympathischen Freundin sofort nach den paar Tagen und nun erst recht neu zuwenden. Neid, Hochmut, Lügen? Ich hatte andere Sorgen. Der Pater war mein großmütiger väterlicher Freund. So gaben wir uns, als es für mich wie für ihn offensichtlich nichts mehr klarzustellen gab, nahezu herzlich die Hand.

AM SCHLUSS, im «Zeugnis der Reife», hieß es zu «Deutsch»: «Er hat mit gutem Erfolg an einer Arbeitsgemeinschaft teilgenommen.» Auch daran keine Erinnerung. Im Archiv der Stadt fand sich nur noch handschriftlich mein «Deutscher Aufsatz» – zur «Reifeprüfung Ostern 1929» – über

Spitzwegs (spanisches?) «Ständchen». Auch daran keine Erinnerung. Ein andermal, wohl davor, war uns ein Vergleich von Correggios «Heiliger Nacht» und Fritz von Uhdes «Lasset die Kindlein zu mir kommen» aufgegeben. Er brachte mir nach einigen Pannen oder nur Mißverständnissen eine Bestnote. Es war ein Glückstag. Ich sah mich erst da auf dem richtigen Weg. Für Hocke «gehörte» ich in seinem Rückblick auf die Viersener Jahre «zu meinen schlimmsten Konkurrenten in ‹Aufsätzen› für den Deutsch-Unterricht». Es war allenfalls ein offener Wettbewerb, keine Rivalität. Der speziell für Deutsch zuständige Klassenlehrer machte es ihm wie mir möglich, das Abitur allein mit einer großen Hausarbeit zu einem Thema eigener Wahl zu bestreiten. Sie ersparte ihm wie mir die mündliche Prüfung. Hocke entschied sich für eine Studie über «Rathenau und Goethe», ich schrieb über «Fritz von Unruhs Wandlung zum Pazifisten». Wir standen uns nie im Wege, wichen uns auch nicht aus. Unvergessen blieb mir, als Hocke aus heiterem Himmel mitten in der Deutschstunde mich der Klasse als Lyriker präsentierte: «Eine Straße», ein kleiner Versuch in elf Zeilen, in einem Satz. In einer hinterlassenen Sammlung «Kampf ums Ich» fand sich ein vermutlich noch aus der Schulzeit stammendes handgeschriebenes Gedicht «Der junge Rilke». Darunter: Gustav Hocke. Und eine Zeile tiefer: An Adolf Frisé. Er hatte mir das Blatt nie gezeigt, es nicht einmal mir gegenüber erwähnt.

HOHENZOLLERNSTRASSE, nur gut hundert Meter bis zum Kurfürstenplatz. Mir schien es keine schlechte Adresse. Ich hatte nicht mal eine Stunde dazu gebraucht, wollte nicht unnötig Zeit verlieren. Nahezu Haus für Haus sah ich, auch zweimal, dreimal das Schild «Möbliertes Zimmer zu vermieten». Die Hohenzollernstraße war mir schon im Zug empfohlen worden. Ich war kurz nach drei in München angekommen. Sie sind da mitten in Schwabing, zur Leopoldstraße ist es nur ein Sprung, bis zur Universität maximal zwanzig Minuten. Eine freundliche Vermieterin, sie hatte gewiß bessere Tage gesehen. Ein geräumiges Zimmer, zwei Fenster, Schreibtisch, es lag nach vorne. Sechzig Mark, die Schuhe stellen Sie abends vor die Tür. Ich hörte bis über Mitternacht die Straßenbahn, jeden, der spät nach Hause kam, jeden, der in der Nacht leise wegging. Ich fand keinen Schlaf, die Gedanken wirbelten mir durch den Kopf. Mein erstes Semester. Der Magistrat daheim hatte es möglich gemacht. Eine Starthilfe. Ich hatte mich nicht darum bemühen müssen. Fünfhundert Mark für den halben April bis Ende Juli, für die Studiengebühren, für die Fahrt. Danach war mir das zinsfreie Darlehen einer Stiftung sicher, dazu das regelmäßige monatliche Handgeld eines stillen Mäzens. Ich rechnete und rechnete, ich sah ein, ich übernahm mich, gegen zwei schrieb ich es ungeschminkt hin: Ich kann leider nicht bleiben, ich kann mir Ihr Zimmer nicht leisten. Ich legte das Blatt statt der Schuhe vor die Tür, mir fiel ein Stein vom Herzen, ich schlief endlich ein. Bonn natürlich hätte nahe gelegen. Oder Köln. Ich hatte nicht lange überlegt, mich, als es soweit war, für München entschieden. Weit weg, und es sollte eine ganz andere Stadt sein. Ich war sicher, ich würde da niemanden kennen. Zwölf Jahre nur immer das, was mir vertraut war. Eine Stadt, die wie keine andere bei uns die Menschen anzog, und ich könnte vielleicht die Alpen sehen. Es war ein Mai, wie er sein sollte. Die Stadt badete im Licht. Die breiten Straßen. Plätze, wie ich sie noch nie gesehen hatte. Es war da nicht so wichtig, wo ich wohnte, wie ich wohnte. Ich bog Richtung Universität in die Kurfürstenstraße ein, kam in die Türkenstraße. Schon knapp nach zehn hatte ich die Bleibe, die ich mir guten Gewissens leisten konnte, eine Kammer bei einem alten urbayerischen Ehepaar, er mit Bart bis zum Nabel, der landesüblichen Ledernen, seinem mit den Jahren abgewetzten Janker, dem Gamsbart am Huat, ebenerdig, Fenster zum Hof. Ich hatte in den ersten Tagen, um mir ein Bild zu machen, wo ich nun lebte, bis in die Nacht mit der Stadt, den Vormittag, den halben Nachmittag mit der Universität zu tun. Einmal, ich war am Abend nicht mehr weggegangen, das Fenster stand offen, ich schloß es, die Mücken störten mich, aber nun war es zu stickig, ich öffnete es wieder, polterte der Alte gegen meine Tür, ich verstand ihn nicht, ich machte auf. Eine Szene wie in einem derben Bauernstück. Ein Berserker. Er riß den Schrank auf, stürmte ans Fenster. Wo is dös Weib? Auch das war es also nicht. Ich tat mich mit einem Kommilitonen aus meiner Gegend zusammen, ich weiß nicht mehr, wie es sich ergab, er suchte einen Partner für ein Zimmer mit zwei Betten, einem Eckbalkon, dritter Stock, wir hatten rechts unter uns die Kunstakademie, rufnah die Universität, er studierte Jura, ich hatte auch, nebenbei, Jura zu hören begonnen. So wohl hatten wir uns kennengelernt. Ein Hauch müder, verbrauchter Bohème, eine wunderliche, auf ihre uns unvertraute Vergangenheit stolze Vermieterin, sie konnte Schauspielerin, sie konnte Sängerin gewesen sein. Wir könnten tun und lassen, was wir wollten, es gäbe Grenzen, das würden wir wissen. Ein mit Plüsch und Häkelei garniertes Quartier. Das war zu respektieren, wir ließen es dabei. Zwei Betten nebeneinander. Selbst das war hinzunehmen. Sie auseinanderzurücken hätte das Zimmer derangiert, ihm die innere Harmonie genommen. Zwei stabile Tische, das war wichtiger, jeder hatte seinen Arbeitsplatz, sein Fenster. War Besuch zu erwarten, räumte der andere das Feld, aber beide Erstsemester standen wir hochkonzentriert in unseren Startlöchern. Ein Freund des Quartierkumpans war ein Sohn des amtierenden Reichsjustizministers, der auch schon Innenminister gewesen war. So belegte ich neben Germanistik, Philosophie und Kunstgeschichte auch Jura, schließlich sogar Nationalökonomie. Ihre Koryphäen, der Staatsrechtler Hans Nawiasky, der Wirtschaftspolitiker Adolf Weber, zählten wie Wilhelm Pinder (Kunstgeschichte) zu den Leuchten der Universität. Sie waren, wie es später hieß, «in», sie füllten das «Audimax», wer sie, ob Mediziner, Physiker, Historiker, Archäologe, nicht auch hörte, konnte nicht mitreden. Mir schien es lösbar, nicht peu à peu, vielmehr in Konkurrenz mit mir selbst, zweimal, dreimal zu promovieren. Es wurde zur fixen Idee. Ich war entschlossen, meine Chancen zu nutzen. Zeitungswissenschaft war die große Mode. Karl d'Ester hatte sie erst vor ein paar Jahren in München etabliert, war schon ihr Nestor. Zwei Schulen der Theaterwissenschaft. Artur Kutscher, ihr Protagonist, war mir zu sehr Kultfigur. Die suchte ich nicht. Hans Heinrich Borcherdt residierte in einer alten Villa beim Englischen Garten. Ein kleiner Kreis, es war wie in einem Klub, man zählte dazu. Sein Mittelpunkt für mich war eine wie unerreichbare Beauté, Tochter eines angesehenen Psychoanalytikers am Ort in, wie ich es sah, stetig wechselnden festen Händen. Ich durfte sie einige Male quer durch den die Gefühle stimulierenden Park begleiten, einmal nahm sie mich zwei Treppen hoch in ihr Zuhause mit, stellte mich ihrem Vater vor. Er beeindruckte mich. Ich wagte nicht, sie einzuladen, und sei es nur ins Kino, sah mich nach einem Job für ein paar Mark mehr um. Eine Arbeitsmöglichkeit und ein noch so bescheidener Nebenverdienst lagen nicht auf der Straße. Ich versuchte mich eine Woche treppauf, treppab, das war am Schwarzen Brett angeboten, als Abonnement- oder auch Annoncenwerber. Es verschliß nur die Schuhsohlen, brachte keine zwanzig Pfennig Reingewinn, war vertane Zeit. Am Schwarzen Brett war auch zur Konversation auf Französisch eingeladen. Man traf sich in einer gepflegten Wohnung, es wurde Tee serviert, hernach steckte der Gast eine Mark in einen Spartopf. Eine nicht entfernt so umworbene junge Frau wie die Tochter des Psychiaters nahm daran teil. Sie wohnte komfortabel ums Eck beim Odeonsplatz. Ihre Eltern lebten nicht mehr, ihr Clan irgendwo auf dem Lande nördlich vom Harz war ihre Familie. Sie studierte, sah sich um. Ihr war darum zu tun, nicht allein zu sein. Wir übten uns in Zärtlichkeiten. Sie wie ich kamen zur Ruhe.

An meinem ersten Sonntag in München war ich an der Ludwigstraße schräg gegenüber der Universität bewußt ein letztes Mal zur Messe gegangen. Danach zog es mich durch die Theresienstraße hinüber zur Pinakothek, zum Königsplatz. So etwa, stellte ich mir vor, muß es in Athen gewesen sein. Ein elitärer Bezirk, nie viele Menschen, kühl, der Alltag schien weit weggerückt, es wurde mein sonntäglicher Kirchgang. Die dem Alleingang angemessene Zone. Ich erlief mir, soweit die Arbeit es zuließ, die Stadt, wer sollte mich dabei begleiten? Ein paar Kilometer am Wochenende machten mir nichts aus, eine Fahrt mit der Tram war ein Luxus, geschweige eine Exkursion hinaus aus der Stadt. Die Seen ringsum mochten, wie die Alpen, sehenswert sein, sie hatten nichts mit dem Ziel, die Zeit zu nutzen, zu tun. Kutscher fuhr mit seinen Studenten nach Kufstein, es hieß sie stiegen von da in die Berge, auch nach Salzburg. Das hätte ich mir versagen müssen. Ich würde wiederkommen, ich würde in München bleiben. Irgendwann würde sich ergeben, was ich noch vertagen mußte.

WARUM NACH BERLIN? Ich hatte es der Freundin beim Odeonsplatz geschrieben, es nicht begründet. Dem Quartierpartner mußte ich es nicht schreiben. Wir hatten das Zimmer mit den Ehebetten aufgegeben, wir würden uns jeder nach einer neuen Bleibe umsehen. Ja, warum? Hocke war wie ich für die Sommerferien nach Hause gefahren. Er gastierte wieder in seinem Kino oder da und dort zum Tanztee, ich hatte wieder, das war so abgesprochen, meine der Nachhilfe bedürfenden Schüler. Ich schilderte dem mir fast wie ein Bruder vertrauten Freund, was mir an München gefiel und daß es sich da leben ließe. Er rühmte Berlin, er war schon immer ein Mann des Superlativs, er konnte fortissimo schwärmen, er konnte fortissimo verdammen. Es ist das Zentrum Europas, die Achse des Kontinents. Die Moderne. Die neue Zeit. Die Theater, die Zeitungen. Wie er es darstellte, kam er aus einer hintergründigen, permanent am Abgrund balancierenden Welt unzähliger Verlockungen, aus einer Welt, die jedem, der es sich zutraue, eine Chance böte. Wenig mehr als hundert Mark im Monat, ich wäre, wo auch immer, auf Chancen außer der Reihe angewiesen. Ohne Frage, mit Berlin, der Hauptstadt, ging ich kein Risiko ein. Ich nahm den Nachtzug, kam in der Frühe am Bahnhof Zoo an. Keine Endstation. Ich stieg vom Bahnsteig, der Zug fuhr bereits weiter, die zwei Treppen nach unten, deponierte mein Gepäck, stand unversehens auf der Straße. Wieder die große fremde Stadt, ich kannte hier wie im Sommer in München niemanden. Hocke war noch nicht da, ich hatte nur eine Adresse, wo ich hinterlassen könnte, wo er mich finde. Ich wollte das wieder a tempo, möglichst in einer Stunde, hinter mich bringen, sah die Gedächtniskirche, der Freund hatte mir auch von ihr erzählt, ging im Bogen um sie herum, las Joachimsthaler Straße, Kurfürstendamm, behielt die Kirche im Auge, überquerte die Tauentzien, las Romanisches Café, ich sah mich gleich mittendrin, bog in die Budapester Straße ein, ein paar Wochen danach sah ich hier nachts, wie ein Mann von einem Auto erfaßt, hoch über die Straße geschleudert wurde, sich nicht mehr erhob, vor dem Grand-Hotel an der nächsten Ecke ging ich aufs Geratewohl in die Kurfürstenstraße hinein. Auch hier, wie in München in den Straßen um die Universität, an jedem zweiten, dritten Haus «Möbliertes Zimmer zu vermieten». Die Berliner Wohnungen, auch davon hatte ich gehört. Der lange dunkle Flur, das zweite oder dritte Zimmer am Ende war auch über die Hintertreppe zu erreichen. Hoflicht, ich würde mich daran gewöhnen. Ich hatte ein Bett, einen Tisch, zwei Stühle; Bad, WC lagen nur zwei Türen weiter. Eine Familie, die den Untermieter sich selbst überließ. Ich war ohne Illusionen gekommen. Hokke hatte mich, bei allem Enthusiasmus, entsprechend eingestimmt: Berlin ist eine Stadt, die du dir erobern mußt.

Niemand hatte mich auf den Gedanken gebracht, es war

mein eigenes Kalkül. Im Romanischen Café lag auch die «Germania» aus. Ich hatte nicht gewußt, daß es sie gab. Ein Fremdkörper auf dem Berliner Zeitungsmarkt. Katholisch, seit den siebziger Jahren die Stimme des Zentrums, das am Niederrhein dominierte. Ullstein, Mosse, das waren Burgen, die sich dem Nobody verschließen würden. Scherl: Lokalanzeiger, Nachtausgabe. Sie wüßten nichts mit mir, ich nichts mit ihnen anzufangen. Rheinländer? Dr. Adams war Westfale. Ihm war es gleichgültig, woher ich stammte. Er war beim Feuilleton der Mann, der die Gespräche führte, sich die Zeit dafür nahm. Vielmehr, er hatte das Wort, es genügte ihm, daß ich an seinen Lippen hing. Beleibt, es paßte zu ihm, saß er lässig da, genoß seine Aperçus, griff von Zeit zu Zeit in eine stets offene Schublade seines Schreibtischs, entnahm ihr ein Pralinee, schob es, als sei dazu noch etwas zu bedenken, langsam in seinen Mund. Ich kam nicht dazu, ihm darzulegen, was ich mir vorstellte. Zweites Semester? Noch keine zwanzig? Sie sind zu beneiden. Bei all dem ein wenig hochmütig, leicht versnobt. Auf einmal, unvermittelt: Ich denke, wir haben da etwas für Sie. Er zog aus etlichen Papieren vor ihm einen großen Briefumschlag heraus, reichte ihn zu mir hinüber, eine Einladung der Preußischen Akademie der Künste, Sektion Dichtkunst zur Trauerfeier für Hugo von Hofmannsthal. Jakob Wassermann über «Hofmannsthal als Freund». Dreißig Zeilen. Termin: 28. Oktober. Das war in drei Tagen.

Ein exklusiver Abend am Pariser Platz, linker Hand das Adlon, rechter Hand das Brandenburger Tor. Die Crème de la crème der Literatur. Mir blieb außer Wassermanns mächtigem Kopf nur der kleine quirlige Döblin in Erinnerung. Der feierliche Ernst, mit dem Hofmannsthals gedacht wurde, war offensichtlich nicht seine Sache, er hatte nur seinen Spott, fast Hohn gereizt. Er lästerte mitten in die sich auflösende Festgesellschaft hinein, seine Sarkasmen waren nicht zu überhören. Ich ging durchs Brandenburger Tor hinüber in den Tiergarten, durchquerte ihn in Richtung Lützowplatz, von da war es nicht mehr weit bis zu mir. Ich hatte mir am Vormittag in der Friedrichstraße eine gebrauchte Remington Portable besorgt, zahlbar in drei Raten zu je sechzig Mark bis Ende Dezember. Eine für mich gewagte Investition in die Zukunft. Ich tippte bis in den Morgen, nach der dritten Fassung meines ersten journalistischen Versuchs in Berlin der Eindruck, ich sollte noch mal von vorne anfangen. «Hugo v. Hofmannsthal», begann ich, «und Jakob Wassermann waren Freunde als Menschen und Künstler. Reifes und selbstloses Verstehen überbrückte ein anfängliches Befremden, das in der starken Polarität ihrer Charaktere begründet war. Ihre Freundschaft war das Ergebnis eines unaufhörlichen Spannungsausgleichs, der für beide Dichter gleich fruchtbar wurde ... Kleine Details: Geschehnisse auf gemeinsamen Wanderungen, die intuitiv improvisierte Unterhaltung Hofmannsthals, sein sonderlich skurriler Witz und nicht zuletzt seine rückhaltlose Hilfsbereitschaft formten in der Darstellung Wassermanns die Gestalt des gebenden und nehmenden Freundes.» Am Ende der Woche stand das Debüt im Blatt, das Limit dafür um drei Zeilen unterschritten. Die Redaktion gab mir Zug um Zug weitere Chancen, sie schickte mich zu Vorträgen eines katholischen Pfarrers zum sozialen Gedanken in der Kunst von Breughel bis Masereel, Zille, Käthe Kollwitz, eines Admirals a. D. über seinen Aufgabenbereich «Auf der Kommandobrücke eines Kriegsschiffes», über die Welteislehre Hanns Hörbigers, zur Frage «Warum Esperanto?». Noch im Dezember ein weiterer Literatur-Test für mich, ein Abend im Plenarsaal des einstigen Herrenhauses – eine seltsame Paarung – mit Anna Seghers und Ernst Jünger, Stichwort «Soziale Dichtung und Gesellschaftskritik». Gewagte kritische Akzente. Kaum Respekt vor dem Theaterpapst Julius Bab über Eugene O'Neill, Shaw, Galsworthy, Claudel, Romain Rolland. «Dichterabende» mit F. C. Weiskopf, Gerhart Pohl, Frank Thieß, Leonhard Frank, Edlef Köppen, Hermann

Kesten. Wiederholt Rezitationsabende (Werfel, Hermann Stehr). Dreißig Beiträge bis Anfang April. Es kam zu Kontakten mit den durchweg weit älteren Kollegen der anderen Berliner Blätter.

P. H.: Peter Hamecher. Wäre ich in einem Café am Kurfürstendamm, bei Möhring Ecke Uhlandstraße oder, näher zur Gedächtniskirche, im Café des Westens mit ihm ins Gespräch gekommen, ich hätte kaum damit gerechnet, er interessiere sich für Literatur. Aber wir saßen nie auch nur eine halbe Stunde zusammen. Wir trafen uns bei kleinen Anlässen, einem Vortrag, einer Lesung. Er berichtete, wie ich für die «Germania», für die «Berliner Börsen-Zeitung». Ich las sie ab und zu wie den «Berliner Börsen-Courier», vorweg wegen der Theaterkritik (Wilhelm Westecker, Herbert Ihering), er ließ kollegial erkennen, er habe gesehen, was ich berichtete. Man sah sich, man begrüßte sich, er ging noch ein Stück mit mir, ich noch ein Stück mit ihm. Ein schlichter altgewordener Zeitungsmann, Neigung zur ungepflegten Korpulenz, ein bißchen noch ein Bohèmien, er wohnte in Moabit bei einem Freund und dessen Frau. Er kannte Benn. Es überraschte mich nicht, aber es machte mich neugierig. Ich hatte, in den Wochen zwischen München und Berlin, nur einmal den Weg zu einem Autor gesucht. Ich las nacheinander Carossas «Kindheit», sein «Rumänisches Tagebuch», die «Verwandlungen einer Jugend», fühlte mich persönlich angesprochen, schrieb ihm einen Brief. Er schrieb zurück, ich dankte ihm umgehend, daß er mir geantwortet hatte. Es war eine wundersame Erfahrung. Lyrik der Zeit waren für mich Rilke, Arno Holz, ich blätterte in München bei Hugendubel nahe der Frauenkirche in Brechts zwei Jahre zuvor erschienener «Hauspostille», kaufte sie mir, ich hätte dafür sechsmal in der Mensa essen können. Nun die heiteren hellblauen Schulhefte mit Benns «Morgue» und den Gedichten danach. Unverkennbar Benn schon mit der ersten, der zweiten Zeile: Trunkene Flut, Palau, Valse Triste, Qui sait,

Die Dänin, Dir auch –. P. H. lebte mit ihnen, sagte sie so nüchtern, spröde hin als läse er sie vom Blatt. An einem dieser Abende, auf dem Weg durch die Friedrichstadt: Ich habe mit ihm über Sie gesprochen. Besuchen Sie ihn mal, rufen Sie ihn an. Benn – Eine für mich dunkle, den Anrufer wie blockierende Stimme. Ich stellte mich vor, wollte mich auf P. H. berufen. Benn nur, kurz angebunden: Dienstag. Um vier. Seine Stimme war weg, er hatte aufgelegt.

Seine Situation war mir vertraut: Arzt für Haut- und Geschlechtskrankheiten. Seine Patienten wohl vorwiegend Frauen, Männer von der Straße. Ich fuhr die Strecke zwei-, dreimal in der Woche, bisweilen zweimal am Tag. Hallesches Tor, nur eine Station nach dem Zeitungsviertel, in derselben Richtung nach Süden in die Belle-Alliance-Straße. Eine Straße, die kein Ende nimmt, kein Flair, kein Glanz. Die Praxis, Haus 12, lag eine kurze Treppe hoch. Möglich, er öffnete selbst, oder es surrte nur, ich drückte leicht gegen die Tür, sie ging auf. Ein kleiner freundlich möblierter Raum, gleich nebenan das Behandlungszimmer. Ich sehe eine Schreibmaschine auf einem kleinen Tisch. Dr. Benn im weißen Kittel. Der Arzt, nicht der Schriftsteller. Ein schwerer massiger Kopf. Ein Gesicht, das Emotionen nicht einmal andeutet, die Augen registrieren den Besucher, sie diagnostizieren ihn. Ein Student, von dem er gehört hat, daß er, was von ihm gedruckt ist, gelesen hat. Kein Wort zu P. H. Keine Floskeln. Er erwartet sichtlich nicht, daß ich ihn interviewen könnte. Ich setze nicht mal dazu an. Das Schreiben. Davon könnte ich nicht leben. Ja, ich arbeite hier. Ich kann überall arbeiten. Diese Straße, das ganze Viertel, das ist Berlin. Ich lebe schon lange hier. Es war eine gute halbe Stunde, kann sein auch länger. Es kam niemand. Wir waren allein. Kommen Sie, wann Sie wollen. Rufen Sie nur vorher an. Einmal hatte er Besuch. Eine anziehende elegante Frau. Es war kein Problem. Er erkannte, daß ich nicht sofort begriff, wer die Besucherin war. Er sagte hernach noch einmal: Frau Wedekind, Tilly Wedekind. (Die berühmte Lulu ihres Mannes Frank W., das wußte ich. Als er starb, war noch Krieg. Ich sah sie nie in einer ihrer großen Rollen, und wie konnte ich ahnen, daß Benn, bis auf einen Monat so alt wie sie, seit kurzem ihr Geliebter war? Eine über Jahre gehende Beziehung.) Einmal sagte er, als ich ihn anrief: Morgen. Wie üblich. Nicht hier. Ich bin im Fürstenhof. Ja, Fürstenhof. Anhalter Bahnhof. Er war schon da. Er saß da, einen Kelch Pils vor sich, mit einer schönen, auch eleganten Frau um die Dreißig, ihr Gesicht war von einem radgroßen Sommerhut überschattet, sie schüchterte mich ein. Ich nehme an, Benn sagte mir, wie sie hieß, aber ich verstand den Namen nicht oder merkte ihn mir nicht. Mir wurde, ich hatte keine Wahl, auch ein Bier im Kelch gebracht. Das Gespräch Benns und seiner Begleiterin ging weiter, ich fand nicht hinein. Wir standen am Ende noch einige Minuten zu dritt auf der Straße, Benn plauderte noch, er war aufgeräumt, ein Mann mit den besten Umgangsformen, er verabschiedete mich nicht, er überließ es mir, mich zu verabschieden. Er sprach, war nur ich bei ihm, offen über Zumutungen, denen er sich ausgesetzt sah, auch über Attacken, die ihn erregt hatten, ihn immer noch erregten. Eine Autorin, die, preisgekrönt, im Gespräch war, war am Vormittag des Tages, an dem ich später bei ihm war, mit ihrem Freund, der auch dem literarischen Betrieb verbunden war, wir waren uns einige Male begegnet, zu ihm als Arzt gekommen, sie rechneten mit ihren Beschwerden, für die er zuständig war, mit seiner Kollegialität, das betraf wohl auch das Honorar. Er empfahl ihnen einen Mediziner seines Fachs, er sei, das müßten sie verstehen, ihnen gegenüber doch zu befangen. Er nannte keine Namen, es erübrigte sich für mich. Börries von Münchhausen hatte ihn, der Fall war bald nicht nur Caféhausgespräch, als recte «Ben», in der Sprache der neuen Zeit als nicht zweifelsfrei «reinblütig» denunziert, war, da Benn ihr angehörte, aus der «Union nationaler Schriftsteller» ausgetreten. Einmal, Ende April 1933, kam auch Post von ihm: Das Blatt der «Börsen-Zeitung» vom 25. April mit dem Radiovortrag «Der neue Staat und die Intellektuellen», dazu links oben kräftig mit Rotstift: Gruss Benn. Da hatte die Welt sich schon verändert, war alles anders, ich hatte ihn seit Monaten nicht mehr gesehen.

Ein indirekter Kontakt ergab sich erst wieder Oktober/November 45. In einer Reihe «sé» signierter Kurzporträts im Hamburger Blatt der Militärregierung stellte ich auch ihn wieder vor. Am 18. November schrieb er in einem Brief zum Selbstmord seiner Frau Hertha von Wedemeyer am Schluß in Parenthese: «Die rein regionale Begrenzung aller Kunstdiktaturen ergibt sich aus der Tatsache, daß z. B. eine Hamburger Zeitung Aufsatz u. Bild von mir brachte u. mein Wiedererscheinen erhoffte u. begrüßte – wie man mir schrieb –, aber hier bin ich ausgemerzt u. unerwünscht.» Ernst Rowohlt, nun auch in Hamburg, nicht mehr in Berlin, bot mir, gewiß, ich würde Ärger bekommen, spontan, mit dem Hinweis auf Benns «Flucht in die Wehrmacht» im April 1935, aus eigener ähnlicher Erfahrung seine Hilfe an. (Im Oktober fragte Benn in einem Brief auch einmal nach P. H.: «Wissen Sie, was eigentlich der arme Hamecher macht? Lebt er noch und wo?») Erst drei Jahre danach, Ende Oktober 1948, hörte ich wieder von ihm zu meinem Rückblick auf «Die vergessenen Dichter» Robert Musil, Joseph Roth, Hermann Kesten, Gottfried Benn («Ihm zu begegnen, erschien uns damals wie ein Abenteuer.») Mitte Oktober in der «Zeit»: «Ihr damals so jugendliches Bild tritt vor meinen Blick aus jenen Jahren, als ich in der Belleallianceстrasse meine glücklichsten Jahre verbrachte.» Er ließ mir die in Zürich erschienenen «Statischen Gedichte» zugehen. Meinen Hinweis auf sie im März darauf registrierte er Ostern in einem Brief als «einen glänzenden Abschnitt über das Comeback von G. B.». Auf meine Bitte um ein paar Worte zu einer Umfrage Ende November: «Wenn Sie rufen – sofort, postwendend, selbst wenn ich einen Schnupfen habe, daß mir die Augen triefen, wie heute.» Zu zwei der drei Fragen hieß es:

«2) An der deutschen Literatur vermisse ich gar nichts, es ist alles da, was ihr Durchschnitt immer bot: Romantik, Sentimentalität, Historismus, politische Ergebenheit, Erziehungswille, kurz alles, was mit Kunst wenig zu tun hat, aber auch nicht nachteilig wirkt.

3) Ich vertrete nicht den Standpunkt des Autors, sondern den Standpunkt von Problemen, die auf des Messers Schneide stehn, von Existenzentscheidungen mit tödlichen Gefahren. Breitere Leserkreise bewahrt man besser vor dem Einblick in diese Katastrophen.»

Und er dankte einige Tage später «für Ihr Wohlwollen für meine Person». Begegnet er irgendwo meinem Namen, und sei es in einer Todesanzeige noch 1954, reagierte er noch am selben Tag teilnahmsvoll «als Ihr ergebener alter Gottfried Benn». Wir sahen uns nicht mehr. Zwei Wochen vor seinem Tod kam aus nächster Nähe, aus Schlangenbad im Taunus, noch ein Gruß von ihm: «Ich will das Gebiet Ihrer Postleitzahl nicht verlassen ohne Dank und Gruss an Sie für Geburtstagsglückwunsch. Ich lag hier 4 Wochen fest im Bett, hoffte auf Heilung von Rheuma u. Neuritis, aber vergeblich. Fliege nächste Woche nach Berlin zurück. Meine Frau schreibt diese Karte, da ich völlig bewegungsunfähig bin. Ihnen alles Gute Gottfried Benn». Seinen Namen hatte er selbst mit zittriger Hand hinzugesetzt.

KEINE FRAGE, sie war hübsch. Hübsch und schlank, reizvoll, anziehend, ich nehme an, ich verklärte sie, sie war still, mit sich, wie ich es sah, im reinen, ich dachte nicht darüber nach, was sie von mir erwartete. Die Woche davor hatte Hocke mich in eine Bar geführt, ich trank meinen ersten Whisky, einmal ging er, aus purer Neugier, mit mir in ein Dancing mit lauter jungen bis alten Männern, ich konnte mich nicht entschließen, auch wie er mit einem der Gäste, die an unseren Tisch kamen, zu tanzen. Hocke nahm es als Ausdruck der Zeit, spielte mit, ich war zum Glück, das ließ sich nicht wegdenken, einen Kopf zu groß für ihn, wir machten uns nichts vor. Ich hatte bis über Mitternacht noch einen Bericht fürs Blatt getippt, ich schlenderte gerne, wohl ein wenig weltschmerzlich, noch eine halbe Stunde, auch eine Stunde durch die nächtlichen Straßen, brachte die dreißig, vierzig Zeilen zum Haus der Zeitung in der Puttkamerstraße, warf sie da in den Nachtbriefkasten. Leipziger Straße, Potsdamer Platz, ich hatte mich an diese Route gewöhnt. Zwei, drei Häuser in die Potsdamer Straße hinein zog es mich in die Aurora oder sie hieß Apollo Bar. Sie war kein Animiermädchen, wie ich sie schon im Film gesehen hatte, oder die Rolle lag ihr nicht. Sie saß wie verloren allein an einem Tisch rechts von mir, nippte an ihrem Glas. Der Pianist improvisierte, was für ihn längst Routine war, die Variationen der unterkühlten Gefühle, der müden weichen Stimmungen. Der Tag hat sich hingelegt, die Nacht hält ihn mit ihren Täuschungen noch eine Weile wach. Sie nannte sich Babs, schlicht Babs. Sie erhob sich, als ich zu ihr trat, legte den linken Arm um meinen Nacken, Slowfox, wir waren das dritte oder vierte Paar, sie führte mich. Allein? fragte ich. Vielleicht. Es kam noch ein Paar, zwei Paare gingen wieder an ihren Platz. Berlinerin? Hm, hm. Ich verstand es als nicht ja, nicht nein. Was sollte ich sagen? Sie nahm ihren Arm zurück, ging, ich halb hinter ihr, wieder an ihren Tisch. Ich begriff, sie hatte anderes zu tun, ich störte sie. Ja, sie sagte, ich habe zu tun. Ich hole Sie ab, sagte ich. Sie, es hätte niemand sonst hören können: Um drei. Bei der Litfaßsäule. Es werden ein paar Silben mehr gewesen sein. Sie rührte mich an. Ich hätte es ihr, mir selbst nicht erklären können. Besser kein Wort als ein falsches Wort. Sie verschloß sich, und ich wollte herausbekommen, was sie verschloß. Die Spannung, wie vor einem Geheimnis, wenn man von dem anderen noch nichts weiß, ihn noch nicht kennt, aber sich schon ein Bild von ihm macht. Ihr einfaches, der Figur streng angepaßtes Kleid gefiel mir, ein dunkles warmes Blau, die sich von ihm matt abhebende mehr graue als weiße Bordüre, der Verzicht auf jeglichen Firlefanz, ihre ihr wohl nicht bewußte Monotonie. Melancholie, Trauer, das war es nicht, eher eine konsequente, doch unbeabsichtigte Indifferenz. Sie sah mich nicht sofort. Ich ging ihr nicht entgegen, wartete. Sie blieb nicht eine Sekunde bei mir stehen, zog mich fort, wer uns sah, sollte glauben, daß wir uns einig seien, sie zu mir, ich zu ihr gehöre. Wir blieben in die Potsdamer Straße hinein auf der Seite der Bar. Ein Taxi fuhr neben uns her, es begleitete uns hartnäckig, ich hielt es an. Sie, ich, wir hatten nichts zu diskutieren. Ich schlafe gleich ein, sagte sie. Wir stiegen vom Hof die Hintertreppe hoch, das Haus schlief. Du kannst duschen, sagte ich. Sie schlüpfte aus ihrem Kleid, streifte die Strümpfe ab, schälte sich aus der Unterwäsche. Sie war mein erster Besuch. Ich war nicht sicher, ob uns jemand hören konnte. Was hast du gemacht? Ich war kurz hier, habe schon etwas geschlafen. Ich dachte, du kommst nicht. Du bist ein bißchen verrückt. Ich gab ihr einen Pyjama, sie glitt, als seien wir das so gewohnt, unter die Decke, drückte ihr Gesicht ins Kopfkissen, sie hatte sich auf den Bauch gelegt, streckte sich. Ich schlafe gleich ein, sagte sie nochmal, bitte, weck mich nicht. Es war ein Dutzendbett, ich hätte mich auch auf den Teppich legen können, aber ich hatte keine weitere Decke, nur noch ein Kissen. Ich hielt mich an der Kante, mochte sie nicht bedrängen. Mach was du willst, ich schlafe. Irgendwann wachte sie auf, ich hatte mich nicht zu rühren gewagt. Ihre rechte Hand strich über mein Gesicht, über meine Brust, den Bauch, sie hob mein Geschlecht an, drehte sich mir ganz zu, legte ihre Brüste auf mich. Schlaf weiter, sagte sie. Wir schlafen jetzt zusammen.

Sie war nicht mehr da, es war acht. Ich ging erst die übernächste Nacht wieder hin, stellte mich diesmal, dicht beim

Bordstein, so neben die Litfaßsäule, daß ich mit einem halben Schritt würde wegtauchen können. Sie sollte mich, käme sie nicht allein aus der Bar, gar nicht erst sehen. Laß uns etwas gehen. Aber als wieder ein Taxi langsam neben uns herfuhr, winkte sie, hielt es an. Ausgeschlafen? fragte sie. Es geht. Ich dachte wieder, du kommst nicht. Was machst du so? Alles mögliche. Sie trug nun ein dunkelrotes Kleid, dazu einen Überwurf. Ich habe gestern bis halb vier auf dich gewartet. Tut mir leid. Sie ging voraus. Es war eine schäbige Hinterhaustreppe. Sie war ihr offensichtlich schon vertraut, auch der kahle schäbige Flur, auch das wenig wohnliche Zimmer mit dem Bett, dem einfachen rohen Tisch, auf dem meine Remington stand, dem altgedienten Kleiderschrank, zwei Stühlen, einem durchgesessenen Sessel. Bescheiden, sagte sie. Es ist schön still hier, ich habe meine Ruhe. Ich hatte neben die Remington eine Schale mit Obst, einen Topfkuchen, Tee in der Thermosflasche, zwei Tassen hingestellt. Sie streifte ihr Kleid vom Rücken über den Kopf, setzte sich im Unterrock in den Sessel, ich brachte ihr die eine Tasse Tee, ein Stück Kuchen. Verführer, sagte sie. Sie lächelte. Ich konnte glauben, es gefiele ihr, wie mir auch das rote Kleid, bei mir zu sein. So holte ich sie nun Nacht für Nacht von ihrem Arbeitsplatz ab. Was ich so trieb, schien ihr nicht wichtig. Student? Ich hatte auch mal studieren wollen. Die Artikel. Ich hatte ihr ein Feuilleton über eine Begegnung gezeigt. Es war noch nicht gedruckt. Kluges Kind. Paß auf, du schläfst zu wenig. Spielte ich darauf an, wo sie herkomme, was sie, bevor sie in die Bar ging, tat, wich sie aus. Keine Fragen bitte. Keine Fragen. Vielleicht mochte sie nicht irgend etwas erfinden oder nur nicht lügen, oder sie hatte, vor sich selbst, nichts zu verbergen. Bei mir war es Angst, ich könnte mich unversehens binden, sei auf einmal nicht mehr frei, zu tun, was, wie ich mir sagte, zu tun war. Mir war es recht, daß alles offen blieb. Ich nahm sie so, wie sie war. Eine junge unaufgeregte Frau. Wir waren die paar Stunden zusammen wie andere in die Vorlesung, in ein Museum gingen oder zum Baden an den Wannsee fuhren. Du wirst mal heiraten. Komme ich dann noch bei dir vor? Sie drehte es herum: Ich würde dich nie heiraten. Nur das nicht. Schade war, wir konnten nicht mal zusammen ins Theater gehen. Wir waren ganz auf die späte Nacht fixiert. Es war uns angenehm. Dunkel anonym. Der Tag war ausgelaufen. Es konnte nichts mehr passieren. Wir hatten nichts mehr vor.

Die dritte, die vierte Woche. Ich wollte ihr sagen, ich würde sie die nächste, auch die übernächste Nacht nicht abholen können, aber es schien mir nicht fair, es war schwer, ich sagte nichts. Sie ging wieder, wie ganz zu Anfang, still weg, ich schlief noch. Auf dem Tisch lag ein Zettel, darauf in Blockschrift: Morgen bitte nicht. Tschüß – Ich ging in der übernächsten Nacht wieder hin, sie kam nicht. Ich ging dann, in einer anderen Nacht, eine Stunde vor der Zeit, noch einmal hin. Babs? Ich hatte mich an die Bar gesetzt. Sie ist nicht mehr hier. Ich wußte, es wäre sinnlos, zu fragen, wie sie zu erreichen sei.

THOMAS ESSER. Ich entsann mich, die Mutter hatte mir von ihm erzählt. Ich sah auch mal sein Foto in der Zeitung. Ein Sechziger mit dem Vollbart eines Patriarchen. Der Zentrumsmann aus Euskirchen, im vierten Jahr Vizepräsident des Reichstages. Die Mutter hatte mich, da ich nun auch in Berlin sei, Weihnachten daran erinnert. Euer Vater war mit ihm befreundet. Sie waren keine drei Monate auseinander, Thomas war der ältere. Er kam oft zu uns. Er wurde euer Vormund. Besuch ihn mal. Ich vergaß es nicht, aber ich war noch nicht dazu gekommen. Tag für Tag war vollbesetzt. Am Vormittag, am Nachmittag Vorlesungen: Deutsche Literatur (Julius Petersen), Philosophie (Eduard Spranger), Kunstgeschichte (Werner Weisbach), Zeitungswissenschaft (Emil Dovifat), Theaterwissenschaft (Max Herrmann). Jura, Volkswirtschaft schenkte ich mir, es war ein Strohfeuer gewesen. Zwei-, dreimal in der Woche war ich abends fürs Blatt unterwegs. Ich verpaßte keine der großen Premieren am Gendarmenmarkt, in der Schumannstraße, der Königgrätzer, der Budapester, bestaunte in der Pause respektvoll Alfred Kerr mit seinem breiten Plastron, Monty Jacobs, Herbert Ihering. Das Billett für einen Platz hoch oben auf der Galerie war immer wieder wie ein Treffer im Glücksspiel. Am Sonntagmorgen zum Kronprinzenpalais Unter den Linden, es war für uns der Tempel der Moderne. Ich war nach der Pause März/April nicht mehr in die Kurfürstenstraße zurückgekehrt. Ich suchte weit draußen, am Rande der Stadt, ein Zimmer mit Blick ins Grüne, mit der Sonne vor dem Fenster, mit einem bequemen, nicht ganz so schmalen Bett wie dem mit Babs, mit einer freundlichen zweiten Lampe dazu, wenn möglich auch mit einer Liege, mit frischen Brötchen zum Frühstück. Ich fand es in Karlshorst, von der Stadtmitte neun S-Bahn-Stationen, ein Einfamilienhaus im Garten. Der Moralpädagoge an unserem Mittagstisch in der Bank-Kantine hinter dem Schloß hatte mich darauf gebracht, er selbst war wieder in die Stadt gezogen. Wir waren zu viert, die beiden anderen Historiker, Rechtsphilosoph. Unsere Nachbarn am Nebentisch Physiker, Mathematiker. Die Freitische waren begehrt. Ich hatte einen Antrag gestellt, mir die Studiengebühr zu erlassen. Meine Rechnung je Monat ging so und so nicht auf. Ich fuhr an einem Samstag zu Spranger nach Dahlem, er selbst, korrekter konzilianter Preuße, öffnete mir, es lag in seiner Hand, gutzuheißen, worum ich bat, oder den Antrag abzulehnen, es war kein Leistungstest, er unterhielt sich mit mir, denkbar, daß er mir Fangfragen stellte, ich bemerkte es nicht. Die Studienkosten blieben mir seitdem, jeweils nach einem weiteren Gespräch zum folgenden Semester, erspart. Der Freitisch bei einer Bank, einer Behörde, einer Versicherung hing nicht davon ab, war freilich eine indirekte Konsequenz. Der arme Teufel war in den Jahren der ersten großen Arbeitslosigkeit längst kein Outcast mehr, wir waren sozusagen unter unseresgleichen, fühlten uns gesellschaftlich angemessen klassifiziert. Nicht so unser Historiker. Er war ein schon in die Jahre gekommenes Semester, hatte sich vom ersten Tag seines Studiums an jede Mark mit für ihn durchweg sinnloser Arbeit, kaum eine hatte mit seinem Fach zu tun, entsagungsvoll verdienen müssen. Ein sanftes, ja gütiges Gesicht, mit sanfter Stimme klagte er die Zeit an.

Es war unser vierter Montag, wieder eine neue Woche. Wie schon üblich besprachen wir, was uns das Wochenende gebracht hatte. Sonntag früh war bei uns in einem Nachbargarten ein noch junger Mann, siebzehn, achtzehn, tot aufgefunden worden. Die Leiche hatte(n) der/die Mörder über den Zaun geworfen. Stiche in den Unterleib. Es war eindeutig Mord. Das Opfer gehörte nicht zu dem Haus mit dem Garten, zu keinem der Häuser. Damals kein ungewöhnlicher Fall, aber direkt vor der Tür hatte er mich, hatte er auch die Familie, bei der ich wohnte, entsetzt. Der Philosoph hob die rechte Hand hoch, ließ sie, als hülfe es nichts, sich Gedanken zu machen, phlegmatisch fallen. Der Pädagoge sah nur leer vor sich hin. Der Historiker blickte einen nach dem andern an. Natürlich politisch. Heute ist alles politisch. Als wir aufbrachen, blieb er bei mir. Wir hatten denselben Weg. Ich sehe schon, wie das läuft. Sie werden es uns anhängen. Wer ist uns? Ich hatte es vermutet, war nicht sicher. Wo stand er? Ich wollte es genau wissen. Ich lud ihn gleich für den Abend zu einem Brot bei mir ein. Um acht? Er zögerte nicht, ging darauf ein. Um acht. Er hatte wieder sein sanftes Gesicht, den sanften Blick. Ich sah ihm einen Moment nach, fragte mich, was soll das? Zugleich kam mir der Gedanke, ich sollte mich ein wenig für den Abend rüsten, bog vor der Universität ab Richtung Brandenburger Tor, von da kam ich schnell zum Reichstag. Ich kannte ihn wie die meisten Menschen in Berlin nur von außen, ich betrat ihn, es war für mich ein Ereignis, zum ersten Mal. Es war Sitzungspause. Ich weiß nicht mehr, wie ich nach oben kam, niemand hielt mich an, oder ich habe auch das vergessen. Ich sah meinen einstigen Vormund irgendwo in der Wandelhalle, ich erkannte ihn an seinem Bart. Er war mit einigen Männern im Gespräch. Es schien nicht aufzufallen, daß ich, gerade zwanzig, wohl nicht hierhingehörte. Ich ging nah an die kleine Gruppe heran, fixierte Esser, er müsse doch spüren, daß ich auf ihn zugehen und mit ihm sprechen möchte. Sein Blick ging zufällig kurz zu mir, ich nutzte die Sekunde, trat zu ihm, stellte mich vor. Moment, hörte ich. Ich fühlte seine rechte Hand im Rücken, er dirigierte mich in eine Nische. So, du studierst. Was studierst du? Dein Vater. Ich sehe ihn noch vor mir. Du hättest schon eher einmal kommen können. So, du schreibst für die «Germania». Du weißt, es ist unser Blatt. Ich werde nun darauf achten. Ich schreibe meistens unter einer Chiffre. Ich nannte sie ihm. Dein Vater. Ja, wirklich, ich sehe ihn noch vor mir. Du warst noch nie hier? Da drüben, er streckte den Arm kurz vor, er ist nicht zu übersehen, ja, das ist Göring. Goebbels ist auch da. Ich habe ihn noch eben gesehen. Da, der Kleine da. Siehst du? Wie geht das? Na ja – Ist es wahr, du kennst Euskirchen nicht? Ich hatte noch nie jemanden getroffen, der den Vater kannte. Ich stellte ihn mir Seite an Seite mit Esser vor. Wie sähe er heute aus? Mein Bild von ihm war mal so, mal so. Die Mutter hatte mir, als ich auf einmal ganz anders hieß, auf einmal nicht mehr ich und doch natürlich ich war, das Hochzeitsfoto gezeigt. Sie erkannte ich sofort, eine sehr hübsche ernste junge Frau, er ein Mann um die Vierzig, doch erst dreiunddreißig, geboten stattlich, gepflegter, leicht gezwirbelter Schnauzbart, sie lächeln nicht, sie verzogen, als auch der Fotograf den Atem anhielt, keine Miene, sie hatten allein die Zukunft im Blick. Aber davon war nicht die Rede. Was ich von Esser hören wollte, lag zwanzig Jahre zurück. Neben mir stand ein biederer braver Mann, seine Zukunft lag hinter ihm.

Mein Gast. Es war eine neue Erfahrung. Er kam von woanders her. Ein sanfter Mann, der die Welt verändern wollte. Du siehst das falsch. Ich kam nicht gegen ihn an. Sagte ich, so ist es nicht, lächelte er. Aber er akzeptierte es, wenn ich sagte: Ich verstehe dich nicht. So konnte er mich belehren, er wollte nicht wissen, wie ich es sähe, ich hatte ihm nur zuzuhören. Hitler. Ich hatte noch nie mit jemandem gesprochen, der auf ihn setzte. Er duldete keine Vorbehalte, nicht mal einen Anflug von Skepsis. Hitler war sakrosankt. Mir lag daran, daß es friedlich mit ihm blieb. Er war mein Gast. Seine Konzession an das, was zwischen uns stand: Du wirst sehen. Wir sprechen uns wieder. Seine Geschichte? Fragen dazu blockte er ab. Er hatte, so schien es, keine Geschichte.

MEIN DRITTES SEMESTER. Es war nicht abzusehen, wie es mit dem Studium weitergehen würde. Die Germanistik Unter den Linden war ein Großbetrieb. Hunderte im größten Hörsaal. Ich sah mich am Ende einer langen Kette. Ich wollte mir Termine setzen. Ich bürdete mir von Semester zu Semester Schulden auf, die eines Tages abzutragen waren. Ich wollte auch nicht noch Jahre in der Schulbank sitzen. Kunstgeschichte, Philosophie? Sie waren nicht so besetzt, aber das hieße, sich zu spezialisieren. Zeitungswissenschaft, Theaterwissenschaft, das waren Nebengleise – oder die Desserts. Jemand riet mir: Sprich mit Alewyn. Richard Alewyn, gerade achtundzwanzig. Er war der Assistent des Ordinarius, seine rechte Hand. Er verstand mich. Er sah es so, wie ich es mir ausmalte. Eines Tages bist du, wie der Historiker, auch ein dreizehntes Semester und noch lange nicht am Ziel. Das hier macht Sie kaputt. Gehen Sie an eine alte kleinere Universität. Nach Freiburg. Ich hatte kein Bild von Freiburg, es lag außerhalb meiner Welt. Heidelberg. Einer meiner Lehrer ist da. Ich gebe Ihnen einen Brief an ihn mit. Ich entschied mich für Heidelberg.

Der Weg dahin führte, es war nicht vorgesehen, über Paris. Wann genau war minutiös dokumentiert. So vieles, wonach ich suchte, geben die Archive nach fünfzig, geschweige nach siebzig Jahren nicht mehr her, aber ein so nebensächlicher Termin ließ sich noch auf den Tag, einen Sonntag, belegen. Er fand sich, mit zwei Daten davor, völlig unerwartet in einer Familienakte unter «Verzüge der Familie nach Auswärts»: «27/4, 29 nach München, 8/8.30 zrk. v. Berlin, 24/9.30 n/Paris.» Noch einmal demnach sieben Wochen in meiner Kammer unter dem Dach, Nachhilfestunden, die den chronisch überzogenen Etat sanieren halfen, ab und zu eine Radtour. Zwischendurch ein Nachmittag bei der Stifterfamilie auf ihrem Landsitz, späterhin ein Waisenhaus, im Bereich der damals noch verträumten Schwalm auf ihrem Weg zur Maas. Es war noch einer ihrer Schützlinge da. Ein Bildhauer, nur etwa ein Jahr älter als ich, ein Junggenie vom Lande. Er war von Malakoff am Südrand von Paris für ein paar Tage herübergekommen. Eine der Töchter des Hauses, eine angehende Violinvirtuosin, lebte ebenfalls in Paris. Er sprach so familiär von ihr, als betreue sie ihn. Es war durch ihn nur von Paris die Rede. Ich hatte nicht im Traum daran gedacht, aber als ich aufbrach, mich verabschiedete, war es so gut wie abgesprochen: Wir fahren zusammen nach Paris oder du kommst nach. Ein kleiner Umweg. Was macht das?

Herbst in Paris, was könnte es Schöneres geben? Es war die Montparnasse-Zeit, die Zeit der grazilen Marie Laurencin, des dekadent eleganten Kees van Dongen. Rue Vavin, eine ruhige schmale Seitenstraße zum Boulevard Raspail, an ihrem Ende der Jardin de Luxembourg. Das schmächtige, nur zwei, drei Fenster breite Hotel d'Albret war für mich das ideale Nest mitten in der unübersehbaren Stadt. Nur zwei Minuten zum legendären Café du Dôme, das petit déjeuner dort, ein café au lait, ein croissant. Die schnell eingenommene Pose der Nonchalance an der Bar. Schon um acht in seiner Ecke der leicht angegraute Literat aus Bukarest mit zwei, drei Morgenzeitungen, aus denen er, sie alle wissen es, die guten Geschichten sogleich ins Rumänische überträgt. Es wurde kolportiert, er verkaufe sie als seine eigenen Geschichten. Wer das so weitergab, schien es, glaubte das. Nebenan der bis in die Nacht von der Bourgeoisie frequentierte Treffpunkt «La Coupole», gegenüber auf der anderen Straßenseite die Männerinsel «Le Select». Malakoff war dazu wie eine Gegenwelt. Ein leuchtend weiß gekälktes Atelier wie für eine sonnenüberflutete Bucht tief im Süden am Meer. Das Genie war vorausgefahren, hatte schon auf mich gewartet. Er bot mir an, bei ihm zu wohnen. Einer von uns hätte auf dem nackten Boden schlafen müssen. Wir trafen uns Tag für Tag, ich lernte Paris mit seinen Augen sehen. Sein Idol war Charles Despiau, Mitte fünfzig, einer seiner Orientierungspunkte auch das Werk Antoine Bourdelles, er war das Jahr zuvor, Ende sechzig, gestorben. Er sah sich mit ihnen in der Tradition Rodins, darum war er nach Paris gegangen. Seine Passion war das Porträt. Beeindruckte ihn, auch im Straßengedränge, das Gesicht einer Frau, trat er ihr in den Weg, sprach sie ungeniert strahlend an: Excusez, Madame/ Mademoiselle, moi sculpteur, vous êtes vraiment belle. Je voudrais faire votre portrait. Ici mon adresse. Pourrais-je vous attendre demain, après-demain? Cette semaine? Oder der Kopf eines Mannes hielt ihn unvermittelt fest. Das war schwieriger, aber er gab so schnell nicht auf. Er war auf einmal in der Menge untergetaucht. Ich ging unterdes langsam weiter, er holte mich nach einer Weile wieder ein. Er war extrem, dabei entwaffnend, egozentrisch. Er machte mich zu seinem Echo, ich ließ es mir gefallen, es hatte ihm gefehlt. Mitte der vierten Woche sagte ich: Ich fahre morgen. Wann morgen? Er kam, wir hatten es nicht verabredet, an den Zug, auch mit einem Koffer. Er stellte sich vor, im berühmten Heidelberg wimmelt es von bemerkenswerten Leuten. Ich versuchte nicht, es ihm auszureden, es hätte nichts genutzt. Am Ziel aber erkannte er sofort, er hatte sich geirrt. Er sah kein Gesicht, das ihn anzog, ihn faszinierte. Wir standen etwas ratlos vor dem Bahnhof, ich redete ihm nicht zu, es doch zu versuchen. Ich suchte in meinen zwei Koffern nach einem Foto mit uns, einem Schnappschuß auf den Champs-Élysées. Zur Erinnerung, auch als Dank für die Einweisung in Paris. Mein Porzellanäffchen rutschte dabei heraus, ich hatte es zwischen der Wäsche verstaut, es schlug unglücklich auf, zersplitterte. Mein Flirt oder doch etwas mehr beim Odeonsplatz in München hatte es mir, auch schon zur Erinnerung, geschenkt. Angeblich eine Kleinplastik von Renée Sintenis. Sie war gut ein Jahr mein Maskottchen gewesen, ich hing an ihr.

EIN NEUER ANFANG. Die Erinnerung an die ersten Tage in Heidelberg verflüchtigte sich, ich hatte mich noch nicht dazu diszipliniert, was ich unternahm, was sich zutrug, wenn nicht akribisch, so doch in Stichworten zu protokollieren, ich verließ mich zu sehr auf mein Gedächtnis. Übers Jahr wagte ich für mein Blatt in Berlin einen Rückblick auf die Wintermonate in Heidelberg, überschrieb ihn «Heidelberg straft Lügen». Von der Grenze an hatte es in einem fort geregnet, aber schon tags darauf klarte es «herrlich» auf, noch in derselben Woche begann das Semester. «Ich spähte neugierig nach den Symptomen des ‹Heidelberger Geistes›.» Studenten wie in München oder Berlin, sie sind «in gleicher Weise» ehrgeizig, zielstrebig, auch sie nehmen fürs Studium Entbehrungen in Kauf. «Mensa, Studentenhilfe, Wohnungsfürsorge» wie wohl überall. Zur einstigen «Feudalität» der Universität: Bei den Studenten kaum noch Sinn für ihre Tradition, die meisten stammen aus der Großstadt, auch aus den Ostprovinzen, «sie kommen aus praktischen Gründen nach Heidelberg, die Fakultäten haben großenteils erstklassige Dozenten, die Stadt lenkt nicht ab, man kann sich beharrlich in die Arbeit vertiefen, die Klassengegensätze heben sich vorübergehend auf, durch die Enge des Orts ergibt sich eine unausgesprochene Solidarität. Heidelberg ist für den vielleicht voreingenommenen Skeptiker eine Überraschung, die innere Haltung dieser kleinen und abgelegenen Stadt von einer nüchternen und ehrlichen Geistigkeit bestimmt. Der Student spielt eine große Rolle, weil die Universität immer noch in hohen Ehren steht, es ist verständlich, daß er sich hier wohler fühlt als in Berlin, wo diese Legitimation ihm nur innerhalb der Universitätsmauern Nutzen bringt.»

Gleichgültig, wie es sich ergab, ich wandte mich, noch ehe ich sie kannte, von der Stadt ab, entschied mich für ein Quartier in der schnurgeraden langen Straße, die nach Norden von ihr weg-, aus ihr hinausführt. Ich ging Tag für Tag hin und zurück über den Neckar. So hatte ich, wenn ich morgens loszog, die berühmte Postkarte, den Blickpunkt Schloß vor mir, darüber die Höhe zum Zahnradgipfel Königstuhl, zu dem ich nie hinauffuhr. Das Wechselspiel am Himmel, mal Wolken, mal sein ungetrübtes Blau, es war immer wieder ein anderes Bild. Der Weg von der Brücke hinunter auf die Uferstraße an der Stadthalle vorbei bis zum Marstall der pfälzischen Kurfürsten, wo wir uns mittags zum Essen zusammenfanden, war mir bald unentbehrlich. Am Ziel, der Tag konnte beginnen, war alles beieinander: Die so vielen Generationen vertraute alte Universität von 1386, die erst vor kurzem von einem ehemaligen Studenten aus den USA gestiftete neue Universität, beider fünf Jahrhunderte alte Bibliothek mit der Manessischen Liederhandschrift, das Theater, die drei alten Kirchen, das einstige Palais Morass mit Tilman Riemenschneiders Zwölf-Boten-Altar.

Als erstes lieferte ich, Bote in eigener Sache, Alewyns Begleitbrief ab. Sein Adressat war der Baron Max von Waldberg aus Österreich, der Senior der Heidelberger Germanisten. Er empfing mich in seiner in einem Park gelegenen großen weißen Villa, ein unauffälliger, kleinwüchsiger liebenswürdiger Herr. Er, Alewyns Schreiben, das mich ihm empfahl, vor sich auf dem Tisch, nicht ich schnitt die Frage der Promotion bei ihm an. Das braucht Zeit. Gewiß. Wir werden sehen. Ich schrieb mich, außer bei ihm, auch bei Friedrich Gundolf ein, bei Karl Jaspers, bei dem Kunsthistoriker August Grisebach, seine Themen fürs Wintersemester Barock in Italien und Deutschland, Meister der Graphik, von ihm wußte ich noch nichts. Jaspers hatte nur wenige Minuten, zweihundert, dreihundert Meter zu seinem Kolleg (über Metaphysik), seine Vorlesung war immer ein Ereignis, er diskutierte mit uns, lud uns zum Gespräch ein. Hochgewachsen, wie überlebensgroß auf dem Katheder, bleich, als habe er sich gerade vom Krankenlager wieder in den Hörsaal geschleppt, thronte er, schon von seiner Gestalt her eine Autorität, gütig, väterlich über den bis auf den letzten Platz besetzten Bänken. Vorn, in der ersten Reihe, seine Favoriten: Im Pelzmantel, ganz eine Dame der Gesellschaft, eine Tochter der Fürstin Mechthilde Lichnowsky, Ururenkelin Maria Theresias, die Mutter hochangesehene Erzählerin, der Vater vor dem Krieg letzter deutscher Botschafter in London, neben ihr, wie ranggleich, Golo, Thomas Manns zweiter Sohn. Fürstin Lichnowsky? Sie hatte womöglich den Finger gehoben oder lediglich mit den Augen ums Wort gebeten. Der große Philosoph gab es ihr, als säße die Mutter vor ihm. Gundolf, unumstrittenes Idol damals allgemein der Germanistik, wohnte, blicknah, unmittelbar am Neckar auf der anderen Seite. Schon in der zweiten Woche, nach der vierten Stunde (über die deutsche Spätromantik, über Klopstock) durfte ich, und danach jeweils ein Mal in der Woche, auch zu ihm hinübergehen. Das Gespräch mit ihm war ein für den Dialog jederzeit offener Monolog. Es war nicht vorgesehen, daß ich ihn, etwa impulsiv, unterbrach. Er setzte sich nicht auch nur eine Minute. Hochengagiert, stets in freier Rede, warf er eine Frage in den Raum, erörterte sie, diskutierte mit sich selbst. Er ging dabei mit ausgreifenden Schritten diagonal von einer Ecke in die andere. Einmal war es ein leidenschaftlicher mit sich geführter Disput zu Kolbenheyers Paracelsus-Trilogie. Paracelsus war sein Thema. Als seine Monographie, drei Jahre zuvor, erschien, wurden Kolbenheyers drei Bände erneut und geschlossen vorgelegt. Ich kannte sie nicht, Kolbenheyer lag für mich irgendwo am Rande, mir blieb nur, von Gundolfs Ausbruch gepackt zu werden, ihm, ihn bewundernd, zuzustimmen. Meine Promotion war für ihn kein Problem. Er mußte nicht erst darüber nachdenken, er hatte bereits, als hätte er es schon bedacht, ein Thema für mich: Die zeitgenössische Hölderlin-Rezeption.

ES WAR BISWEILEN wie im Film. Sie hieß anders, ich nenne sie Sophie. Ja, sie hätte Sophie heißen können. Sie studierte Kunstgeschichte, da trafen wir uns. Man konnte sie übersehen, sie machte nichts aus sich. Sie war ihrer indes unauffällig sicher, es ging ein sanfte Erotik von ihr aus. Sie war in Heidelberg zu Hause, der Vater ein angesehener Bankmann in Mannheim oder Ludwigshafen. Sie wohnten weiter flußauf an Gundolfs Straße, sie hat da einen anderen Namen. Ich hatte sie schon zweimal, sie war wohltuend geduldig, ich redete, sie hörte zu, bis vor die Tür gebracht. Einmal bogen wir nur ein Stück weiter in die Hirschgasse ab, stiegen durch den Wald zum Heiligenberg hinauf. Danach kam die Einladung zu einem Diner. Ein Essen zu Ehren eines gefeierten Bühnenbildners (Münchner Kammerspiele, Bayreuth). Es war eine Usance des Hauses, bei einem solchen Anlaß neben der entsprechenden Kapazität der Universität auch einen fachlich adäquaten Studenten an seine Tafel zu bitten. Sophie hatte mich mit keinem Wort darauf vorbereitet. Sie hatte gesellschaftliche Pflichten, sie nahm nur beiläufig von mir Notiz. Die Woche darauf lud sie selbst mich zum Essen ein. Das Haus erschien mir diesmal verwirrend weitläufig. In einem kleineren Raum war allein für Sophie und ihren Gast gedeckt, es schien niemand sonst in dem Haus zu wohnen. Ein Diener wie im Grand-Hotel, Livree, weiße Handschuhe. Mehrere Gänge, ich fragte mich, ob die Gastgeberin vielleicht Geburtstag habe. Vielleicht saß in einem anderen der wohl vielen Räume der Vater mit einem Mann der Wirtschaft und in einem wieder anderen Raum die Mutter mit einer Dame vom Waisenhausverein oder der Armenhilfe zu Tisch. Wir tranken noch einen Mokka. Vor dem Haus stand schon der Wagen bereit, der mich nach Hause fuhr. Ich hatte das Gefühl, ich hatte nicht alles bedacht.

Bei Elisabeth W. gab es Radieschen, Quark, Tomaten. Sie hatte mich nicht gefragt, worauf ich Appetit hätte. Sie glaubte zu wissen, was mir bekömmlich wäre. Die Mensa hatte uns zusammengebracht. Wir hatten uns schon bei Gundolf, auch bei Waldberg gesehen, aber da noch nicht miteinander gesprochen. Sie war bei weitem nicht so sanft wie Sophie, sie hatte das Wort. Mich genierte, daß sie auch an den Tischen nebenan, ja auch an den Tischen dahinter zu hören war. Sie griff zu, sie hielt den anderen fest, nahm ihn in Besitz. Dazu ihre rauchige vitale Stimme. Es war eine andere, eine robuste Erotik. Sie eroberte, sie wollte nicht erobert werden, sie kam dem, der sie erobern wollte, zuvor. Dabei strahlte sie, lachte, sie lachte mit den Augen. Sie genoß es, daß es sie gab, das steckte an. Wem sie sich zuwandte, war im selben Augenblick ihr Freund. Nun war ich auf einmal ihr Freund. Es war unverfänglich, dazu angenehm bequem. Sie hatte Energie für drei. Man nahm ihr nichts, wenn man sie sich zunutze machte.

Es war unser erster gemeinsamer Abend. Sie wohnte, von mir aus gesehen, am anderen Ende, unter dem Schloß. Im ersten Moment der Eindruck, ich bin gefangen. Ein düsteres massives Haus, es hatte noch etwas von der Romantik, der ich mich mehr instinktiv als bewußt entzogen hatte. Kerzen auf dem Tisch, die Stehlampe, das Deckenlicht hatte sie nicht eingeschaltet. Den Wein hatte sie irgendwo kalt gestellt, sie holte ihn herein. Ein Paravent verbarg, wo sie schlief. Es kam, wie es zu erwarten war. Sie ging zu dem Regal mit ihren Büchern, zog zwei, drei schmale weiße Bände heraus, ich erkannte sie sofort, die Gedichte Stefan Georges. Ich sah die Lesezeichen, das war wohl das Programm, das sie sich für den Abend mit mir vorgenommen hatte. George war ihr Fixpunkt. Ich wußte, was mir bevorstand. Sie war auf ihn eingeschworen, sie würde auch mich auf ihn einzuschwören versuchen. Ich täuschte meinen guten Willen vor, vielleicht erführe ich so, was wirklich sie bei ihrem Engagement für das Idol eines so dezidierten Männerbundes motivierte. Sie fühlte sich einem Orden zugehörig, aus dem Gundolf, Georges über Jahre eng verbundener Weggefährte, ausgeschlossen worden oder, je nach dem Blickpunkt, ausgetreten war. Die Frau aber, durch die es zum Bruch gekommen war, nannte Elisabeth W. ihre ältere Freundin, ja sie verstand sich als ihre besondere Vertraute. Sie hieß wie sie Elisabeth. Es war eine zumindest ambivalente Beziehung, ich konnte sie mir nicht erklären, sagte mir, sie faszinierte die jüngere Namensschwester eben als die Frau, die zu heiraten George dem Freund als einen Treubruch untersagt hatte. Als ich die Sprache darauf brachte, gab sie vor, mich nicht zu verstehen. Ihr Programm vergaß sie, die Bände mit den Gedichten blieben ungeöffnet liegen. Wir tranken den Wein, und sie tischte auch noch handfeste Kost dazu auf. Es wurde spät. Ich stieg durchs Fenster, um die Mitbewohner unten im Parterre nicht zu stören. Es war eine mondhelle Nacht, ich hatte die wie ausgestorbene Stadt ganz für mich.

ERWIN HARTUNG hätte mein älterer Bruder sein können. Nein, eher ein Halbbruder, Sohn eines Vaters aus dem alten Österreich. Schon leicht resigniert nach dem Grundsatz, man muß es nehmen, wie es kommt. Ich hatte ihn auf nahezu vierzig geschätzt, er war gerade dreißig geworden. Er hatte mich um zwei, drei Jahre älter geschätzt. Das war aber auch alles, was wir fürs erste voneinander erfuhren. Es war für mich damals der erste Kontakt abseits der Universität. Ein Café hoch über der Straße, es war mir schon aufgefallen. Es war, zwischen zwei und drei, unerwartet gut besucht. Durchweg Paare, vereinzelt auch kleine Gruppen. Hartung war allein, ich hatte mich an seinen Tisch gesetzt. Ich hatte bis in die Nacht gearbeitet, danach bis drei gelesen. Ich hatte noch gut eine halbe Stunde bis zur nächsten Vorlesung. Ich fürchtete, ich würde den Kopf nicht frisch halten können, leistete mir einen Kaffee. Wie wir so dasaßen, mußte einer etwas sagen. Ich sah, er dachte über irgend etwas nach, sein Blick ging an mir vorbei. Das Stimmengewirr narkotisierte mich, ich fühlte, die Müdigkeit, die sich schon schwer auf meine Augen legte, wich nicht. Es waren sicher nur Sekunden. Hartung war der kurze Ausfall nicht entgangen. Es schien, er amüsierte sich.

Ein paar Tage danach liefen wir uns auf der Straße mit unserem Café zufällig, doch wie verabredet, wieder über den Weg. Er lächelte mir wie ein stiller Komplize, der Wort hält, freundlich entgegen, blieb stehen, wir begrüßten uns. Was machen Sie? Das kam fast gleichzeitig. Wir wollten jeder vom anderen einiges wissen. Ich habe mit diesem Städtchen nichts zu tun. Ich lebe hier nur. Es war eine so einfache wie nicht mehr recht zeitgemäße Geschichte. Er stammte aus Komotau, die Eltern, ein Bruder lebten noch dort, sie unterstützten ihn, wahrscheinlich war es das ihm ohnehin zustehende, vom Vater wohlgehütete Geld. Studierter Chemiker, das lag lange zurück. Sein Beruf war die Musik. Die Musik, die ihm vorschwebte. Er saß Tag für Tag viele Stunden an seinem Klavier, arbeitete an einer Symphonie, an einer Oper (Leonce und Lena), an kleiner Kammermusik. Er weihte mich in die Möglichkeiten der Zwölftontechnik ein, sein Programm war der von Joseph Matthias Hauer aus Wiener Neustadt erschlossene Weg, er sah keinen anderen für sich. Ich begriff nichts, ich hatte mit zwölf, dreizehn, weil die Mutter es von mir forderte, zäh, verbissen meine Geige, auf die ich stolz war, malträtiert, die Ouvertüre zu Lortzings «Zar und Zimmermann» war mein Bravourstück, ich atmete auf, als ich kapitulieren, das von mir insgeheim geliebte Instrument beiseite legen durfte. So blieb die Musik eine Wunderwelt, zu der ich keinen Zugang gefunden hatte. Ich hatte großen Respekt vor Hartung, glaubte an ihn. Aber warum Heidelberg? Es war kein Geheimnis, nur er sprach nicht darüber, und ich fragte ihn nicht danach. Erst Jahre später, er auch mit einem Mal wie ich in Berlin, erwies sich auch für mich, es war das, aus meiner Sicht, riskante Bündnis dreier Menschen, für den jeder, vornehmlich der dritte, seinen Preis zu zahlen hatte. Bei dem Freund mochte es anders sein. Die Ménage à trois, wie er sie praktizierte, war ein Pakt mit sich selbst. Sie ersparte ihm manchen Umweg, manche sonst unvermeidliche Verwirrung, Gefühlsstürme, Niederlagen, sie gab ihm die Ruhe, mag sein eine trügerische Ruhe, für die Arbeit. Ich profitierte davon. Ich fand bei ihm, bis in die Kriegsjahre, stets den Zuspruch, den ich von ihm erwartete, den er mir nie versagte, stets das freundschaftliche Verständnis. Was ich ihm gestand, vergrub er, er war mein Tresor für das, was sich in jener Zeit nicht jedermann anvertrauen ließ.

Dietrich Dibelius, wir nannten ihn Didi, hätte einer meiner Freunde noch aus der Schulzeit sein können. In unseren knapp zwei Jahren war er für mich ein liebenswerter großer Junge oder auch ein frühreifes Kind, das sich noch nicht sicher war, zu was es sich wohl eines Tages entschließen würde. Wir waren etwa gleichaltrig. Auch uns hatte die Germanistik zusammengebracht. Es war nicht, auch nur entfernt, abzusehen, was mich einmal, noch nach vielen Jahren, mit ihm verbinden würde. Es ist mit einem Wort gesagt: Durch ihn kam ich zu Musil.

Wir waren anfangs beinahe Nachbarn. Unsere Straßen liefen, laufen nach wie vor gleich vom Neckar ab über eine größere Strecke parallel. Manchmal kam er morgens bei mir vorbei, holte mich ab. Ich hätte, um ihn abzuholen, zwei Querstraßen zwischen uns zurückgehen müssen. Mir war seine Welt schon nach zwei Wochen vertraut geworden. Sie hatte sich für ihn mit dem Studium so gut wie nicht verändert. Er war auch, wie Sophie, hier zu Hause, lebte zusammen mit der drei Jahre jüngeren Schwester, den zehn und elf Jahre jüngeren Brüdern, bei seinen Eltern, dem Vater, eine der Leitfiguren der Universität, «ein Bildungsbürger», wie noch in diesen Jahren zu lesen war, «par excellence, ein weltberühmter Exeget des Neuen Testaments, Kunst- und Theaterliebhaber mit dem Lebensstil eines Bohèmiens», der klugen gütigen Mutter. Für mich, doch zweifellos auch objektiv gesehen, die ideale Familie. Sonntags, zum Essen, gehörte ich dazu. Ein Sonntag – Ende November, Anfang Dezember – hob sich heraus, ich sehe ihn, als läge er erst wenige Wochen zurück, noch vor mir. In ihren Zimmern und denen der kleinen Brüder hatten der Freund und seine Schwester über die Betten, die Tische, Stühle, Sessel, die Fensterbretter, selbst, bis in den Flur, auf dem Boden die Bücher des Herbstes ausgebreitet. Der Vater hatte, im Verein mit der Mutter, für einen akademischen Lesezirkel, dem er vermutlich vorstand, die Auswahl für den Winter zu treffen. Die beiden Ältesten sollten mitreden dürfen, schon die in ihren Augen wichtigen wie die allgemein als wichtig einzustufenden Titel vorsortieren. Auf den ersten Blick ein unterhaltsames Gesellschaftsspiel. Es war für uns mehr als das. Wir beiden Viertsemester waren im Bücherrausch. Die Autoren des Jahren waren wieder die Brüder Mann («Mario und der Zauberer», «Die große Sache»), Jakob Wassermann («Etzel Andergast»). Joseph Roth trat mit seinem «Hiob» in die erste Reihe. Ernst Wiechert («Geschichte eines Knaben») war favorisiert. Obenauf sah ich Robert Musil, seinen «Mann ohne Eigenschaften», ein stattlicher Band von 1068 Seiten. War es der Titel, der mich anzog? Der suggestiv strenge klare Einband (E. R. Weiß) schon wie für einen Klassiker? Ich wußte kaum etwas, ja noch nichts von Musil. Ich hatte nur schon daheim, noch Schüler, eine Erzählung von ihm gelesen. Sie stand in einer vielgelesenen Novellensammlung. Wir waren auf die Reihe, in der sie erschien, abonniert. Eine Vorform der «Versuchung der stillen Veronika» (1911). Ich schlug den Band auf, begann in ihm zu lesen.

Schon die Überschrift zum ersten Kapitel überraschte: «Woraus bemerkenswerter Weise nichts hervorgeht». Der Autor kommuniziert mit dem Leser. Durchweg kurze komprimierte, verführerisch schwerelose Texte. Sie lassen ihn nicht los. Ich konnte den Band nicht mehr aus der Hand legen. Der Freund ließ ihn mir für diesen Tag, die Nacht und allenfalls noch einen Tag. Ich versprach, mit ihm aufs sorgsamste umzugehen. Die Eltern wurden nicht gefragt.

Zum Jahreswechsel war ich für eine Woche wieder in Berlin. Elisabeth W. war schon seit Weihnachten dort. Sie führte mich zu ihrem Vater in die Kantstraße, zu ihrer Mutter in Dahlem. Sie waren geschieden, sie hatten beide wieder geheiratet. Beim schwergewichtigen Vater mit seiner fülligen zweiten Frau gab es den obligaten Silvesterkarpfen, ich wurde gemästet, es bekam mir nicht. Mit der schönen, sensiblen, noch am Jugendstil orientierten Mutter, nun Frau eines hohen Ministerialbeamten, sprachen wir, vorbei an George, über Rilke, Hofmannsthal, ich empfahl ihr den «Mann ohne Eigenschaften». Über ihn sprach ich auch mit der Redaktion meiner Zeitung, sicherte mir weitere Möglichkeiten der Mitarbeit. Am 3. Januar schrieb ich über Rowohlt, seinen Verlag, einen von jeglicher Schmeichelei freien Brief an den Dr. Robert Musil, tippte ihn auf meiner Remington, mit der Bitte um «die Erlaubnis ..., in aller Distanz mich zu Ihrem Werk äußern zu dürfen?!» Rechnete ich mit einer Antwort? Ich bin nicht sicher. Sie kam, als ich schon nicht mehr darauf hoffte, in der dritten oder bereits vierten Woche noch «im Jänner 1931». Die zentralen Sätze: «Der Sinn, in dem ich in dem Buche das Wort Geist gebrauche, besteht aus Verstand, Gefühl und ihrer gegenseitigen Durchdringung ... Der Mann ohne Eigenschaften – das ist ein Mann, der möglichst viele der besten, aber nirgends zur Synthese gelangten Zeitelemente, in sich vereint – kann sich also gar nicht einen Standpunkt wählen, er kann nur versuchen, mit ihnen ordentlich fertig zu werden.»

Gegen Ende des Jahres wagte ich, den ersten Band des Romans in meinem Blatt zu besprechen. Ich griff auf meine Fragen in dem Brief an Musil zurück, bekannte mich dazu, daß ich ihm geschrieben hatte, und zitierte, was er mir, «einem unsicheren Leser seines Romans in einem Brief» darauf erwiderte. Ich schloß mit der Hoffnung auf «ein die Unentschiedenheit erlösendes Weiter; der Dichter kündigte dies schon an privater Stelle an, wir wären ihm dankbar, wenn er den zweiten Teil seines Werkes auf solche Bahn lenken würde.»

SAGEN WIR, ER HIESS SCHMITZ. Jean Schmitz. Wie sah er aus? Für die Mutter gab es zwei Kategorien: Sympathisch, unsympathisch. Wer dazwischen lag, war schwer zu beschreiben. Sympathisch sagte alles, unsympathisch sagte alles. Fünfzig. Ich hatte ihr von dem Treffen mit Thomas Esser berichtet. Er hatte sie grüßen lassen, sich an sie so genau wie an den Vater erinnert. Weihnachten hatte ich es ihr noch mal in allen Einzelheiten geschildert. Sie hatte einen anderen Thomas Esser gekannt. Wie der Vater ein Mann in den besten Jahren. Gutmütig, burschikos, geradeaus, immer wohlgelaunt. Es verwunderte sie, daß er Politiker geworden war. Es lag so lange zurück. So vieles war seitdem geschehen. Als hänge das eine mit dem anderen zusammen, stand im Januar, Ende Januar, auf einmal, gegen Mittag, dieser Jean Schmitz bei ihr vor der Tür. Der muß mich von langer Hand beobachtet haben. Der wußte, wo wir wohnen. Der wußte sogar, daß ich zu Hause war. Ich ließ ihn herein. Ich hatte ihn zuerst nicht hereinlassen wollen. Er kam aus Belgien. Nicht weit von Aachen. Er wohnt gleich hinter der Grenze. Ich hörte es, er sprach anders. Er sagte, ich habe Sie gesucht. Eine Geschichte wie im Kino. Sie waren Frau Frisé. Adolf Frisé. Er war ihr Mann. Ich weiß alles. Seine Mutter ist letztes Jahr gestorben. Sie wurde über achtzig. Ihr Mann war ihr einziges Kind. Sie hat ihm alles vermacht. Fast alles. Jean Schmitz breitete aus, wie schwierig es gewesen sei, sie zu finden, er sei mehr als einmal nahe dran gewesen, das Ganze aufzugeben. Die Mutter hörte es sich an. Sie wollte ein Papier sehen. Wer schickt sie? Der Besucher wich aus. Er wies auf seine Unkosten hin. Er sprach von dreitausend, viertausend Mark. Die Mutter verstand, er sagte es nicht direkt, das etwa müßte ihr, den Kindern die Erbschaft wert sein. Wie hoch sie sei? Später. Darüber könne er noch nicht reden. Es war ein krauses Drumherum. Die Mutter konnte noch immer wie ein Kind sein. Eine Erbschaft – Sie hatte von den Eltern beim Barbarossaplatz in Köln ein altes Mietshaus geerbt. Acht Wohnungen. Es hatte sie nicht einen Tag sorgenfrei gemacht. Die Verwaltung fraß auf, was die Abgaben, die Kosten für die Reparaturen übrigließen. Nun vielleicht ein Erbe fürs Leben. Wer träumt nicht davon?

Ihr einziges Kind? Wer war sie? Die Mutter unseres Vaters hätte uns interessieren müssen. Es war nie von ihr die Rede. Wir, auch ich, hatten nie nach ihr gefragt. Das Hotel, unser Hotel, wie viele Zimmer hatte es? Weiter dachte ich nicht. Mir genügte es, zu wissen, daß ich da zur Welt gekommen war. Ich fragte auch schon mal: Wie war ich? Still, sehr still. Ich setzte dich oben morgens auf die Fensterbank. Ich hatte nie Zeit. Du bliebst da brav sitzen, rührtest dich nicht. Es gab so viel zu sehen. Ich natürlich entsann mich nicht. Es wird, sagte ich mir, wie hier, wie überall gewesen sein. Menschen gehen unten vorüber, sie bleiben stehen. Sie gehen in ein Geschäft, kommen nach einer Weile wieder heraus. Sie sagen sich Guten Tag, sie gehen weiter. Oder es war ganz anders. Wie anders? Die Mutter, schien es, hatte es vergessen. Die vielen Tische für die Gäste, die riesige Küche, die Kellner, die zahllosen Betten. Nun war sie die Frau eines Lehrers. Das Davor war wie versunken, das gab es nicht mehr. Ich würde nicht sagen, sie verschwieg etwas, sie sprach nur nicht darüber.

DER VATER wurde «morgens fünf Uhr» geboren. Die «Oberbürgermeisterei Aachen» registrierte es, zwei Tage danach, am 9. August 1870. Ein soweit möglich penibel ausgefülltes Blatt. Mittendrin der Vorname: Wilhelm. Im Taufbuch der katholischen Hauptpfarrkirche St. Peter zu Aachen: Adolf Wilhelm. So stand es am Ende auch in der Todesanzeige der Witwe. Für die Vereine war er Adolf F. Kein Vermerk zum Vater des Vaters. Er blieb beharrlich unbekannt. «Ein Kind männlichen Geschlechts», steht da nur, «von der gewerblosen Helena geborener Frisé, aus St. Petersburg, dermalen –, Peterstraße, im Hause No. 20». Mit einem Sekretär der Behörde hatte das «Nachmittags vier Uhr» die Hebamme «Johanna Labbé, geborene Winkler, dreißig drei Jahre alt» zu Protokoll gegeben.

Wieso Aachen? Wie auf gleicher Höhe ist es von da nur ein Sprung «nach drüben»: Belgien so nah wie Holland. Auch Luxemburg ist nahe. Nicht das mindeste Indiz, was Helena F. zur Flucht vor sich selbst getrieben haben könnte. Kein Zweifel, sie verbarg sich. Sie verkroch sich in die Anonymität. Im anderen Land ist das kein Problem. Es ist anzunehmen, niemand kannte sie, niemand konnte erraten, wem sie verbunden war, zu wem sie gehörte. Die Stadt am Schnittpunkt dreier Länder mochte ihr, um unterzutauchen, als der ideale Platz erschienen sein. Sie blieb ein Rätsel, vorweg für ihr Kind. Es wurde unverzüglich – von dem Amt im Rathaus, von dem Pfarrer, der es taufte? – als ein Pflegekind mehr in die Obhut einer Schreinermeisterfamilie gegeben. Eine freudlose Kindheit. Die Mutter sah es so, wie der Vater sich an sie erinnerte. Immer bei Menschen, denen er fremd, die ihm fremd waren. Doch einmal, so hatte es der Vater der Mutter erzählt, war – wie aus einer anderen Welt – eine Kalesche mit einer noch jungen Frau bei ihnen vorgefahren. Besuch für ihn. Grüße von der Mutter. Eine Stunde, wie er sie noch nie erlebte. Für ihn war es die Mutter, wer sonst? Der Kutscher trug die Pakete herein, sie selbst packte sie aus: zwei kurze Hosen, er betonte *zwei* Hosen, Hemden, Socken, Schuhe, eine Joppe. Süßigkeiten, Gebäck. Einen Moment der Verdacht, es war sein Wunschtraum. Er war mit ihm eines Morgens aufgewacht, er schüttelte ihn nicht ab, hielt ihn fest. Oder er hatte sich danach gesehnt, es käme einmal so. Er fühlte sich eingesperrt, der Druck, es müsse etwas geschehen. Mit vierzehn riß er aus, schlug sich als Piccolo durch, brachte es zum Pagen. So wohl trat er eines Tages in den Lebenskreis der Mutter. Ich drängte nicht darauf, es genau zu erfahren. Auch ihre Jugend war, es war bisweilen zu fühlen, auch mal ein Wort verriet es, über Jahre ungesichert. Es kam nie offen zur Sprache, so gab es nichts zu fragen. Ich hatte sie nur einmal, viel später, gefragt, ob sie den Vater geliebt habe. Sie verstand, ob ich ein Kind der Liebe sei. Was meinst du? Sie dachte nach. Nein, sagte sie. Nicht so. Sie hatte den Mann danach geliebt. Sie gab zu, sie habe vordem nichts davon gewußt. Ich mußte sie schon geradezu auf den Punkt fragen, wollte ich mir ein Bild machen, wie das oder das in ihrem Leben war. Die Eltern. Sie waren, beide zum Jahresende, schon gestorben, als ich, erst zwei, dann drei, noch nichts von der Welt begriff. Eine von Anfang an verkümmerte Familie. Wie ähnlich, wenn auch von Grund auf anders, das bei der Mutter war, erfuhr ich erst, als ich sie selbst nicht mehr danach hätte fragen können.

IHRE KINDER waren schon da, als die Großmutter heiratete. Ein Onkel, ich sah ihn nur zwei-, dreimal, er war der drei Jahre Ältere. Er wurde am Tage nach der Eheschließung, so ist es im «Standesregister» nachgetragen, gemäß der Erklärung der «Ehegatten» «als von ihnen gezeugt» anerkannt und legitimiert. Zu seiner Schwester, unserer Mutter, wurde erst nach fast fünfzehn Jahren in einem «Randvermerk» bestätigt, daß sie, Petronella Constanzia Beyll, sich nun, «auf den Antrag der Eheleute Kolck» wie auf Grund eines «Patents des Justizministers zu Berlin», «aller Rechte eines ehelich geborenen Kindes zu erfreuen habe.» Auch vorehelich, aber nicht auch von den Antragstellern gezeugt? Die Mutter deutete es gelegentlich, wie arglos, an. Sie sprach, nicht ohne Stolz, von der Liebe ihrer Mutter zu dem Baumeister einer der Brücken über den Rhein. Ich dachte wiederholt daran, wenn ich vom Dom in Köln nach Deutz hinüberfuhr. Es könnte, ja müßte die «feste Brücke am Dom» (Dombrücke) und das Projekt der späteren Hohenzollernbrücke gewesen sein. Die Straße, in der sie ihr zweites Kind zur Welt brachte, liegt dicht beim Hauptbahnhof und so auch beinahe noch im Schatten des Doms. Eine schöne Legende. Alles ist eine Legende. Die unidentifizierbar gebliebene Mutter des Vaters, der Vater selbst. Auch schon der Name Beyll, wie die Mutter hieß, bis sie auch als geborene Kolck legitimiert wurde, wurde für mich zur Legende. Dem vorgegebenen Vater Friedrich Wilhelm K. blieb nur eine Nebenrolle. Seine überdies fünf Jahre ältere Frau war die Patriarchin. Sie war eine starke Natur. Die Familie respektierte sie. Niemand rückte von ihr ab, brach den Stab über sie. Sie blieb für sie eine Beyll wie fürs erste ihre Tochter. Eine Familie mit einem Wappen von 1647, auf dem umrankten Schild die Mondsichel, darum drei Sterne, unter dem herausgehobenen Namen: «Edeles Geschlecht aus dem Rheinland.» In Frankreich, so die Fama, nannte sie sich: Beyle. Bei uns wurde das «e» am Schluß gestrichen, so blieb es auch hier bei einer Silbe. Sie wurde zweimal, beiläufig, mein – einziges – Pseudonym: A. F. A. (= meine Vornamen Adolf Friedrich August) Beyll.

WER WAR JEAN SCHMITZ? Die Mutter zog den Leiter des Amtsgerichts zu Rate. Er war seit Jahren der Mann ihres Vertrauens. Ihn hatte sie schon zu ihren Rechten konsultiert, als es um ihre Ehe und die Sicherung der Familie ging. Er prüfte die ihr verbleibenden Möglichkeiten, riet ihr entschieden ab, allenfalls zu prozessieren. Seine Maxime: Es läßt sich über alles reden, fragt sich nur, mit wem. Ein Detektivbüro, eine Detektei? Das ist ein Versteckspiel. Diese Dame sei erst vor kurzem gestorben? Wer sagt, daß diese Geschichte bei ihr anfängt? Er ist, wenn auch nicht von hier, aus der Gegend. Er kennt sich aus, wird wissen, wo die Pflegeeltern, sofern es sie noch gibt, zu finden wären. Sie lebten davon, elternlose Kinder bei sich aufzunehmen, es war ihr Beruf. Der große Erbe, um den es geht, ist tot. Die Amme, der die Mutter sich mit ihrem unerwünschten Kind anvertraute, lebt vermutlich auch nicht mehr. So etwas läßt sich inszenieren. Er will Geld von Ihnen. Wofür? Nur er ist womöglich mit diesem Fall befaßt. So jongliert er erst mal auf Verdacht damit herum. Jede Mark hierfür wäre weggeworfenes Geld.

Der Glücksbringer meldete sich wieder. Wieder stand er eines Tages vor der Tür. Er legte wieder nichts vor. Es war von Nizza, von Paris die Rede. Die geheimnisvolle Mutter hatte überall und nirgends gelebt. Was sie dem Kind, dessen sie sich verzweifelt oder ohne Skrupel entledigt hatte, am Ende ihres Lebens zudachte, bleibt nicht unbegrenzt greifbar. Es wird da eine Frist gesetzt sein. Und liegt der Familie ernsthaft daran, daß der oder die Erben je gefunden werden? Sie könnte es eher darauf anlegen, das zu verhindern. Schwierigkeiten über Schwierigkeiten. Und ob der Herr aus Belgien das alles übersieht? Sicher, er hat schon einiges hineingesteckt. Sein Risiko. Pech für ihn. Er könnte einem leid tun. Er ist kein Schwindler. Jemand benutzt ihn. Wir kamen zu dem Schluß, das ist nicht unser Gelände. Wir ließen die Geschichte auf sich beruhen. Es kam noch einmal ein Brief von Schmitz. Haben Sie es sich noch einmal überlegt? Nein, er war kein Schwindler. Nun erschien er uns als zu harmlos. Die Mutter schrieb ihm nicht mal, er möge uns in Ruhe lassen.

Aber es ließ uns keine Ruhe, wie es dem Vater ergangen war. Der Mutter fiel, so unerwartet in die Jahre mit ihm zurückversetzt, noch dies und das ein, woran er sich erinnert hatte. Einmal war noch eine andere Frau, auch eine Dame, versteht sich, mit einem Zweispänner bei den Pflegeeltern vorgefahren, auch sie noch jung, elegant, hatte der Vater betont, mit Hut, mit Schleier, sie zog ihn über den Hut, eine nicht nur gegenüber seiner Welt mehr als auffallende Erscheinung. Komm – er hatte nichts, was sie ihm sagte, vergessen, komm, steig ein, sie fuhr mit ihm ein, zwei Stunden ins Land hinein. Es gab für ihn diesmal keinen Zweifel, sie war – incognito – die Mutter. Sie sprach so anders, mit einem Akzent. Er hatte danach tagelang wie in einem Traum gelebt. Er schließlich riß ihn aus seiner Tristesse heraus. Die Fantasie ließ ihn, wie er es sah, erkennen, wie alles kam. Sie war verführt worden, es war ein Familienskandal, der Verführer irgendwo Polizeipräsident, er war für den Jungen der Polizeipräsident schlechthin. Er war kaum von ungefähr darauf gekommen. Irgendwer hatte sich das ausgedacht. Er machte es sich zu eigen, oder hatte er selbst sich das ausgedacht?

Die Geschichte trieb mich um. Es drängte mich, sie auf meine Weise zu erzählen. Ich stellte mir den Vater schon als Mann vor, er war für mich kein Junge mehr, die Mutter war bereits seine Braut, er blickte auf die Jahre, die hinter ihm lagen, zurück: «Wenige Jahre vor dem Weltkrieg sitzt Herr Albrecht Altorf, Besitzer eines ansehnlichen Hotels, im D-Zug auf der Fahrt zu seiner Braut. Er hat endlich einmal Zeit, über sein Leben nachzudenken. ‹Sehr angenehm, daß ich so allein hier sitze. Diese Strecke ist doch sonst belebter. Wir müßten bald in Hannover sein, schon vor drei Stunden sind wir von Berlin weggefahren, eine schöne gerade Strecke. Einen Augenblick, die Hose schneidet mir ins Bein, ich sitze nicht bequem genug …» Kein Versuch eines inneren Monologs. Ein Annäherungsversuch. Es war doch möglich, daß es so anfing. Meine Zeitung brachte dieses erste kleine Stück Juni 1931. Titel: «Geheimnislose Beichte». Die Fahrt führte nach Köln.

ES HATTE MICH wieder nach Berlin gezogen. Karlshorst, Paris, Heidelberg, ich hatte rundherum ein Jahr die Möglichkeiten mit der Zeitung dort ungenutzt gelassen, mich erst in den paar Tagen Anfang Januar bei ihr wieder in Erinnerung gebracht. Ich hatte mit meiner Geschichte begonnen, das Geld war knapp, dazu stets neu das Problem, einen Weg für mich zu finden, mir, wenn das Studium zu Ende sei, einen Platz zu sichern. In der wie verträumten alten Stadt mit dem Gang über die Brücke, Tag für Tag ein Stück den Fluß entlang, mit dem Blick von wo auch immer aufs Schloß sah ich für irgendwann danach keine Chance. Mit Gundolf hatte ich freimütig darüber sprechen können. Er hatte Verständnis dafür, was wäre auch dagegen zu sagen gewesen, ich war sein Doktorand, so entließ er mich, ich würde zum Winter wieder da sein. Nur gut ein Vierteljahr danach, am 13. Juli, montags, stieß ich bei einem Imbiß an der Tauentzien in der «B. Z. am Mittag» – auf Seite 4 über eine halbe Spalte – auf die Meldung: «Der Tod Friedrich Gundolfs». Dazu sein Porträt von B. F. (Benedikt Fred) Dolbin. «... gestern vormittag», las ich, «gegen 10.30. Erst vor wenigen Tagen erkrankte er an einer Gelbsucht, die schnell zu einer Blutvergiftung führte. Seit dem Sonnabend wußten seine engsten Freunde, daß eine Rettung nicht mehr möglich war.» Er war drei Wochen davor erst einundfünfzig geworden. Die Frankfurter Zeitung schrieb am selben Tag: «Das Bewußtsein, das wir von den größten Menschen haben, ist mitgeformt durch Friedrich Gundolf.»

Ich dachte an den nie erlebten Vater, seinen noch früheren Tod, und auch durch eine Blutvergiftung. Ich fühlte mich wie jäh aus der Bahn geworfen. Ich sah mein Kalkül, darum war ich ja nach Heidelberg gegangen, um einiges eher als in Berlin zu promovieren, mit einem Schlag in Frage gestellt. Ich schrieb sogleich, noch an diesem Tag, an Waldberg. Ich mußte damit rechnen, er werde an mir, ihm ausdrücklich von Alewyn empfohlen, nun nicht mehr interessiert sein. Ich unterrichtete ihn über den Stand meiner Arbeit. Das Thema: Hölderlin im Urteil seiner Zeit. So wie Gundolf es mir aufgegeben hatte. Ich hatte ihn noch zuletzt, beim Abschied, um seine Zustimmung zu einer Korrektur gebeten: Alexander Jung in Königsberg, Autor des ersten biographisch-kritischen Werks über Hölderlin, in den Mittelpunkt zu rücken, die Untersuchung auf ihn zu konzentrieren. Die Monographie («Friedrich Hölderlin und seine Werke. Mit besonderer Beziehung auf die Gegenwart») war 1848, fünf Jahre nach Hölderlins Tod, bei Cotta in Stuttgart und Tübingen erschienen. Zwei Jahre davor hatte Christoph Th. Schwab, der Sohn Gustav Schwabs, mit Ludwig Uhland Herausgeber der ersten Sammlung der Gedichte Hölderlins, die erste Ausgabe seiner «Sämtlichen Werke» mit den frühen und späten Gedichten, dem Hyperion, dem Empedokles, auch schon mit Briefen aus dem Nachlaß vorgelegt. Jung – «Publizist, Dichter, Literarhistoriker und Kritiker von allgemein anerkannter Bedeutung» (so in den Handbüchern der Zeit) – verstand ich als Prototyp der «idealistisch-eklektischen Literatur in der Mitte des 19. Jahrhunderts».

Gundolf hatte mir freie Hand gelassen. Waldberg respektierte das. Auf einer Postkarte schrieb er mir in seiner kleinen zarten Schrift, er übernehme mich und meine Arbeit, das sei für ihn eine Frage der Pietät. Alewyn hatte sich habilitiert, er war nun Privatdozent, im Jahr darauf wurde er Gundolfs Nachfolger. Ich ging nun auch in seine Vorlesungen über die deutsche Literatur im Barock, die Domäne Waldbergs, über Hofmannsthals Dramen. Der Sommerstar war Heinrich Wölfflin aus der Schweiz, er las am frühen Nachmittag im bei brütender Hitze verdunkelten Hörsaal über Albrecht Dürer. Mit Willi (Bill) Schmidt, hernach vielgefragter Bühnenbildner, berühmter Regisseur, hörte ich Max Dessoir über Allgemeine Psychologie und Parapsychologie, saß mit ihm in dessen Übungen über das Problem des Bewußtseins. Walter H. Perl – er meldete sich nach dem Krieg eines Tages als Collegedozent aus Huntington/West Virginia – trommelte mich, ein getreuer Paladin und besorgt, über der Schreiberei bis tief in die Nacht käme das Studium zu kurz, um acht, für mich in aller Herrgottsfrühe, aus dem Bett, er stand einfach da, wich nicht, bis ich mir die Augen gerieben und mich aufgerafft hatte. Erstmals logierte ich, dicht beim Kurfürstendamm, in einer Pension. Sie gehörte zwei der einst, um 1910, tanzenden und singenden «Drei Schwestern Marylane». Im Quartier danach beschrieb ich sie, ihr Glück mit ihren Erinnerungen, ich nannte sie da die Schwestern Zack. Kann sein, ich schickte ihnen die Seite mit meiner Plauderei, nahm an, sie freuen sich. Wie auch, sie lasen sie, es kränkte sie, ihr Anwalt drohte mir mit einer Klage. Ich fuhr zu meiner Mutter, suchte davor, sozusagen auf halbem Weg, Herbert Eulenberg in seiner weißen Villa am Rhein bei Kaiserswerth auf, schrieb darüber, ließ aber offen, bei wem ich war, ein kleines Feuilleton: «Vormittag bei einem Poeten». Eine Leserin wollte wissen, bei welchem Poeten. Da kam einiges zusammen, schrieb ich ihr. Ich war vorgewarnt.

Kein Blatt sonst damals in Berlin hätte mir soviel Spielraum gelassen wie das in der Puttkamerstraße, parallel zu Ullsteins Kochstraße. Mitte Juni hatte ich da fast eine Seite für einen kritischen Überblick über die «Romane der Jüngsten» von Heinrich Hauser bis Hermann Kesten, Anfang August – «in dieser Zeit des drohenden Terrors und der schwül lastenden Ungewißheit» – auch nahezu eine Seite für einen Versuch über «Das Gesicht der heutigen Jugend in Roman und Essay» bei Jakob Wassermann, Frank Thieß, Heinrich Mann, wieder Kesten, Klaus Mann. Und ich versuchte, auch als Überblick, eine «Kleine Lyrik-Lese» (Richard Billinger, Georg von der Vring, Georg Britting, Walter Bauer).

GERHART POHL, ich war nicht sicher, ob er es sei. Es war Mitte, Ende Juni. Ich war auf dem Weg zur U-Bahn. Es war purer Zufall. Er kam mir mit jemandem entgegen, mit dem ich flüchtig bekannt war. Es war seine Gegend, das konnte ich nicht wissen, es war seit kurzem auch meine Gegend. Die beiden unterhielten sich, wir waren im Begriff, aneinander, ohne uns zu beachten, vorbeizugehen, doch dann sagte ich mir, Unsinn, ich kenne ihn, ging auf die beiden zu. Ich erinnerte mich, ich hatte, es lag anderthalb Jahre zurück, zweimal über ihn berichtet. Das erste Mal Mitte Januar 1930. Sechs «Junge Autoren» in einem Konzertsaal. Ich hob F. C. Weiskopf aus Prag hervor, er gab dort später die «Arbeiter Illustrierte» heraus. Danach schrieb ich, ich las es zu Hause nach: «Auch Gerhart Pohl hat am heutigen Europa manches auszusetzen.» «Ein Deserteur erzählt sein Leben» hieß, was er vorlas. Ich nannte ihn einen «empfindsamen Erzähler, der einem kleinen Kreise ernste und groteske Dinge mitzuteilen hat». Im März gab es wieder einen Abend mit ihm und weiteren «jungen Berliner Autoren», unter ihnen, auch hier mit Kesten, Edlef Köppen, Leiter der «Funkstunde Berlin», der bald darauf mit seinem «Heeresbericht», einem Roman «gegen den befohlenen Mord», von sich reden machte. Da hatte ich zu ihm kein gutes Wort gefunden. Er nahm es wohl nicht zur Kenntnis, ich natürlich sprach ihn nicht darauf an. Ein Schlesier in Berlin, einer von vielen. Er schien mir im besten Sinne ihr Prototyp: kontaktfroh, umgänglich, am anderen interessiert. Wir stellten fest, wir wohnten beide «um die Ecke», er in der Uhland-, ich in der Lietzenburger Straße. Er lud mich schon für den übernächsten Tag zwischen elf und zwölf zum Frühstück, für mich das zweite Frühstück, ein. Zwei Zimmer, Küche, Bad/WC, als Luxus eine Loggia, die vielbegehrte Berliner Gartenhausidylle.

Es war gut mit ihm zu sprechen. Ein Schriftsteller mit einem, wie ich es sah, scharf konturierten Weltbild, politisch engagiert, sozial engagiert, kein Eiferer. Ich ging, es war die zweite Juliwoche, schon das dritte Mal zu ihm. Im Blatt stand an diesem Morgen, fünf Spalten «unter dem Strich», meine

«Sonderbare Begegnung» nachts im Grunewald mit einem melancholischen «Droschkenchauffeur». Ein Fahrer bei seinem am Straßenrand abgestellten Wagen hatte ihn, wild mit den Armen fuchtelnd, gestoppt. Eine Motorpanne. Er behob sie, das habe ihn fast eine Stunde gekostet. Kein Danke, gar nichts. Der Unbekannte setzte sich ans Steuer, der Motor lief schon, er raste davon. Wer glaubt da noch an das Gute im Menschen? Eine beiläufige, schnell hingeschriebene Skizze. Als nächstes würde noch ein Stück aus der Geschichte des Vaters erscheinen. Überschrift: «Rebellischer Spaziergang». Der Typoskript liege schon bei der Redaktion. Der Versuch einer Variante. Albrecht Altorf – ich französierte ihn – heißt da Karl Forché. Ich schickte den Vater, nun schon fünfzehn, «in die Lehre zu einem Tischlermeister» und dessen Vater, den es de jure nicht gegeben hatte, ließ ich hier kurz nach seiner, nicht schon vor seiner Geburt sterben, die doch auch unbekannte Mutter Helena war eine trauernde Witwe, sie vertraute den vaterlosen Säugling, als eines unter einem halben Dutzend Pflegekindern, fremden Menschen an. Es war ein Rollentausch. Ich näherte mich auf einem Umweg der Realität, und auf sie, das desolate Leben des Vaters in den Jahren, in denen er heranwuchs, kam es mir an. Er rebellierte gegen die ihm gesetzten Grenzen, faßte schon früh den Gedanken, auszubrechen, kündigte es an, drohte damit, brach dann auch eines Tages aus. Er verdingte sich in einem Gasthaus irgendwo auf dem Lande, trug Speisen und Getränke auf, «diese Arbeit gefiel ihm weit besser, auch hier schalt man ihn ab und an, aber der Wirt konnte ihn schon wegen der Gäste nicht so heruntermachen, ihn so anbrüllen wie der Tischlermeister».

Pohl wußte von all dem nichts, er hatte mich auch nicht danach gefragt. Ich war für ihn eben ein Student, er hatte auch studiert, auch in München, Berlin, anfangs in Breslau, er war, ich las es irgendwo, promovierter Germanist. Ich zog die Seite mit der schnell hingeworfenen Geschichte aus der Tasche, schob sie ihm hin. Von heute, sagte ich. Er goß uns noch mal Kaffee ein, begann sie zu lesen, vielmehr, er las so über sie hin. Ich sah, es war nicht sein Fall, ich hatte es nicht erwartet. Interessant, sagte er. Ich gestand, ich säße an einer größeren Sache. Sie ist so gut wie fertig. Ich wüßte gerne, was sich damit machen läßt. Mir schien, es bedrängte ihn. Er sagte, ich lese sie mal. Das hatte ich hören wollen. Wieder zu Hause, ging ich, was ich geschrieben hatte, noch einmal Seite für Seite durch. Darüber setzte ich, es war etwas verwegen: Leben um den toten Punkt. Dazu: Romanbilder. Ich nahm sie zu unserem nächsten, meinem wieder zweiten Frühstück mit.

ALEXANDER JUNG war, immer passioniert, ungemein produktiv gewesen. Er hatte wie besessen viel geschrieben. Über «Goethe's Wanderjahre und die wichtigsten Fragen des 19. Jahrhunderts», nach und neben der Hölderlin-Monographie sein, wie er resümierte, «glücklichstes» Buch, über Gutzkow, Schiller, Schelling, Franz von Baader, Johann Georg Hamann, den «Magus des Nordens», Königsberger wie er, Varnhagen von Ense, Carl Gustav Carus, Uhland, hielt «Vorlesungen über die neueste Literatur der Deutschen», «über soziales Leben und höhere Geselligkeit», er trat auch mit einigen Romanen hervor, so mit drei Bänden über Darwin («Ein komisch-tragischer Roman in Briefen an einen Pessimisten»), und es gab viel über ihn zu lesen. Der Direktor der Universitätsbibliothek in Königsberg, auch ein Redakteur der weithin angesehenen «Königsberger Hartung'schen Zeitung», der sich mit Jung beschäftigt hatte, ließen mir alles, was für mich wichtig sein könnte und was anderswo kaum zu finden wäre, via Fernleihe über die Staatsbibliothek Unter den Linden zugehen, ich verschlang einige tausend Seiten. Doch mir war auch unvermindert um die Chance, die Berlin mir bot, zu tun. Ich schrieb über «Die Krisenbilder auf den Berliner Straßen/Große Aufmachung und leere Geschäftsläden. Überangebot an möblierten

Wohnungen». Zwei Tage darauf stand es im «Neuen Wiener Journal». Eine Reminiszenz an Paris: «Geträumtes Intermezzo», die Wünsche und Illusionen eines Einzelgängers. Über Romain Rolland, seinen einst als Jahrhundertroman gefeierten «Jean Christoph», und ich erinnerte an seinen «Clérambault», seinen «Colas Breugnon». Ein erster kurzer Beitrag im Ullstein-Flaggschiff VOSS(ische Zeitung). Die Schwester war unterdes auch nach Berlin gekommen, ich hatte ihr über den Neffen des einen meiner Mäzene zu einem Job verhelfen können, der schon auf sie gewartet hatte. Auch dieses Datum fand sich in unserer Familienakte bei der Stadt getreu vermerkt: «6/10: Frisé Petronella nach Berlin-Charlottenburg Bleibtreustraße 7 IV». Als ich zum zweiten Mal von Berlin wegzog, war sie da, als sei es nie anders gewesen, schon wie zu Hause.

Ein flacher heller Bungalow gut hundert Meter über dem Neckar, er zog dicht unten vorüber, die Uferstraße, Gundolfs Straße, versteckte sich, sie war von oben nicht zu sehen. Ich wohnte nun am Philosophenweg. Es ist tatsächlich nur ein Weg. Er steigt am Beginn meiner alten Straße rechter Hand steil an, er erreicht unsere Höhe damals schon nach vier, fünf Kehren, und dabei bleibt es. Heidelberg lag, zum Greifen nah, in voller Breite vor mir. Eine weitgespannte ovale Fensterfront, im Rücken, hinter einer ähnlich breiten Scheibe, ein verwilderter Garten. Ich war nicht allein, aber bisweilen kam es mir vor, ich wäre allein. Da war nur noch die Eigentümerin des Hauses. Sie hatte mir das einzige geräumige, überdies zentral gelegene Zimmer gegeben, es war ihr für sie zu groß. Wir gingen uns nicht aus dem Weg, aber wir sahen uns nicht oft, manchmal den ganzen Tag nicht. Ich denke, es lag ihr nur daran, daß noch jemand da war. Der einzige Nachbar, den ich hin und wieder und auch nur indirekt wahrnahm, saß eine kurze Zwischenstraße tiefer: Friedrich Bergius, seit ein paar Monaten, zusammen mit Carl Bosch, Nobelpreisträger für Chemie

(Kohlehydrierung). Es gab bei ihm, so empfand ich es, Fest auf Fest, die halbe Nacht die Vorfahrt und wieder Abfahrt der Wagen, das Brummeln vieler Stimmen schwappte zu uns hoch, die große Welt war bei ihm zu Gast. Schon eine Gästeliste im Sommer zwei Jahre zuvor las sich wie eine Auslese aus dem Who's who der deutschen Gesellschaft: Die Reichsminister Ludwig Curtius, Carl Severing, Gustav Stresemann, zwei Monate vor seinem Tod, aus der Literatur-Elite Gerhart Hauptmann mit seinem Sohn Benvenuto, Thomas Mann mit Katja, Erika und Golo, Rudolf G. Binding, Otto Flake, Max Mell, René Schickele, Carl Zuckmayer, selbstredend die Koryphäen der Heidelberger Universität. Den so gefeierten Gastgeber, er fahre einen Bentley, dazu einen Daimler, hieß es, sah ich nie, drei-, viermal in der Woche hingegen Heidelbergs literarischen Geheimtip Alfred Mombert, auch Gast in der Villa unter uns, er war drei Jahre zuvor mit Theodor Däubler, Alfred Döblin, Leonhard Frank in die Dichterakademie in Berlin aufgenommen worden. Noch ehe ich erfuhr, wer er war, eine mir vertraut gewordene Gestalt. In einem weiten wehenden Mantel bis fast auf die Füße, mit einem Schlapphut, der seine Stirn, die Augen verdeckte, wie in Gedanken, womöglich im Selbstgespräch ganz auf sich bezogen, es schien, er war uns allen entrückt. Stumme Begegnungen auf dem Philosophenweg. Er kam von der Alten Brücke aus der Altstadt, ich war auf dem Weg dorthin. Ich nahm an, er wohnte weitab vorbei am Schloß westlich von der Stadt. Nicht einmal, auch nicht ab und zu im Ort, sah ich jemanden an seiner Seite, jemanden, der ihm zuhörte, dem er zuhörte. Ein Mensch, der vor seiner Einsamkeit flieht, ein heimatloser Fremder. Aber er war aus der Gegend, seit dem Studium, in den ersten Jahren als Anwalt, eingesessener Heidelberger. Eine seltsam unzeitgemäße Erscheinung.

Elisabeth W. wußte, er gehe auf die Sechzig zu. Seine Gedichte? Sie mochte, schon vor sich selbst, nicht eingestehen, daß sie ihr fremd seien, sie meinte vage, er habe etwas von einem Genie. Ja, er wurde bald sechzig, Anfang Februar. Ich fühlte mich gefordert, mir selbst ein Bild zu machen, wo sein Platz, wie er zu bewerten sei, ich besorgte mir seine Lyrikbände «Tag und Nacht», «Der Glühende», «Die Schöpfung», «Der Denker», «Die Blüte des Chaos», «Der Sonne-Geist», «Der Held der Erde», seine Dramentrilogie «Aeon der Weltgesuchte», «Aeon zwischen den Frauen», «Aeon vor Syrakus» bis zu seiner jüngsten Produktion um «die künftig thronende Göttin Aigla», ihre «Herabkunft», ihren «Tempel». Sein Protagonist Kurt Benndorf, der ihn zu seinem Geburtstag geradezu hymnisch würdigte, reizte mich zu einem eigenen Versuch. Ich fragte, es war für mich ein Test, ich kannte niemanden dort, bei der «Frankfurter Zeitung» an, ob ein Beitrag zu dem gegebenen Anlaß sie noch interessieren könne. Die Antwort kam schon am übernächsten Tag, «-ck-» – Rudolf Geck, Chef des Feuilletons – auf einer Postkarte: Versuchen Sie es. Wir bekamen schon zwei Beiträge, gaben sie zurück. Schreiben Sie so, wie Sie es sehen. «Den Jüngeren ...», schloß ich, «scheint heute ... die gepriesene einzigartige Seherkraft Momberts fanatische Blindheit zu sein, und es herrscht mehr Sinn für die Wiederfindung einer vergessenen Mythe, wie sie Gottfried Benn dichterisch zu vergegenwärtigen versucht, als für die Hypostasierung einer Zyklopenwelt, wie es Mombert getan hat.» Drei, vier Tage keine Reaktion, der Tag, für den das gedacht war, rückte näher, ich scheute mich, zurückzufragen, fürchtete, ich würde mir nur eine Abfuhr holen und schickte, für alle Fälle, einen Durchschlag meiner drei Seiten an das Blatt in Berlin. Carossa sagte sich an, er werde am 6. Februar, zum Geburtstag seines Freundes A. M., Insel-Autor wie er, in Heidelberg sein, er lud mich für diesen Tag zum Frühstück in seinem Hotel ein. Eine frostige Begrüßung: Ihr Artikel ... Er hatte ihn gerade gelesen. Ich hochbeglückt: Ist er erschienen? Ist er erschienen? Carossa hatte, das war zu verstehen, keinen Sinn für mein Glücksgefühl. Heute –! sagte er. Für mich war es ein großer Augenblick. Das Blatt in Frankfurt war das Nonplusultra, ich sah mich am Ziel. Darf ich? Die Zeitung lag, die Titelseite umgeschlagen, auf dem Tisch. Ich konnte es mir nicht versagen, meine zwei Spalten «unter dem Strich» zumindest schon zu überfliegen. Die gut hundert Zeilen zu Mombert waren tags zuvor schon in Berlin zu lesen gewesen, aber das wußte ich da noch nicht.

Sonst im Januar nur einige Buchhinweise (Martin Beheim-Schwarzbach, Waggerl, Giono, Billinger, die Undset), mehr ließ die nun drängendste, für mich auch wichtigere Arbeit nicht zu. Nur vereinzelt neue Kontakte. So, im Seminar bei Waldberg, mit Gerhard F. Hering. Der Idealtyp des jungen Wissenschaftlers, skrupulös gewissenhaft, hochgebildet, der perfekte Philologe, die akademische Karriere schien ihm sicher. Als wir uns, erstmals nach dem Krieg, wiedersahen, war er Dramaturg bei Heinz Hilpert in Konstanz, hatte er sich dort auch mit seiner Zweimonatsschrift «Vision. Beiträge zum geistigen Bestand» schon einen Namen gemacht. Rudolf K. Goldschmit-Jentner, Feuilletonchef, familiär auch Mitbesitzer des Lokalblatts, lag über Wochen im Hospital am Neckar, immer noch von Granatsplittern geplagt, immer noch vom Krieg gezeichnet, wiederholte Besuche bei ihm, er klagte nie, ich bewunderte seinen Gleichmut, ging gerne zu ihm, traf ihn nur dort. Die für mich neben Gundolf, Jaspers eindrucksvollste Erscheinung in Heidelberg war der Indologe Heinrich Zimmer. Wo, bei wem ich ihm begegnete, entfiel mir. Auch seiner Frau Christiane, Tochter Hugo von Hofmannsthals, war das nicht mehr gegenwärtig, aber fünfzig Jahre danach hieß es in ihrem ersten, unerwartet nahen Brief: «... natürlich erinnere ich mich an Sie.» Sie hatte mich zweimal grüßen lassen. Beim zweiten Mal schrieb ich ihr, sie lebte seit 1939 in New York, sie antwortete schon knapp eine Woche darauf. Sie war damals noch nicht oder gerade erst dreißig, die stille, ernste, intensiv in sich ruhende oder sich wohlbedacht zurücknehmende Frau eines motorisch temperamentvollen, in jeder Sekunde mitteilungsbereiten Vierzigers, der sofort jeden im Raum in seinen Bann zog. Ich sah in ihr mehr die Tochter ihres Vaters als die Frau des Mannes an ihrer Seite. Es mag der Reflex einer Aufnahme von Vater mit Tochter um diese Zeit oder einige Jahre davor sein, das Bild einer selbstverständlichen, nicht etwa sich anbietenden Harmonie. Die Faszination Zimmers damals lag wohl auch im Reiz des Kontrasts zu seiner Frau. Der Gesprächspartner war für ihn der von ihm gefesselte, eben in Bann geschlagene Zuhörer. Sein Wissen, seine Gedanken, Erkenntnisse, Erfahrungen brachen in sich permanent fortsetzender Eruption aus ihm heraus, es ging nicht um ihn, es ging ihm allein um das, was er mitzuteilen, impulsiv, gleichsam selbstlos abzugeben hatte, woran er den andern, das war seine Leidenschaft, auch ungefragt teilhaben zu lassen er sich gedrängt fühlte. Er entzündete sich an dem, mit dem er ins Gespräch kam, der sich von ihm im Gespräch hinreißen ließ. Der erste Eindruck, er wiederholte sich: Ein von sich berauschter Mann. Das täuschte. Er war nur von dem, was ihn beschäftigte, berauscht. Er wurde nur wenig älter als Gundolf. Seine Frau überlebte ihn mehr als dreißig Jahre. Sie war nun wieder ganz die Tochter Hofmannsthals, einer der geheimen Mittelpunkte New Yorks.

ES WAR MITTAGS, ich kam von der Mensa, hatte einen Termin im Altbau der Universität. In der Vorhalle zwanzig, dreißig Studenten, ein sich schnell verdichtendes Gedränge. Ich begriff nicht gleich, was sich da abspielte. Ich sah Golo Mann, mit ihm, einen Kopf größer als er, ein breitschultriger, sichtlich sportlich trainierter Kommilitone, die «Erinnerungen» des Freundes Anfang der neunziger Jahre brachten ihn mir noch einmal nahe, aber was mich damals so, als träfe es mich selbst, bestürzte, ja entsetzte, ist da mit keinem Wort erwähnt. Ich hätte ihn auch gelegentlich bei Jaspers sehen müssen: Reinhold (Reinie) Cassirer aus Berlin, der Dritte in ihrem Heidelberger «Dreibund» mit Leonore Lichnowsky. Sie wurden, es war, kein Zweifel, so abgesprochen, überfallartig von den mir völlig fremden Studenten wohl aus anderen Fakultäten eingekesselt, rüde angepöbelt. Vier, fünf schlugen mit Stöcken auf sie ein, Golo Mann wurde am Kopf getroffen, er blutete. Ich drückte mich mit dem Rücken gegen die Wand gleich rechts beim Eingang, war wie gelähmt. Cassirer durchbrach den Pulk, boxte den Freund aus ihm heraus, nach vielleicht vier, fünf Minuten war der Spuk vorbei.

Das war in den Tagen um den 1. Juni 1932. Ich sehe mich noch in Heidelbergs Hauptstraße vor dem Aushang des Lokalblatts. Die Bulletins vom Mittag. 31. Mai: Brüning gibt auf. Er hat Hindenburg seinen wie seines Kabinetts Rücktritt «überreicht». 1. Juni: Ein Präsidialkabinett von Papen? 2. Juni: Das neue Reichskabinett. Ja, Franz von Papen ist nun der Kanzler. «Intrigen und Ohrenflüstereien», ist da zu lesen, haben Heinrich Brüning, den Mann des Zentrums, nach zwei Jahren und zwei Monaten, wie über Nacht, «zu Fall gebracht». Das Werk «ratloser Ratgeber», voran der Sohn des Reichspräsidenten, einvernehmlich mit ihm, wie eine Stimme, der Staatssekretär des einstigen Feldmarschalls. Papens «Kabinett der Barone», die Parole des Tages, nur eine «Zwischenlösung»? Ein Kurswechsel insgesamt «der deutschen Politik»? Drei Tage später wurde der Reichstag aufgelöst und nach zwölf weiteren Tagen das Mitte April von Hitler noch wie gelassen hingenommene Verbot seiner «Privatarmee» *(SA/SS)* wieder aufgehoben. Mein Blatt in Berlin wird zitiert. Es habe «sich stark nach rechts orientiert», Papen ist sein Mehrheitsaktionär, es gehört, mit einem Wort, ihm, es «unterstreicht», so in einem Kommentar, «die außerordentlich schwere und verantwortungsvolle Aufgabe ..., die dem Reichspräsidenten jetzt erwachse». Sein neuer Mann war nicht meine Wahl. Wofür stand er? Ein

Spieler? Der Verdacht, er spielte mit dem Risiko. Wofür er auch stand, es sagte mir nichts. Es war mein letzter Monat als Student, die Dissertation hatte ich im Frühjahr vorgelegt, der Druck war auf «Mai 1932» datiert, am Ende der vier Wochen danach, am 30. Juni, wurde ich gegen ein Uhr mittags promoviert, Elisabeth W. schleppte mich in ein Schuhgeschäft, ich probierte die von ihr schon ausgesuchten neuen Schuhe, ich benötigte sie seit langem, es war ihr Geschenk zum Abschied von der Universität. Noch am Nachmittag fuhren wir mit der Bahn über Bruchsal nach Maulbronn, quartierten uns da für ein paar Tage im «Grünen Baum» beim Tiefen See nahe dem Zisterzienserkloster ein. Es war für uns, im Blick auf Hermann Hesse, seinen hier spielenden frühen Roman «Unterm Rad», im Blick auf das Kloster, aus dessen Seminar er, wie sein Ebenbild Hans Giebenrath, mit fünfzehn ausgebrochen war, ein Stück Literatur.

Und es kam, aber da war ich schon wieder in Berlin, ein mich überraschender Brief aus Breslau. Absender: Schlesische Funkstunde, Dr. Werner Milch. Gerhart Pohl hatte ihm, ohne mir ein Wort zu sagen, die «Romanbilder» zugeleitet. Ich brauchte ihn nicht zu fragen, warum er es mir verschwiegen hatte. Er wollte, so wahrscheinlich sein Argument, mich vor falschen Hoffnungen und einer Enttäuschung gleich zu Beginn bewahren. Wie er selbst zu meinem Versuch stand, behielt er für sich. Er sagte nur, ja, warum habe ich es Milch geschickt? Wer war Milch? Ein Landsmann, gebürtiger Breslauer, ein Jahr jünger als er. Eine halbe Stunde, schrieb er. Unsere Zeit für einen Nachwuchs-Autor. Ich führe die Hörer in die Geschichte ein, danach stellen Sie sich selbst vor. Ein Blatt genügt. Schicken Sie es so bald wie möglich. Termin der Sendung: 5. August 17.55 – 18.30 Uhr. «Wir», begann Milch, er hatte seine zweieinhalb Seiten beigefügt, «denen die Aufgabe zugefallen ist, am Sender jungen Dichtern erste begleitende Worte mitzugeben, befinden uns bei aller Objektivität, zu der wir uns verpflichtet fühlen, in einer gewissen Abhängigkeit von persönlichen Abneigungen und Sympathien. Manchmal tritt uns ein junger Schriftsteller mit einem Werk entgegen, in dem wir unbedingt wertvolle Züge erblicken, und doch ist das Werk des Dichters uns aus irgendwelchen, nicht näher erklärbaren gefühlsmäßigen Gründen nicht angenehm. Manchmal wiederum sehen wir Schwächen im Werk des Anfängers, den wir einführen dürfen, und haben doch die Überzeugung, daß es sich um einen liebenswerten Schriftsteller handeln muß, den zu fördern dringende Pflicht ist. Um einen solchen Fall handelt es sich, wenn ich Ihnen von A. ... F. ... spreche. Von dem jungen Dichter liegt bisher nur ein Manuskript vor, 100 Schreibmaschinenseiten, betitelt: Leben um den toten Punkt. Was der junge Schriftsteller in dieser Arbeit schildert, ist zweifellos ein Teil seines eigenen Lebens. Oder, um die Behauptung, wie es richtiger sein dürfte, abzuschwächen, es sind Erkenntnisse, die er aus seinem Leben abgezogen hat ...» «Mit siebzehn Jahren noch», bekannte ich, «verlachte ich Freunde, die die Literatur liebten, über Nacht wurde ich dann selbst dafür entflammt ... Geschrieben hatte ich damals nur wenig, die Gedichte blieben ausnahmslos schlecht.» Sechs Semester in München, Berlin, Heidelberg und nun vor wenigen Wochen, beinahe noch einundzwanzig, zum Dr. phil. promoviert, die schnelle Aufeinanderfolge hatte mich euphorisiert. «Augenblicklich arbeite ich ... an meinem zweiten Roman ...» Ich hatte auch schon einen Titel dafür: «Richard Ronde oder Die Unbedingten». Ein Abschnitt daraus stand am 2. November über zwei lange Spalten in der «Vossischen Zeitung»: «Mit seinen vierundzwanzig Jahren kannte Richard Ronde vieles vom Leben, er hatte sorglos geschwelgt und arm vegetiert.» In einer Nacht im Winter wird er «von einem Mann überfallen, als er hundert Schritt vor seinem Haus sich gegen den Wind drehte ... Der Mann warf ein beizendes Pulver gegen sein Gesicht, aber er traf nur den Rücken des Hutes ...»

Ein Zweikampf. Ronde entscheidet ihn für sich, nimmt den Räuber mit in seine Wohnung, gibt ihm «einen Mantel, den er nicht mehr trug», dazu fünf Mark, auch noch fünf Groschen für die Heimfahrt, bringt ihn an den Bus, lädt ihn ein, in drei Tagen wiederzukommen, er werde ihm dann wieder etwas geben können. Aus Stuttgart kommt dazu ein Brief von einem der Mächtigen auf dem Büchermarkt, Gustav Kilpper, Chef der Deutschen Verlagsanstalt, für uns damals das Haus André Gides: Die soziale Komponente –, woran arbeiten Sie? Unser Mann in Berlin ... wird sich in den nächsten Tagen mit Ihnen in Verbindung setzen.

Es war ein flüchtiger Kontakt, er brach bald wieder ab. Auch die Lesung im Funk war nur eine Episode. Ich hatte sie nicht mal hören können. Werner Milch traf ich erst ein halbes Jahr danach, Mitte Februar, in Berlin. Ich notierte: «12^h Dr. Milch Café Schmidt». Ich hatte mich nicht mehr daran erinnert. Nach dem Krieg, 1947, las ich, er war als Komparatist vom King's College an der University of London nach Marburg berufen worden. Ich hätte ihm schreiben, ihn anrufen, zu ihm fahren sollen. Aber da war ich in Hamburg und gerade auf dem Sprung zum Urlaub an den Bodensee, spielte mit dem Gedanken, meine Zelte abzubrechen, Marburg zudem war weit weg. Im April 1950 war zu lesen, Milch war, seit gut einem Jahr Ordinarius, offenbar im Sinne des Worts «plötzlich», erst siebenundvierzig, in Baden-Baden gestorben. Im Germanistischen Seminar der Marburger Universität hatten ihn Wolfdietrich Rasch (Würzburg) und Richard Alewyn (nun Köln) verabschiedet.

NUN ALSO DAS PROBLEM, Fuß zu fassen. Das Minimum für eine Bleibe, fürs Essen blieb vorerst gesichert. Die Wohltäter daheim strichen mich nicht von ihrer Liste, ich durfte, obzwar nicht mehr Student, ich hatte mit keinem Wort darum gebeten, weiter mit ihrer Hilfe rechnen, ich sollte mich unbedrängt erst einmal umsehen können. Vorweg natürlich wieder in Berlin. Elisabeth W. hatte dort, schon von Heidelberg aus, vorsorglich über mich verfügt, ihre Mutter bereits in ihrer Nähe, zwischen Dahlem und Zehlendorf, seinerzeit weit draußen, Quartier für mich gemacht: Ein Eckzimmer im ersten Stock mit Schlafkoje, Dusche, Einblick in zwei sich lang hinziehende breite Straßen, bis tief in die Nacht ununterbrochener, mal sanft summender, mal dumpf brummender Verkehr, das Gefühl, ich wohne in einem leidlich komfortablen Nirgendwo, ich hielt sechs Wochen durch, ich hatte sie vorausbezahlt. Es war immer noch die Zeit der vielerorts Haus für Haus offerierten möblierten Zimmer. Was ich mir bei meinem schmalen Etat als Höhle für die Arbeit vorgestellt hatte, fand ich beim Hohenzollernplatz in Wilmersdorf, Düsseldorferstraße 1, nach hinten hinaus vier Treppen hoch, Blick über die Höfe, die Gärten zwischen all den anderen Hinterhäusern. Ein Zimmer wie ein Apartment, Untermieter gleich an der Treppe mit eigenem Eingang, an der Tür mein Namensschild, ein kleiner blecherner Briefkasten exklusiv für mich. Die Vermieter waren meine Nachbarn. Ich teilte mit ihnen Bad, WC, den Gasherd in der Küche, das Telefon. Verbrauchte, leicht zu nehmende gütige Menschen. Sie bleich, verhärmt, er Maler für kleine Gelegenheiten, er hatte den Traum von einem ihm eines Tages sicheren, wenn auch noch so bescheidenen Platz irgendwo in einem Museum nicht aufgegeben, sie, ihm still ergeben, mußte nicht darüber sprechen, half ihm duldsam, unbeirrt an sich zu glauben. Ich hatte mir viel vorgenommen. Für Wochen das Leben eines Eremiten. Der Postbote, die Frau, die in der Frühe, auch am Nachmittag die Zeitung brachte, zweimal die Schwester, sonst fand niemand zu mir herauf. Ich hatte nur meinem Blatt, auch dem Feuilleton der VOSS, dem einen, dem anderen Bekannten die neue Adresse gegeben. Ich konzentrierte mich auf mich, nahm zugleich Abstand von mir, sondierte meine Möglichkeiten. Ich hatte zuletzt, noch draußen bei Dahlem, Joseph Conrad für mich entdeckt, Almayers

Traum, den Geheimagenten, Lord Jim, den Nigger vom Narzissus, Nostromo, die Rettung, verlor mich darin, versuchte ein kleines Porträt, es war im August erschienen. Der sozial bewegte Richard Ronde ließ mich nicht los, ich wollte alsbald mit ihm zu Ende kommen. Ich übte mich in Autosuggestion, jeder Tag bringt mich ein Stück voran, ich habe keinen Tag zu verschenken. Ich hatte ein nur ungefähres Bild von dem, was vor mir lag. Die üblichen geheimen Hoffnungen, die üblichen stillen Erwartungen. Der Verlaß aufs Selbstvertrauen, so hoch griff ich nicht. Es war eher die Einsicht, es bleibt mir keine Wahl, ich muß es, so ja auch Hartungs Prinzip, nehmen, wie es kommt. Oder die – unreflektierte – Zuversicht, es ergibt sich. Ich dachte nicht daran, jemanden zu Rate zu ziehen. Ich verließ mich darauf, gestand es mir nicht ein, es würde wie in den drei Jahren seit der Schule das eine zum anderen kommen. Aber es wurde mir auch, wie nie vordem, in weichen Übergängen bewußt, an einem großen Ganzen teilzuhaben und daß auch ich dafür verantwortlich sei. Es war die Zeit. Ich wollte ihr nicht ausweichen, doch auch nicht zu sehr in sie hineingerissen werden. Ich hielt mich an die eigene Erfahrung. Wie ich es auch drehe und wende, ich bin auf mich selbst gestellt. Ich hatte mich daran gewöhnt.

Es war bereits Oktober. Der sechste, siebte Sonntag, seit ich in die Stadt gezogen war. Es war halb zehn. Ich war noch mal ins Bad gegangen, rasierte mich. Die Frau des Malers trat an die Tür, sie klopfte zaghaft, klopfte noch einmal. Telefon. Eine Dame. Ihr Mann schlurfte in die Küche, der Anruf hatte ihn gestört. Die Sonne brannte nah und warm wie im August in sein Atelier hinein. Ein Nachsommertag. Elisabeths Mutter. Ich hatte es geahnt. Ich hatte ihr unlängst erst geschrieben, ihr ein weiteres Mal gedankt. Es ist so schön heute. Ihre so sanfte Liebenswürdigkeit. Es gibt Fisch. Sie mögen doch Fisch. Und: Nur Sie. Nur wir und Sie. Um eins. Nicht später. Ich fuhr gerne wieder einmal hinaus.

Ich hatte sie anders in Erinnerung. Das geräumige gepflegte Haus, sie kamen mir darin, nur sie und er, wie verlassen vor. In der Tat, sie war schön, sie strahlte, sie wußte das. Er neben ihr grau, unscheinbar, ein Mann, den sein Amt, der sich selbst in die Pflicht nahm. Sie fragte, wie ich so lebe. Ich verstand, sie stellte sich vor, ich lebte so dahin. Ich hörte den Unterton, es war ihr nicht geheuer. Ich hatte Lust, ihr zu sagen, besuchen Sie mich mal. Für ihn, den Hausherrn, Ministerialdirektor im Reichswirtschaftsministerium, war ich vorweg der Freund ihrer Tochter. Er nahm sie hin, das kannte ich schon, so nahm er auch mich hin. Ihm war fremd, was sie trieb, genauso fremd, was ich trieb. Sie kennen Papen? fragte er. Er hatte gelesen, daß der neue Kanzler de facto der Herr meines Blattes war. Er nimmt an, überlegte ich, bei der Zeitung kennt man sich, das ist wie bei einer Familie. Anders als bei einer so hohen Behörde wie seinem Ministerium. Doch was wußte ich davon? Er war ein Mann Brünings, aber nicht mit ihm untergegangen. Sein Nachbar, gleich nebenan, in einem zum Verwechseln ähnlichen ansehnlichen Beamtenhaus, residierte einer der Papen-Barone, der neue Finanzminister Graf Schwerin-Krosigk. Er ist sehr sympathisch, sagte sie. Elisabeths Nebenvater blickte kurz, wie ungehalten, zu ihr hin, es schien ihm deplaziert. Ich habe Papen nie gesehen, ich bin nur ein Mitarbeiter seiner Zeitung. Ich hatte sagen wollen, unserer Zeitung, verschluckte es. Keine Frage, sie hatte sich Gedanken gemacht, ob sie nicht etwas für mich tun könne, sie zog auch ihn ins Gespräch. Ein Name fiel, er sagte mir nichts: Hans Schäffer. Schäffer mit zwei f. Er war bis vor kurzem Staatssekretär im Ministerium des Nachbarn. Vor kurzem, das war Ende Mai. Er ging mit Brüning. Sie kennen ihn nicht? Es klang wie: Wen kennen Sie denn? Sie gab die Stichworte. Ein bemerkenswerter Mann. Chef bei Ullstein. Der Generaldirektor, sagte er. Sie dazu: Sie sollten ihn kennenlernen. Darum also rief sie an. Sie wollte mir helfen. Ihrer Tochter zuliebe? Mit ihr, ich war sicher, hatte das nichts zu tun. Sie sagte mir mal: Lieben Sie sie? Sie kommt auf ihren Vater, sie frißt Sie auf. Dabei lächelte sie, es sollte ein Scherz sein. Ich ließ offen, was ich davon hielt. Ich sah, wie das ablaufen würde. Ich trete ins Vorzimmer des so mächtigen Mannes, habe mich zu gedulden, nach einer Viertelstunde, wenn ich Glück habe, in einer halben Stunde hat er ein paar Minuten für mich, ich will nichts von ihm, doch das darf ich ihm nicht sagen, für ihn bin ich jemand, der etwas von ihm will. Ein Pokerspiel, das hätte seinen Reiz. Nur, ich wäre nicht der Partner für ihn. Man kennt mich da, sagte ich. Ich weiß nicht. Sie ließ es nicht gelten. Beim Kaffee, sie war mit mir ein paar Minuten allein: Bitte, rufen Sie ihn an. Ich habe ihm schon gesagt, daß Sie ihn anrufen würden.

Das riesige Zeitungshaus Kochstraße Ecke Friedrichstraße. Ich ging da schon seit einer Weile ein und aus. Die VOSS-Redaktion, Monty Jacobs, Chef des Feuilletons, wie Alfred Kerr, wie Herbert Ihering legendärer Großkritiker Berlins, waren mir schon fast so vertraut wie mein Blatt, das Haus, die Redaktion in der Puttkamer nur eine Straße weiter. Nun ging es mit dem Paternoster, erinnere ich mich recht, hoch hinauf zur Direktionsetage. Es war da doch anders als ich es mir ausgemalt hatte. Ich mußte keine drei Minuten warten. Ich stehe vor einem mittelgroßen kompakten machtgewohnten Mann Mitte, Ende vierzig. Ich bin im Bilde. Er muß es nicht sagen, er gibt es zu erkennen. Auch: Was kann ich für Sie tun? Ich konnte nicht sagen: Nichts. Geschweige: Ich hörte soviel von Ihnen, ich wollte Sie nur kennenlernen. Dagegen wäre nichts zu sagen. Ihm wie mir fiel nichts ein.

Zwei, drei Tage danach auf der Redaktion. Ich biege in ihren Flur ein, Monty Jacobs, hochgewachsen, Mitte fünfzig, tritt in diesem Moment aus seinem Zimmer. Er bleibt, als habe er etwas vergessen, stehen, hält mich an. Was gab es? fragte er. Schäffer, so mußte es kommen, hatte ihn auf mich angesprochen. Ja, was gab es? Nichts. Nein, nichts. Freunde von mir …

Das interessierte ihn nicht. Er fragte nun nur noch: Sie wollten zu mir? Von einer Chance, an die Elisabeths Mutter gedacht haben mochte, versprach ich mir nichts. Chance gleich Sicherheit. Natürlich, ich wünschte sie mir, sie fiele mir schon eines Tages zu, ich sagte mir, es war mein Ernst, ich habe Zeit.

Von Schäffer hörte ich nichts mehr. Irgendwann später las ich, sein Name blieb mit den großen Finanzaktionen der Jahre davor verbunden: Young-Plan, Internationaler Zahlungsausgleich, Banken-Krise 1931, Auslandsmoratorium, Haushaltsausgleich, Aufhebung der Reparationen. Verlagsboß blieb er nur knapp ein Jahr. Nach dem Kriege vermittelte er im Auftrag der UNO bei der Gründung des Staates Israel, war Berater der schwedischen Delegation zur Londoner Schuldenkonferenz, sollte schließlich, schon über siebzig, als Nachfolger Leo Baecks das Präsidium des Council of Jews from Germany übernehmen. Auch Monty Jacobs war eines Tages nicht mehr da. Er hatte, da ich ja vom Rhein käme, als letztes es mir überlassen, einen Roman zu besprechen, der zur Zeit der amerikanischen Besetzung in Koblenz spiele. Titel: «Die Wandlung der Susanne Dasseldorf». Joseph Breitbach, der Autor, war für mich ein neuer Name. Bei seinem Debüt mit einem Band Erzählungen («Rot gegen Rot»), er war zunächst in Moskau erschienen, war ich gerade erstes Semester. Nun sein zweites Buch, es lag noch nicht vor, aber schon tags darauf kam Breitbachs Anruf, irgendwer, wer wohl, hatte ihn informiert. Auch das war neu für mich. Die Stimme sehr liebenswürdig, sehr selbstsicher. Er hatte es eilig, drängte. Er erhoffe sich die Besprechung noch für Dezember. Er nannte noch einmal seinen Namen: Joseph Breitbach. Joseph mit ph. Hotel Eremitage, die Telefonnummer, Sie haben vielleicht mal eine Frage. Schlüterstraße 54. Glasierter roter Backstein. Ein ganz besonderes Haus, es ist nicht zu übersehen. Auch Gide wohnt hier. Er ist oft in Berlin. Es mag sein, davon war erst etwa Mitte Dezember die Rede, die Rezension lag da tatsächlich bereits vor, und er sprach von Schlumberger, Jean Schlumberger. Er und Gide, er verwies darauf, haben die *nrf*, die «Nouvelle Revue Française», gegründet, doch das wußte ich natürlich, ich war ja im Jahr davor ein paar Wochen in Paris gewesen. Er sprach von Jean Cocteau, seinem Freund Cocteau. Sie waren alle seine Freunde. Auch Julien Green. Er war nur drei Jahre älter als er, nahezu seine Generation. Ich kannte alles von ihm, soweit es schon deutsch vorlag: die Romane «Mont-Cinère», «Léviathan», «Adrienne Mesurat», die «Frankfurter Zeitung» hatte erst jüngst, Ende Juli bis Mitte September, ihn wieder, laut Vorspann «Frankreichs größten Romancier seit Flaubert», mit seinem neuen Roman «Epaves» («Treibgut») vorgestellt. Auch er wie schon Benn, wie nun Breitbach, war Autor des Gustav Kiepenheuer Verlags Berlin W Kantstraße 10, nur ein Sprung vom Bahnhof Zoo. 1909, nur ein Jahr nach Rowohlt (in Leipzig), in Weimar gegründet, seit drei Jahren auch er in Berlin. Er war der Verlag der neuen Namen: Anna Seghers mit dem «Aufstand der Fischer von St. Barbara» (Kleistpreis 1928), Joseph Roth, sein Durchbruch mit den Romanen «Hiob», «Der Radetzkymarsch», Hermann Kesten, er war mir ja bereits vertraut, mit noch nicht dreißig der das Programm bestimmende Lektor des Hauses, seine Romane «Josef sucht die Freiheit», «Ein ausschweifender Mensch» waren Fanale der Neuen Sachlichkeit.

Es war später November. Die Tage wurden stetig kürzer, die Abende begannen schon am Nachmittag, sie wurden stetig länger. Das Jahr geht allmählich zu Ende, die Stimmung, sich Fragen zu stellen. Das Bild der Mutter in der Küche über ihrem kleinen dünnen Heft für die laufenden Ausgaben, für das, was ihr jeweils noch geblieben war. Ich überschlug, was ich mir den Sommer hindurch und danach erschrieben hatte. Es hätte nicht mal für die Miete gereicht, das verlängerte Darlehen plus kargem Handgeld verschleierten, wie es mit mir stand. Mein Blatt war ein Notbehelf gewesen, sein Etat für die

Honorare der freien Mitarbeiter keine Basis für eine auch nur halbwegs gesicherte Existenz, doch es hatte mir – für Berlin – den Start ermöglicht. Elisabeths Mutter ging nicht fehl, sofern sie bei ihrer Frage, wie ich so lebe, wohl meinte, ich lebte in den Tag hinein. Berlin blendete mich. Ich sah es als eine Stadt, in der nichts unmöglich war. Unkonventionell, sie ersparte, kam es darauf an, die andernorts unumgänglichen taktischen Manöver, beschwerliche, überflüssige Umwege. Ich ging wie im Oktober drei Jahre zuvor zur Puttkamerstraße wieder den direkten Weg. Ich fuhr gegen elf die von mir aus vier Stationen zum Nollendorfplatz, von da waren es nur wenige Minuten zur Bülowstraße 90, die Wagen der hier hochgelegenen U-Bahn rollten mir vom Gleisdreieck entgegen und über mich weg, ich hätte mir hier nur im äußersten Notfall ein Quartier gesucht. Neben der Toreinfahrt, schwarz auf weiß, das emaillierte Firmenschild wie für einen Rechtsanwalt, einen Augenarzt: S. Fischer Verlag. Ich ging über einen kahlen leeren Hinterhaushof, rechter Hand ein unauffälliger Parterreeingang: die Anmeldung. Ich fragte nach Dr. Kayser, Dr. Rudolf Kayser, nannte meinen Namen, setzte ihn auch auf den Besucherschein. Die zweite oder dritte Tür daneben führte ins Wartezimmer. Niemand wartete da schon oder noch, ich war allein. Ein schon eingedunkeltes wie gegen draußen abgeblendetes Tageslicht. Eine stille Kammer der Erinnerungen. Ein Hauch von einem Mausoleum. Die Zeit schien stehengeblieben. Über eine ganze Wand die Fotos der Autoren. Ich suchte sie der Reihe nach ab: von Gerhart Hauptmann, Thomas Mann bis Manfred Hausmann, Kurt Heuser, vielleicht noch Herbert Schlüter, der seinem Erstling mit einundzwanzig, den Erzählungen «Das späte Fest», keine weiteren Titel folgen ließ.

Ein Moment der Ernüchterung. Ich fragte mich, warum ich hergekommen sei. Nach einer Viertelstunde saß ich Rudolf Kayser gegenüber. Ein Mann wie um die Fünfzig, er war noch nicht Mitte vierzig. Dichtes dunkles, noch kaum angegrautes

Haar. Ein Anflug von Schwermut, dabei ein gütiges ermutigendes Lächeln. Ich ahnte nicht, daß er nur noch auf Zeit an seinem Schreibtisch saß. Sein Vertrag war schon ausgelaufen, der Nachfolger – Peter Suhrkamp – bereits seit dem Sommer verpflichtet: Zehn Jahre Verantwortung für die auch dank ihm hochangesehene «Neue Rundschau», die Monatsschrift des Hauses, er mochte sich von ihr wie allgemein von seinem Verlag nicht trennen. Doch davon sprach er nicht, er ließ nicht im mindesten erkennen, wie die Situation für ihn war. Ich war ohne Plan zu ihm gegangen. Möglich, ich wollte ihn auf Musil ansprechen, der zweite Band des «Mann ohne Eigenschaften» war angekündigt, er wurde noch für Dezember erwartet. Es schien, er wußte nicht, daß ich mich mit ihm beschäftigt, den ersten Band besprochen hatte. Er sagte nur: Ich bin sehr gespannt. Ich hörte heraus, er werde auch, was nun noch kommen werde, wie den ersten Band, in seiner «Rundschau» besprechen. Was ich gerade mache? Ich nannte Breitbach, seinen Roman zur Rheinlandbesetzung. Die «Vossische Zeitung» bringt eine Besprechung von mir. Breitbach? Wie lang? Sechzig, siebzig Zeilen. Schreiben Sie auch für uns etwas. Wir haben nicht soviel Platz. Dreißig Zeilen. Das war mehr als ich erwartet hatte. Ich nannte Kurt Heuser. Einen ihrer Autoren. Er war mit seinen Afrika-Geschichten ins Gespräch gekommen. «Elfenbein für Felicitas», «Die Reise ins Innere». Titel, die es mir angetan hatten. Der neue Titel: «Abenteuer in Vineta». Bitte, gerne. Ich nannte auch noch Rudolf Brunngraber. «Karl und das XX. Jahrhundert». Auch einer der neuen Autoren. Kayser griff auch das auf. Ich war zufrieden, es schien mir genug. Kayser nur noch: Machen Sie das bald. Wie wollte ich darauf kommen, daß es seine letzten, einige seiner letzten Dispositionen wären? Der Hinweis auf Breitbach erschien gleich im Januar-Heft. Für Heuser, den Hausautor, im Band darauf gab es mehr als viermal soviel Platz. In diesem Heft war auch Kaysers Studie «Stendhal oder Das Leben eines Egoisten» angezeigt. Mit ihr vornehmlich blieb sein Name verbunden. Anlaß war Stendhals 150. Geburtstag am 23. Januar. Im März-Heft stand der Hinweis auf Brunngraber sowie des Herausgebers Wort zu Band 2 des «Mann ohne Eigenschaften», er nannte die bis dahin 1700 Seiten «dieses geistigste Romanwerk unserer Zeit». Es war das letzte Heft, für das er verantwortlich zeichnete.

DIE LETZTEN WOCHEN 1932, die ersten 1933. Von Samstag zu Samstag zweimal achtundzwanzig Tage das Interregnum des Generals von Schleicher. Für die einen kaum mehr als eine Atempause nach einem verwirrenden halben Jahr, das nichts gebracht, im Endeffekt allein das Heer der Arbeitslosen um weitere nahezu zwei Millionen hatte anschwellen lassen, für die anderen nochmals ein Anlauf, die Lage zwischen den Tag für Tag bedrohlicheren Extremen zu entspannen, das Land doch noch aus seinem sich schon über Jahre hinziehenden Tief hinauszumanövrieren. Ein ziviler, zudem disziplinierter Soldat, der es noch einmal richten könnte. Es drängte ihn nicht auf die Straße, er mied sie. Es war bald das einzige, was für ihn sprach. Nahm ich wahr, was vorging? Ich mochte mir wie so viele nicht vorstellen, wie es kommen könnte. Ich setzte auf die Mitte, die es nicht mehr gab. Ich verstand sie als Regulativ, sah sie als unentbehrlich an, vertraute darauf, es ginge, wie auch immer, nicht ohne sie. Mein Leben veränderte sich, ich bemerkte es nicht. Auch nicht, daß es für uns alle Wochen des Übergangs waren. Ich war aus meiner Höhle herausgekrochen, zog mich aber auch gerne wieder in sie zurück. Eine Spannung, die nachließ, sich steigerte, als stünde ich wieder, nun neu, am Anfang. Eine Stimmung, wie wenn ich nun erst wirklich aufbräche, nicht mehr, hielte ich durch, umkehren könne. Neue Kontakte, unerwartete Begegnungen. Ich begann, festzuhalten, wen ich traf, wen ich anrief, mit wem ich verabredet war. Ich entdeckte für mich Sinn und Nutzen des

Notiz-Kalenders (1 Woche auf 2 Seiten). Pedanten tragen derlei bei sich, Lehrer, Beamte, ich hatte es verschmäht, auf irgendeine Weise, wozu auch, Buch zu führen, bloß der Mutter hatte ich es zugestanden. Nun gehörte das unauffällige kleine Merkbuch fürs laufende Jahr zu meinem Handgepäck wie der Schlüsselbund, das Taschentuch, der Kamm, der Schreibstift. Ich begann damit, als hätte ich, was alsbald unabwendbar über uns käme, vorausgewittert, Januar 1933. Die erste Notiz am 3. Januar, dienstags: 12^{h} Kiepenheuer Verlag. Tags darauf vermerkte ich: 12^{h} Loerke S. Fischer Verlag anrufen. Oskar Loerke, der Lektor des Hauses, Rudolf Kayser hatte das angestoßen. Am 5. 1.: Deidesheimerstraße (Südwestcorso): Atelier mit Bad, Küche, Wohnraum 35,– RM. Erwog ich einen Umzug? Es war verdächtig preiswert, würde ein Bluff sein, ich denke, ich verwarf es. Die nächste Notiz erst am 11. 1.: 12^{h} Vossische Zeitung. Kein Hinweis auf besondere Ereignisse. Nur Stichworte, um mich eines abgesprochenen Termins zu vergewissern, um nicht zu vergessen, wann genau ich wo erwartet wurde oder zu erscheinen hatte. Kiepenheuer hieß für mich Hermann Kesten. Wen sonst sollte ich dort kennen? Keinerlei Bezug zu Benn, zu Breitbach, nicht mal über sie, durch sie der Versuch einer Tuchfühlung. Nicht ganz drei Wochen danach, am 22. Januar, einem Sonntag – mittags war ich wieder einmal zu Tisch in Dahlem gewesen –, ein Vermerk zu einem anderen Autor, dem nun unbestrittenen Star des Verlags: 6^{h} Joseph Roth (Mampe: Ku'damm, nahe Uhlandstraße). Wohl dank Kesten war ich zu seiner Runde gestoßen: Die Freunde wußten, sie könnten ihn hier jederzeit, bis tief in die Nacht, treffen. Hier tafelte er, arbeitete er. Er saß, die Wand im Rücken, links ein Paravent, der ihn ein wenig abschirmte, immer auf demselben Platz. Wer sich dazusetzte, mußte nicht befürchten, er störe ihn. Er ließ sich nicht stören, aber es wäre auch niemand, der nicht dazu gehörte, darauf verfallen, sich wie an irgendeinem Tisch dazuzugesellen. Er hielt nicht Hof, aber man konnte glauben, er halte Hof. Er war wie selbstverständlich der Mittelpunkt. Niemand hätte ihm den – ich glaube – großen runden Tisch mit dem Blick zum Eingang streitig gemacht. Er hatte ihn, ohne Vertrag, in Erbpacht genommen. Mal führte dieser, mal jener das Wort, er hörte zu oder er schaltete ab, schrieb einen Brief, ein Feuilleton, skizzierte, was ihm durch den Kopf ging.

Mampe: Bar auch für den Tag, Likörstube, eine gepflegte noble Boulevard-Rast, das gedämpfte Licht, die fast private Atmosphäre waren Roth angemessen, wie für ihn entworfen, eingerichtet. Es lag an ihm. Das andere Mampe nahe der Gedächtniskirche auf derselben Seite des Kurfürstendamms ähnelte ihm nur, glich ihm nicht. Da dominierten die verwöhnten Damen, die austauschbaren Kavaliere.

Den Tag danach zwei Termine: Ab 11^{h} Dr. Hesse, darunter Dr. Sinsheimer. Die letzte Januarwoche 1933. Otto Ernst Hesse, aufgeschlossen, immer zu einem Versuch bereit, verantwortlich für die Kultur in der populären Mittags-«B. Z.» – in ihr sah ich ja zuerst die Nachricht vom Tod Friedrich Gundolfs –, ließ mich einige «Junge Männer von heute» porträtieren. Junge Mädchen von heute hatte er schon vorgestellt. Mein erstes Modell ein Co-Abiturient aus München-Gladbach. Wir hatten uns – nach fast vier Jahren – rein zufällig auf der Friedrichstraße getroffen. Er hatte einen guten Posten bei der Thuringia-Versicherung. Er hatte Freude am Gespräch mit mir, er genoß es, daß ich ihn interviewte, sprach gerne über sich, über seine Arbeit. Er war für mich das Musterbeispiel des «korrekten Angestellten». Das nächste Modell: Ein Hasardeur. Er erprobte seine Möglichkeiten, schloß sich der *NSDAP* an, fand bei ihr nicht, was er gesucht hatte, trat wieder aus. Fall 3: Ein Amateur. Früh promovierter Volkswirtschaftler, Bankmann, für alles, was sich bietet, offen, experimentierfreudig, ihm gehört die Welt. Das sollte gleich, wie die Mädchenporträts, als Serie erscheinen. Ich sollte lange darauf warten, schrieb es, als der neuen Lage nicht mehr angemessen, ab, scheute mich, daran zu erinnern, vergaß es. Sinsheimer, Hermann: Hesses Kollege beim «Berliner Tageblatt». Keine Erinnerung, was er mit mir, ich mit ihm besprach. Dienstag, Mittwoch wieder Joseph Roth: Ein Anruf bei ihm 12.15 Uhr, einmal, um 1^h, ging er mit mir ein Stück, über die Leibnizstraße hinaus, den Kurfürstendamm hinunter, wir kehrten um und gingen ein zweites Mal ähnlich weit Richtung Halensee. Ein väterliches Gespräch, ich bedachte nicht, daß ich nur sechzehn Jahre jünger war. Welterfahrung, Geduld, seine Parole: Tun Sie sich um. Wie er schreibe, seit wann er schreibe. Ich wollte über ihn, nicht über mich sprechen. Ein Satz blieb hängen: Ich kann mich nicht erinnern, wann ich mal nicht geschrieben habe.

Das war mittwochs. Am Donnerstag war ich, als müßte ich, ehe der Monat zu Ende ginge, auch das noch hinter mich bringen, bei Ernst Heilborn, wieder nicht weit vom Nollendorfplatz, in der Genthiner Straße, sie führt geradenwegs zum Landwehrkanal. Ein stiller nobler Herr. «Die Literatur», seine «Monatsschrift für Literaturfreunde», hieß anfänglich, 1911 bis in die zwanziger Jahre, «Das literarische Echo». Das war sie gut zur Hälfte geblieben. Hier fand ich zuverlässig registriert, was literarisch angefallen war. Jeden zu vermerkenden runden Geburtstag, wohl jeden Tod, der eine Lücke riß, wo und von wem das kommentiert war. Das Echo der Zeitungen, das Echo der Zeitschriften, das Echo der Bühnen, das Echo des Auslands. Bulletins im Großformat, sie lagen in jeder Stadtbibliothek auf, schon das sprach für ihren Kurswert, mir schien es ein Pendant zur Börse, so ähnlich mochte ich sie mir vorstellen, ich verstand nichts davon. Auch hier hatte ich mich nicht angesagt. Es war, auch so ließ es sich bisweilen sehen, in manchen Bereichen noch eine höfliche Zeit. Heilborn, ich schätzte ihn auf Mitte sechzig. Er war keinen Tag jünger. Auch hier, wie bei Rudolf Kayser, der Anflug von Melancholie, von Resignation. Ein Porträt Kurt Heusers? Warum nicht? Mein Vorschlag wurde akzeptiert. Zum Wochenende trug ich für den Vortag, Freitag, den 27. Januar, ein: «9^h abends zu Dr. Musil.» Ich hatte es nicht vorausnotiert. Es hatte sich, völlig unerwartet, buchstäblich über Nacht ergeben. Frühmorgens, ich saß noch beim Kaffee, las die Zeitung, ein Anruf von Ernst Rowohlt, Musils Verleger in der Passauerstraße, nach der Gedächtniskirche die dritte Straße rechts von der Tauentzien. Heute? Rowohlt nahm an, ich wüßte, daß Musil in Berlin sei. Incognito, total incognito. Er übertrieb nicht. Musil war vor über einem Jahr, gegen Ende November 1931, ich lebte mich gerade, nach den Ferien, in Heidelberg ein, von Wien über Frankfurt nach Berlin übergesiedelt. Ich wußte da noch nicht, wie vertraut ihm unsere Hauptstadt war, wußte noch nichts von seinem Studium hier sechs, acht Jahre vor dem Krieg, von seinen wiederholten Besuchen in den zehn, zwölf Jahren danach, «ich ging schließlich», resümierte er später, «nach Berlin, weil dort die Spannungen und Konflikte fühlbarer sind als in Wien». Das betraf genau diese Zeit. Niemand, selbst Rowohlt nicht, als ich von ihm den weiteren Band des «Mann ohne Eigenschaften» erbat, hatte mir ein Wort gesagt. Nun direkt, als hätte ich schon darauf gewartet: Heute, ja. Um neun. Kurfürstendamm 217, Ecke Fasanenstraße. Pension Stern. Es war absurd. Keine fünfhundert Meter Luftlinie diagonal gegenüber Joseph Roths Mampe, niemand in der Runde dort schien etwas von dem großen Kollegen auf der anderen Seite unseres Boulevards zu wissen. Ich konnte ihm da schon mal begegnet sein, es war durchaus möglich, wir waren wildfremd aneinander vorbeigegangen.

Es war die Zeit für die letzte Kinovorstellung, fürs Theater schon zu spät, ich ging sonst selten noch am Abend aus. Die Fasanenstraße berührt sich da fast mit meiner Düsseldorferstraße, der Hohenzollernplatz stoppt sie, sie endet hier, die andere fängt dort mit dem Haus, in dem ich wohnte, an. Ich machte mich beizeiten auf den Weg, verfrühte mich, mir blieben noch sechs, sieben Minuten, ich ging zweimal bis zur Ecke Uhlandstraße und wieder zurück, mir fiel nichts mehr ein, was ich Musil fragen könnte. Ja, was würde ich ihn fragen? Ich stieg eine kurze Treppe und noch einige wenige Stufen hoch, die Pension lag im Hochparterre, ich wurde zu einem nach rückwärts gelegenen Appartement, vermutlich mit Blick in einen Garten oder nur in einen kahlen Hof, geführt, trat in einen kleinen Vorraum, Martha, Musils Frau, geschiedene Marcovaldi, hatte bereits auf mich gewartet, sie begrüßte mich. Eine auf den ersten Blick herbe, sehr ernste Frau in Schwarz, schwarze Haare, bleich, Augen, die mich einstuften, prüften. Musil saß an seinem Schreibtisch, erhob sich, wies auf den ihm seitlich zugewandten Stuhl, wir setzten uns. Seine Frau blieb, sie wollte sich wohl nur ein Bild von mir machen, links halb hinter mir stehen. Nach einer Weile zog sie sich, ohne ein Wort dazu, zurück. Ich sah sie nur diese sechs, sieben, kann sein zehn, zwölf Minuten. Gut vierzehn Jahre danach, im September 1947, schrieb sie mir aus Rom, es war ihr erster Brief: «Ich kann mich sehr gut an Sie erinnern, an Ihre Aufsätze und an den Besuch in der Pension am Kurfürstendamm.»

Auch mir war der Abend bis dahin all die Zeit gegenwärtig geblieben. Ich sehe mich noch um zehn, halb elf wie verloren wieder auf der Straße. Es zog mich nicht anderswohin, wen würde, was ich Musil gefragt, was er mir dazu gesagt hatte, schon interessieren, aber ich war sicher, ich würde mich noch lange an jedes Wort an diesem Abend erinnern. Eine Ewigkeit danach, Ende September 1978, erfuhr ich, von Studenten an der Münchener Universität dezidiert dazu befragt, es war über fast fünfzig Jahre ein doch zu weiter Weg der Rückerinnerung. Es sei verrückt, gestand ich, ich wüßte nicht zu sagen, über was de facto, über was im einzelnen damals in Musils Pension gesprochen wurde. Ich hätte mir während des Gesprächs keine Notizen gemacht, es nicht gewagt, es war ja kein

Interview, aber ich redete mir ein, und glaubte es auch in diesem Augenblick, ich hätte mich gleich hinterher zu ein paar Stichworten in ein Café gesetzt.

Es war nicht die einzige Irritation. Wann nur war ich bei Musil, wann genau? Ich blieb dazu seltsam auf einen Tag gegen Ende 1931 fixiert. Ich hatte, noch zu Musils 100. Geburtstag am 6. November 1980, den persönlichen Kontakt mit ihm in einer zeitszenischen Verkürzung, wie ich es mir am Ende zu erklären versuchte, eben allein auf das Jahr 1931 projiziert. Ich behielt, denke ich, von mir das Bild des Studenten, als der ich, Anfang 1931, von Berlin aus den Weg zu Musil in Wien gesucht hatte. Ich sah das wohl auch alles im Zusammenhang mit meinem ersten kritischen Versuch über ihn Ende 1931. Mein Vermerk vom 27. Januar 1933 war mir entfallen. Ich stieß auf ihn, eher zufällig, erst wieder gegen Ende Juni 1982, erinnerte mich nun aufs neue an den in meinem Gedächtnis wenn auch nicht vergessenen, so doch wie gelöschten Abend: «Notizkalender 1933–35 durchgesehen, Überraschung: 27. Januar 33 ‹9 Uhr abends zu Dr. Musil›». An seinem Bild, wie es sich mir bei dieser ersten und einzigen Begegnung eingeprägt hatte, gab es nichts zu korrigieren: «Der Mann, vor dem ich saß, war frei von jeder Attitüde, alles andere als ein Großschriftsteller, dem sein Mißtrauen, sein Spott gegolten hatten, betont diszipliniert, streng, abgemessen bis in die Bewegung der Hand, ein Mann von natürlicher, beiläufiger Selbstkontrolle, nicht jemand, der für sich beanspruchte, recht zu haben, es besser zu wissen. Auch nichts von pädagogischer Gestik.»

Den Tag darauf, ich hatte bis tief in die Nacht gelesen, wieder ein, zumal am Sonnabend, ungewohnt früher Anruf. Eine Stimme, die ich nicht kannte, ich war nicht auf sie vorbereitet, sie schien mir indes, als ich hörte, wer es war, vertraut: Suhrkamp. Kurz angebunden wie vor Jahren bei meinem ersten Anruf Gottfried Benn. Nur: Benn. Nah, geradezu. Er sagte nicht, wir sollten uns einmal unterhalten, aber so klang es. Ich konnte glauben, es sei so abgesprochen, und er komme nun darauf zurück. Oder er setzte voraus, und so empfand ich es, nichts sonst, als aus dem Stand zu ihm zu eilen, könne mir an diesem Morgen so wichtig sein. Ich stürzte nach nebenan ins Badezimmer, rasierte mich, steckte den Kopf noch für zwei, drei Sekunden ins Waschbecken, indes die U-Bahn am Hohenzollernplatz fuhr mir vor der Nase weg, die vier, fünf Minuten, bis die nächste Richtung Gleisdreieck aus dem Tunnel an den Bahnsteig rollte, nahmen kein Ende. Abends notierte ich: «10^{h} zur *N. R.*» – zur «Neuen Rundschau». Peter Suhrkamp – im Impressum ab April nannte er sich gemäß dem zweiten seiner Vornamen Johann Heinrich: H. Suhrkamp – war, wenn auch offiziell nach wie vor Rudolf Kayser als verantwortlich zeichnete, de facto seit Anfang des Jahres ihr neuer Herausgeber. Doch dazu kein Wort. Er fragte nicht mal: Was machen Sie? Pläne? Der erste Eindruck wie bei seinem Anruf: Eine wie selbstverständliche Nähe. Sie sollten mal etwas Größeres schreiben. Ein Porträt. Er fragte mich nicht ab, was mich interessieren könnte. Er nahm es mir ab, mir dazu Gedanken zu machen. Eine für mich neue Erfahrung. Jemand, der mir eine Aufgabe stellte. Mir war in den zwanzig, dreißig Minuten gleich, welche Aufgabe. Ein Porträt, wie das Kurt Heusers für Heilborn, das traute ich mir jederzeit zu. Suhrkamp hatte keine Liste zur Hand, die er mit mir durchging. Dwinger. Nur er, so verstand ich ihn, schien ihm lohnenswert: Edwin Erich Dwinger. «Die Armee hinter Stacheldraht», «Zwischen Weiß und Rot». Ich hatte noch in keinen seiner von Auflage zu Auflage kletternden Berichte vom Krieg in Rußland, von den Schrecken danach hineingesehen, aber natürlich von ihnen gehört. Ich wußte, sie waren ein Buchmarkt-Hit, er ein Erfolgsautor, Anfang dreißig, am Rande der literarischen Szene. Er war, wie Remarque, Jahrgang 1898, wie der neun Jahre ältere Renn 1928, 1929, 1930 eine andere Art von Literatur. Es war zu verstehen, daß Suhrkamp, zwei Jahre jünger als Renn, für einen Versuch mit mir Dwinger den Vorzug gab, es war auch seine Generation. Eine Randfigur? Wenig mehr als ein Jahr vordem hatte das elitäre Freie Deutsche Hochstift im Frankfurter Goethehaus den Chronisten des Kriegs und des sich anschließenden Bürgerkriegs in Sibirien wie Robert Musil, eine Woche nach ihm, zu einer Dichterlesung eingeladen. In seinem Jahrbuch 1932/33 wurde es registriert: «Die drei Einzelabende leitete Herr Dr. Robert Musil am 17. November 1931 mit einer Vorlesung aus eigenen Werken ein, weiter las am 24. November Herr Edwin Erich Dwinger und am 1. Dezember Herr Dr. Manfred Hausmann gleichfalls eigene Dichtungen.»

Die letzte Januarwoche. Zwei Telefonate, zwei Begegnungen mit Joseph Roth, der späte Abend bei Musil, der Anruf Peter Suhrkamps und das erste Gespräch mit ihm, tags darauf, sonntags, mit der Berufung auf Roth, ein Brief an Heinrich Simon, den Verleger der «Frankfurter Zeitung». Mittags war ich, wie durchweg am Wochenende, bei Elisabeths Mutter in Dahlem, drei Tage davor Antrittsbesuch bei Familie P. in Eichkamp beim Grunewald, ein Kontakt, den ich auch der Kommilitonin in Heidelberg verdankte. Kein Gedanke, am Montag bräche eine neue Zeit an. Der Maler hatte es mir prophezeit, er bedauerte mich gewiß, daß ich es nicht spürte, selbst seine Frau lebte sichtlich, wie von einem Druck befreit, auf, der Ausdruck des Verzichts in den Augen, um den Mund wich dem einer stillen Hoffnung, als löse sich die Spannung ihrer alltäglichen Sorgen oder gar ihrer Angst, aber da sie nie davon sprach, schien sie nun nur noch milder, noch gütiger. Auch bei Suhrkamp, so hätte ich glauben können, nicht der Schimmer einer Ahnung, womit schon nach dem Wochenende unausweichlich, durch nichts mehr aufzuhalten, zu rechnen wäre. Nach meinen Notizen stand am Montag, am Dienstag, den beiden letzten Januartagen, die Zeit still, gab es nichts zu vermerken. Die Frau des Malers kam am 30. abends zu mir herüber, holte mich ans Radio. Wie ich lebte, war ihr nur zu vertraut. Ich las, was geschah, erst tags darauf in der Zeitung oder ich sah es hin und wieder, wenn ich ins Kino ging, in der Wochenschau. Niemand rief mich an, um mich zu fragen, ob ich es schon wisse. Von der Straße war im Hinterhaus nichts zu hören. Ich hatte mir die Dwinger-Bände besorgt, das hielt mich in meinen vier Wänden. Meine Quartiergeber mußten annehmen, ich lebte an der Zeit vorbei. Ich mochte und konnte mich nicht wie sie freuen, nicht wie sie auf Wunder, auf nun endlich bessere Zeiten hoffen. Ich ging die vier Treppen hinunter über den Hof auf die Straße. Schräg gegenüber eine Kneipe der *SA*. Ein ständiges Kommen und Gehen. Aus der weit geöffneten Tür brüllten Marschmusik, Reden, platzte stoßweise anschwellender Jubel. Radio in höchster Lautstärke. Ich wich auf den Platz bei der U-Bahn aus, fühlte mich ausgesetzt, allein gelassen, es zog mich bald wieder in unser Haus, ich verkroch mich. Erst am Mittwoch, dem zweiten Tag danach, notierte ich: «Geld bei Ullstein holen.» Wohl das Honorar für den «Erzähler Julien Green» («Welt in Nacht und Schatten») in der «Vossischen», exakt vor Hitlers Aufstieg zum Kanzler. Fürchtete ich schon Konsequenzen der neuen Lage? Honorar, das ich mir schleunigst, ehe es zu spät sein könnte, sichern müßte? Wahrscheinlich eher, ich brauchte es.

Kaum noch eine Erinnerung an dieses, jenes Gespräch. Suhrkamp war für mich, wie auf den Tag getimet, der Glücksfall. Mir war durch ihn eine Aufgabe gestellt, sie hätte keinen Aufschub zugelassen, sie zog mich erst einmal für ein paar Wochen an den Ereignissen vorbei. Zu Tisch bei Elisabeths Mutter und deren Mann, das gehörte zum Programm. Und wieder einmal bei ihrem Vater, nicht weit vom Bahnhof Zoo, danach, womöglich von dem Schock für alle doch auch überfordert, vom «6–11 krank» (vom Montag bis zum Samstag), ein Zustand, den ich mir, schon da ich nicht krankenversichert war, nicht leisten konnte. Ich kam, wenn es etwas gab, zur Not auch ohne Arzt aus. Bei der Gedächtniskirche Gerdy L., einem schon längst vergessenen Flirt aus den ersten Heidelberger Tagen, betont froh verehelicht, wiederbegegnet. Das Treffen In einem nur dieses eine Mal besuchten Café Schmidt mit dem mir so wohlgesinnten Werner Milch aus Breslau, am 17. Februar ein für mehr als zwanzig Jahre letztes Telefongespräch mit Hermann Kesten, zehn Tage später brannte der Reichstag, Gerüchte, Mutmaßungen, einhellig der Verdacht, keiner rückt damit heraus, was er davon hält. Nochmals bei Ernst Heilborn, am 2. März nachmittags wieder, mit acht getippten Seiten zu je dreißig Zeilen über Edwin Erich Dwinger, bei Suhrkamp. Er überflog sie, las sie, nun langsam Satz für Satz, ein zweites Mal. Ja, sagte er. Ja. Nur, da fehlt noch was. Drei, vier Seiten. Sie finden es. Fünf Seiten. Wir sprachen allein darüber. Kein Wort zu den Wahlen drei Tage danach. Ich sah da kein Problem. Ich war sicher, wie ich, was ich wählen würde. Für mich blieb es dabei, daß noch alles offen sei. Ich konnte es mir anders nicht vorstellen.

EIN ZWEITES MAL in Eichkamp. Ein Abendessen mit der Familie. Gerda P., Elisabeth, sie hieß seinerzeit Ilse, kannten sich seit der Schulzeit, da waren sie Freundinnen, sie waren jede ihren Weg gegangen, den zur Literatur, den zur Soziologie, zur Politik, sie hatten sich mit der Zeit aus den Augen verloren. Ja, Ilse, was macht sie? Gerdas Mutter, sie sagte es so hin. Ich tat, als hätte ich es nicht gehört. Ich hatte schon gesehen, was sie lasen. Die «Frankfurter Zeitung», die «Neue Zürcher», die «Times». Ein Geschäftsmann, der sich orientiert. Teppiche, Textilien. Vater und Sohn waren Kompagnons. Sie kam vom Lande, Westpreußen, Ostpreußen, sie war, genau auf der Grenze, bei den Eltern ihrer Mutter auf einem Gut mit dem schönen Namen Adlig-Liebenau aufgewachsen, sie war, da lebten sie schon in Charlottenburg, Lehrerin gewesen. Ilse – Er schüttelte den Kopf. Wir sind Realisten, sagte er. Es war wahnsinnig, ich hatte es nicht sagen wollen, aber ich sagte es, es rutschte mir heraus: Sie ist in die Partei eingetreten. Ich erschrak, es machte mich verlegen, es war die Diktion des Tages, ich sprach nun auch schon so. Es lag erst ein paar Tage zurück. Wir waren beide auf dem Weg zu ihrer Mutter, ich kam von der S-Bahn, sie überholte mich im Taxi, ließ anhalten, ich stieg zu, es verschlug mir die Sprache, aufs Hakenkreuz hoch auf dem Kragen ihres Mantels wäre ich nicht gekommen. Was war dazu zu sagen?

Sie kam geradenwegs aus Heidelberg, sie studierte ja noch. Stets auf dem Sprung, sich für etwas zu begeistern, war es das? Die Freunde an der und durch die Universität, Juden, Liberale, sie hatte wiederholt bei ihnen übernachtet, ich hätte gewettet, Elisabeth würde sich für sie zerreißen lassen. Wollte sie vorweg nur im Mittelpunkt stehen, gelobt, bewundert werden, hatte der Rausch der Straße sie erfaßt, sie mitgerissen, wer, was hatte sie entzündet? Ich ließ sie glauben, ich übersähe, was sie so unbekümmert wie beglückt demonstrierte. Mit der George-Schülerin, nun für Hitler entflammt, wäre nicht zu reden gewesen. Die Mutter hatte es wohl schon gewußt, sich damit abgefunden, oder auch sie ignorierte es. Drei Menschen, die sich zu Tisch setzen, sich nichts zu sagen haben. Mit dem Hausherrn dazu wäre es kaum anders gewesen. Ihre Formel dafür: Politik interessiert ihn nicht. Was auch immer zur Sprache kam, er hielt das durch. Politik war, jedenfalls bei ihnen daheim, für ihn wie für sie tabu. Es war mir recht, ich respektierte es, es gehörte zu seiner Überlebensstrategie.

VIER SEITEN mehr zu Dwinger, es war wohl das, was Suhrkamp sich gedacht hatte. Nächster Fall: Ernst Wiechert. Ich hatte «Die Magd des Jürgen Doskocil» gelesen, neben Joseph Roths «Radetzkymarsch» der Roman des Jahres. Ich traute mir zu, auch ihn zu packen. Ich ahnte nichts von ihm als Ernst Barany Bjell, den neun weltschmerzlichen Geschichten davor. «Am Anfang meines Lebens war der Wald, und nun lebe ich in Berlin. Am Anfang war Gott, und nun gehe ich in keine Kirche mehr, weil jede Kirche zu klein ist. Am Anfang war die Einsamkeit, und nun liebe ich die Tiere und die Kinder.» Sein Pathos der großen Worte. «Die Menschen meiner Bücher sind Fanatiker. Ich bin es auch.» Oder: «Man muß zu den Quellen gehen, sonst erkennt man das Gesetz der Ströme nicht.» Ein Autor, der sich gegen die nun anbrechende Zeit stellen, zwei Monate Buchenwald, den Druck und die ständige Drohung der Gestapo auf sich nehmen würde, aber das war noch nicht abzusehen. Ihn zu zitieren sah ich als den sichersten Weg, ihn zu interpretieren. Danach gleich Teil drei dieser Versuchsreihe: Otto Flake. Auch er war Suhrkamps Wahl. Ich versuchte auch hier nicht, mich seiner Suggestion, der des immer konzilianten Pädagogen zu entziehen. Wiechert, Flake: wieder ein jäher Perspektivenwechsel. Ein in anderer Weise alsbald oder bereits unzeitgemäßer Autor: Elsässer, Europäer der ersten Stunde, seit vier, fünf Jahren der Weltmann in Baden-Baden. «An jedem Tage meines Daseins, in jeder Stunde ging es mir um Ausgleich und Besinnung.» «Die Vitalität … und der Mut, ohne metaphysische Belastung diesseitig zu sein.» «Jenseits der Freiheit liegt nichts mehr, es sei denn der Abgrund der Unfreiheit.» «… alles nehmen, wie es ist, und gelassen sein.» Der «Wille, nicht im Massenschicksal aufzugehen».

Freitags, Anfang Juli notierte ich: Flake-Aufsatz abgeben. Tags darauf: Abreise nach Swinemünde – 13.35^{h} Stettiner Bahnhof. Ich hatte mich erst am Abend dazu entschlossen. Das Wiechert-Porträt würde in der Woche darauf in der «Neuen Rundschau» stehen, das Dwingers war im Juni erschienen, gleichzeitig der Hinweis auf Band zwei von Musils «Mann ohne Eigenschaften» in der katholischen «Monatsschrift für Dichtung und Leben» «Der Gral». Nanda Herbermann, die ihn annahm, machte um 1946 mit ihrem Bericht als «Schützling Nr. 6582 im Frauen-KZ Ravensbrück» («Der gesegnete Abgrund») auf sich aufmerksam. Ich war ihr nie begegnet. Keine Erinnerung, wie ich auf sie kam, ob ich irgendwen sonst vor ihr auf Musil ansprach. Karge Wochen. Tage ohne ein Gespräch. Nur ab und zu ein neuer Kontakt. W. E. Süskind löste Heilborn ab, wurde nun der Herausgeber der «Literatur». Eine neue Generation, freier Autor Anfang dreißig, doch kein Klimawechsel. Rolf Hansen, fünf, sechs Jahre älter als ich, Regieassistent bei dem Tonfilm-Pionier Carl Froelich, vordem Schauspieler in Weimar im Ensemble mit Emmy Sonnemann, zeitweilig, vielleicht auch unter ihrem Einfluß, für die nun zum Zuge gekommene Politik anfällig, schon von ihren ersten Wochen ernüchtert, abgestoßen, sein Blick zurück erschließt mir eine so unzugängliche wie unbegreifliche Welt. Hin und wieder, meist erst spätabends, ruft er an, wir treffen uns in einem Café oder er kommt vorbei, wir gehen durch meine Straßen, er sagt, es entspanne ihn. Paul ver Meeren, Tenor aus Dänemark, wir sprechen über Asta Nielsen, die Mutter seiner Frau, eine Rabenmutter. Ich kenne sie beide nicht, stelle sie mir mit seinen Augen vor. Ich habe ihn auch nie singen hören. Er ist auf seine Weise allein, ich bin allein. Seine Malaise bewegt mich, sein Vertrauen rührt mich. Meine Probleme sind nicht seine Probleme. Sie sind kein Thema für uns. Auch das natürlich, ja wesentlich das ist es: Ich höre ihm zu, schon das tut ihm gut, er braucht es. Begegnungen in einer neutralen Zone. Wie bei der mit Hans Schaeuble. Ein Schweizer in Berlin, Komponist wie der Freund in Heidelberg, in den frühen Jahren in Lausanne seinem Landsmann Arthur Honegger verbunden, sein Lehrer: Hermann Grabner in Leipzig. Sein Zuhause, die stete Zuflucht die väterliche Apotheke in Arosa, sie sicherte ihm wie dem Heidelberger die Familie in Komotau sein Auskommen auf freilich ein wenig höherem Niveau. Uns brachte wohl auch der Zufall zusammen. Er war für mich wichtiger als ich für ihn. Seine Welt war noch frei, offen, sie engte ihn nicht ein. Swinemünde? Er brachte mich darauf. Er hatte sich für ein paar Wochen bei einer Familie mit einem Klavier eingemietet. Ich war noch nie an einem großen Wasser, geschweige an der See. Der Sog einer Illusion. Du stehst früh auf, bis zum Mittag schreibst du, nachmittags schwimmst du, tauchst, legst dich in die Sonne. Die Lust, auszubrechen, oder nur der Versuch, zu sich selbst auf Distanz zu gehen. Vielleicht wollte ich nur einmal weg von mir, von wer weiß was allem Abstand nehmen, doch dabei nicht allein sein. Ich hatte nicht nach Königsberg fahren können, um Alexander Jung nahezukommen, um ihn besser zu verstehen, es gab da etwas nachzuholen. Auch das Bedürfnis, den Kopf auszuräumen, mir neue Perspektiven zu eröffnen. Die sich uns aufdrängenden Parolen, die neuen Normen, es war, wir alle wußten es, nicht zu verkennen, daß es von Tag zu Tag aussichtsloser würde, ihnen aus dem Weg zu gehen.

Mein Quartier über fünf Wochen ist wie verwischt, ich sehe es nicht mehr vor mir. Es lag im Ort, ein bequemes Bett, der Tisch, an dem ich arbeitete, stand beim Fenster, Blick in einen winzigen Garten, kein Geräusch, das mich hätte stören, auch nur für Minuten ablenken können. Kurios, wir besuchten uns nicht. Wir trafen uns am Strand, hatten uns da eingebuddelt, es war unser Standplatz. Kaum mal ein Wort, ob er mit sich zufrieden war, mit der Arbeit vorankam. Was ich versuchte, es lohnte nicht, davon zu reden, es schien mir nicht erwähnenswert. Ja, es waren Versuche, nicht mehr. Mir genügte, daß er da war, ich mittags, am Nachmittag, auch für den Abend mit ihm rechnen konnte. Ich lernte Arosa kennen, seine wohlanständige Familie, ihre Solidität. Hatte er einen Bruder, eine Schwester? Er war nicht selbstverliebt, litt aber auch nicht an Selbstzweifeln, er kam mit sich zurecht. Manchmal der Eindruck, ihm fällt, was er sich wünscht, einfach zu. Vielmehr, er brauchte es sich nicht zu wünschen. So die Geschichte mit seiner Corinna, oder wie hieß sie? Eine Episode für zwei, drei Wochen. Er kam noch nach Jahren darauf zurück. Sie war sechzehn, siebzehn oder auch erst fünfzehn, eine kleine Schönheit, eine Tante behütete sie. Sie entzog sich ihrer Aufsicht, kam ab und an auf einen Sprung vorbei. Sie bedrängte den Komponisten nicht, aber sie legte es sichtlich darauf an, daß er sich ihrer annahm. Nicht wie ein Bruder, allenfalls wie ein älterer Vetter, sie verbarg nicht, daß sie sich ihm, wenn er zugriffe, unbedenklich anvertrauen würde. Sie will, daß ich es mit ihr mache. Einer muß es ja mal auf sich nehmen. Sein «Apparat» verblüffte sie: Ein toller Knorpel. Er nannte sie das «Füllen».

Ein wunderlicher Tag, eine wunderliche Nacht. Von zwei Uhr mittags bis zwei Stunden nach Mitternacht auf einem Kutter. Es gibt dazu ein 8-mal-5-cm-Foto, es wurde kurz vor der Ausfahrt aufgenommen, ich weiß nicht von wem, mit mir zwei Fischer, zwei Brüder. Wir stehen kurz vor der Ausfahrt, die Ärmel aufgekrempelt, der jüngere wie ich hoch aufgerichtet, die Hände in den Hosentaschen, am Heck, hinter uns das Meer, der Käpten schon mit einem Fuß im Boot. Dienstag, 31. Juli. Ich hatte ein kräftiges rundes Brot, ein großes Stück geräucherten Speck, einen Brocken Käse, eine Flasche Rum mitgebracht. «In der Nacht», schrieb ich in einer Geschichte, sie erschien Anfang September in der «Vossischen», «kam ein gefährliches Wetter auf. Das Boot schlug mit dem Kiel auf und ab. Der Kutter bubberte monoton, das beruhigte mich. In der Ferne in unserem Rücken blinkten einige Küstenlichter auf. Der Sturm zerfetzte die Worte, die die Brüder einander zuriefen. Die Dunkelheit rückte von Sekunde zu Sekunde bedrängender wie ein riesiges Untier auf uns zu.» Hatte ich es mir so gewünscht? In meiner Erinnerung war es eine uns still dahintragende melancholische Nacht, der Kutter glitt nach zwei wie ein kleines Geisterschiff, das vom Kurs abgekommen war, wieder an seinen Platz. Ich hatte gelernt, die Netze auszuwerfen, sie, wenn sie, schwer geworden, durchhingen, wieder einzuziehen. Ich konnte mich nicht entsinnen, daß mich ein nur halber Tag jemals so beglückt hatte. Wie ich es erzählte, war der Freund dabei, aber in Wirklichkeit war er schon am Tag davor abgereist, die Familie in Graubünden hatte schon auf ihn gewartet.

Berlin war mir entrückt, wer würde mich schon, mitten im Sommer, vermissen. Die See zudem ließ mich nicht los, aber der Strand war nun ein Rummelplatz. Der eine, der andere schwärmte von Hiddensee, kein Vergleich mit hier. Eine noch in sich eingeschlossene verträumte Welt. Acht Stunden Bahnfahrt, mein Quartier für sieben Nächte im Norden hoch über der Insel eine zinnenbewehrte Burg wie aus alter Zeit, der Landsitz der Kinderpuppen-Mutter Käthe Kruse. Ja, so hatte ich es mir vorgestellt: Ringsum Blick übers Meer.

DEN ZWEITEN TAG wieder in Berlin. Wie generalüberholt fuhr ich mit ein paar Geschichten, darunter die mit den zwei Freunden an der See, zur Zeitung in der Kochstraße. Ein neues Gesicht dort: Wolfgang von Einsiedel. Er trat gerade die Nachfolge des Schweizers Friedrich T. Gubler, vordem Chef des Feuilletons bei der «Frankfurter Zeitung», an. Auf Anhieb ein Kontakt, als seien wir uns schon einige Male begegnet. Es kam damals mehr denn je auf den ersten Augenblick an. Die so derb proklamierte neue Zeit hatte uns schon trainiert, erst einmal abzuwarten, wie der andere, den man noch nicht kennt, reagiert, zu sondieren, ob er etwas, was von Belang sein könnte, fürs erste offenläßt, was er verschweigt, nicht sagen will, was er erwartet, was er hören will, was einzuräumen oder zu erkennen zu geben ein Fehler, ja verhängnisvoll wäre. Durchweg blieb es bei der Psychologie für den Hausgebrauch. Einsiedel, um die dreißig, schien ein Mann voller Rätsel, aber er gab keine Rätsel auf. Ein schwerer breiter Kopf, zerzaustes krauses Haar, den Gegenüber einladende, ihn annehmende gütige Augen. Ein verschlossenes offenes Buch. Kein Gedanke, die über dreihundert Jahre alte Tante VOSS hätte keine Zukunft mehr. Es ließ sich nicht sagen, sie paßte sich an, aber sie versuchte, der Situation, wie sie nun gegeben war, vorsichtig, distanziert gerecht zu werden. Ein Signal dafür die Wochenend-Serie «Schilderungen aus Deutschland». Ihre Autoren, den neuen Autoritäten teils suspekt, teils bereits allen Ernstes gefährdet, halb und halb verfemt, wurden nicht genannt. Jeder Beitrag erschien anonym. Wie auch immer motiviert, es wurde eben noch geduldet. Mir wurde der Niederrhein, von wo ich ja herkam, zugesprochen. Ich machte mich Anfang September auf den Weg, besuchte frühere Freunde, meine altruistischen Gönner, den einen oder anderen einstigen Lehrer, inspizierte noch einmal meine Lieblingsplätze: das Benrather Schloß nahe Düsseldorf, Xanten, Rees, Kleve, Emmerich, streifte noch mal das Ruhrgebiet. Gegen Ende Oktober erschien über eine ganze Seite Teil I: «Vorland des Niederrheins», auf den Tag vier Wochen darauf das Herzstück: «Verschwiegener Niederrhein». Über den Bereich, wo ich aufwuchs, mit Viersen, München-Gladbach, Rheydt, Neuß, den kleinen Städten, den Gemeinden in den einstigen Sumpfgebieten mit der Silbe «Broich» (Bruch), setzte ich den Zwischentitel «Tote Zone». Da stand auch der schlimme Satz: «Ein Gebiet ohne Mark und Rückgrat». Das Propagandaministerium, Goebbels, sein Chef, geboren, aufgewachsen in Rheydt, erkundigte sich prompt nach dem Autor. Einsiedel verweigerte die Auskunft. Ich bat ihn, mich zu nennen, bestand darauf. Er blieb bei seinem Nein. Wir hörten nichts mehr.

Vier Monate später, am 29. März 1934, stellte Einsiedel mit mir den Georgier Grigol Robakidse und seinen Roman «Die gemordete Seele» vor, einen der Titel damals, von denen man sprach. Zwei Tage danach gab die Zeitung auf, starb sie. Sie hatte zu viele ihrer Redakteure opfern müssen. Robakidse war noch im Sommer 1930, Stalin, sein Landsmann, dabei angeblich verborgen in seiner Loge, mit seinem Drama «Lamara» auf der Theater-Olympiade in Moskau gefeiert worden. Nun war er ein weiterer absonderlicher Emigrant in Berlin, er hatte einst dort studiert. Jahre später kamen von ihm aus der Schweiz Jeremiaden eines Mannes zwischen den Fronten, der sich am Ende auf die falsche Seite schlug und sich nun mißverstanden sah.

RICHARD SCHEINPFLUG am Strand von Swinemünde. Ich hatte ihn nicht vergessen, doch auch nicht mehr an ihn gedacht. Sein Vater dirigierte das Kurorchester, er war Reporter beim Funk in Berlin. Wir könnten mal was zusammen machen. Was, blieb unklar. Ich hörte kaum noch Radio, ich besaß nicht einmal wie seinerzeit, als das anfing, das Gerät dafür. Was meinen Sie? Ich war gerade von meinem Niederrhein zurückgekommen, ich freute mich, als er anrief. Jemand, der mich sprechen wollte, das kam nicht oft vor. Eine Stunde später war er bei mir, schon tags darauf besprachen wir, was ihm vorschwebte: Ein Rundgang zu den Berliner Bühnen, Gespräche mit Regisseuren, Schauspielerinnen und Schauspielern, ein Jahresprogramm. In der zweiten Oktoberwoche hatte ich mein Debüt in der Städtischen Oper: Das Gastspiel eines italienischen Ensembles mit Rossinis «Barbier von Sevilla». Ich fand mich entgegen unserer Absprache gleich beim ersten Mal auf mich selbst gestellt, mein Auftrag: ein Vorbericht zur Premiere am nächsten Abend. Ich hatte noch nie in ein Mikrophon gesprochen, hatte noch keinerlei Erfahrung mit meiner Stimme, trug sie, kam sie an? Stichworte, kaum mehr, zu dem, was auf der Bühne vorging. Ich genierte mich, als ich mich hörte. Es war, als trüge ich jemanden zu Grabe. Das rheinische Timbre. Ich hatte den heimatlichen Beiklang wegzupressen, mich mir selbst zu verfremden versucht. Kein Dur, kein Moll. Erstaunlich, die Redaktion fürs Kulturelle nahm es mir ab. Sollte mein düsteres Tremolo oder was es war sie ergriffen haben? Immerhin, ich psalmodierte nicht, und es ließ sich auch nicht mehr ändern. Die Abende danach «Maria Stuart», «Die Braut von Messina», Grillparzers «Medea», über Monate ein Intensivkursus mit Berlins noch unangefochtenen großen Regisseuren. Ich sah mir jeweils schon die letzten ein, zwei Proben vor der Generalprobe an. Manche unvergeßliche Erfahrung. Jürgen Fehlings bis zum Zorn jähen Ausbrüche, seine beschwörende Liebenswürdigkeit gegenüber den Stars. Oder Gustaf Gründgens als Fouché in Mussolinis «100 Tagen» Napoleons, Regie Franz Ulbrich, zu Emmy Sonnemanns Bühnenzeit ihr Intendant in Weimar und nun, wohl auf ihren Wink, Chef des Hauses am Gendarmenmarkt. In der Gruppe um ihn herum leises Geflüster. Gründgens trat, mitten in einem Monolog, zwei, drei Schritte vor und peitschte, als gehöre es zu seinem Text, mit anschwellender Stimme seine helle Empörung ins bis auf uns in der Mitte leere Parkett. Eine schallende Ohrfeige für seinen Vorgänger, ihm blieb nur, sich zu ducken. Keine zwei Monate danach, am 5. April 1934, löste Gründgens ihn ab, zunächst kommissarisch, im September auch in aller Form.

Die Premiere, eine Uraufführung, war ein Staatsakt. In der Mittelloge über dem Parkett thronte, verstörend in ihrer Uniform, die geballte Macht: Hitler, Göring, Goebbels. In der Pause Small talk mit einigen Bekannten, bei ihnen eine Journalistin aus Wien, ihr Name war mir geläufig, es gab auch zwei, drei Romane von ihr. Mag sein, ich mißdeutete es, mir schien, die Szene im Rang beeindruckte sie mehr als das Stück. Kein Wunder, sagte ich mir, es betrifft sie nicht. Las sie mir, was ich dachte, vom Gesicht ab? Wer sagt schon, was er denkt? Die Pause war zu Ende. Sehen wir uns noch? Sie fragte so, nicht ich. Warum, das würde sich zeigen, sie konnte glauben, ich ließe es offen. Der Tag darauf, der 18. April, war ein Sonntag. Halb fünf. Sie verabschiedete sich. Ich bin im Kaiserhof. Eine fatale Adresse. Goebbels, das wußte man, residierte hier, vis-à-vis die Reichskanzlei. Eine Art Nachspiel zu dem Abend vorher. Ein weiteres Mal nahe dem Zentrum der Macht. Mit uns am Tisch, an zwei, drei andere erinnere ich mich nicht, Otto Rahn. Seit kurzem lag sein «Kreuzzug gegen den Gral» vor, ein Rückblick auf die Tragödie der Katharer. Er wohnte, ein etwas hochstaplerischer Gast, erinnerte ich mich einmal in einem Interview, in einer Gesindekammer unter dem Dach, für ganz wenig Geld, aber er hatte die große Bühne des Grandhotels, und das machte ihm Spaß. So lernte ich ihn kennen, er war amüsant, geistvoll, witzig, ein bißchen ein Greco-Typ, schmal, asketisch, Kettenraucher, blitzende, fast brennende Augen, sprach perfekt Französisch, kam gerade aus Frankreich, er war für mich ein Exotikum. Jemand, der lange in Frankreich gelebt hatte und dem Frankreich zur zweiten Heimat geworden war, schon das faszinierte mich, er wußte diese Faszination zu nutzen. Seine Situation indes war prekärer als er zu erkennen gab. Er hatte, in über drei Jahren in den Pyrenäen auf den Spuren der Katharer, am Ende, die französische Justiz war ihm schon auf den Fersen, hochverschuldet fliehen müssen. Er hatte zuerst in Freiburg wieder Fuß zu fassen versucht. Nun suchte er, bei wem immer, in Berlin sein Glück.

Irgendwann spätnachmittags, ich war nach der Aufnahme im Schauspielhaus noch beim Funk an der Masurenallee in Charlottenburg gewesen, fand ich im Briefkasten an meiner Tür einen Prospekt vom Eugen Diederichs Verlag in Jena. Einen Dwinger-Prospekt. Voran ein Foto seiner Bronzebüste. Fünf Seiten Text, ich sehe sofort, so ist es auch am Ende vermerkt, es ist ein Auszug aus meinem Porträt. Kein Posteinwurf. Ohne Adresse, ohne Umschlag, irgendwer hatte das ohne einen Vermerk dazu in den Briefschlitz gesteckt, jemand natürlich, der wußte, daß ich da wohnte. Das erste Mal so plakativ herausgestellt, ich meinte, sie hätten mich schon fragen müssen, schrieb das nach Jena. Mitte Januar ein erstes Treffen mit Niels D., einem der Erben des Hauses. Er erwartete mich im Habsburger Hof. Am Tag davor bei Hahnen am Nollendorfplatz ein zweites, drittes Gespräch mit Peter Suhrkamp. Pläne, Erwägungen. Niels D.: Haben Sie schon mal daran gedacht, für eine Weile aufs Land zu gehen? Freundlichkeiten, nichts Konkretes. Wir sprechen über Stefan Andres, den Beinahepriester von der Mosel, sein «Bruder Lucifer», die jüngste Entdeckung des Verlags, gilt als ein Geniestreich. Er wohnte, von mir aus gesehen, ähnlich wie vor einigen Jahren Gerhart Pohl, um die Ecke, sein auf ihn rührend stolzer Verleger bringt uns zusammen. Unversehens ein beglückend stimulierender Freund, es ist verführerisch, ihm zuzuhören, ein passionierter wohltuend unorthodoxer Katholik, er liebt den Wein, mit dem er auf die Welt kam, sein Dauerthema sind die Frauen. Wir sehen uns, meistens, nein stets bei mir, jeden dritten, vierten Tag, ich gehe mit ihm zu seinen Lesungen in der Buchhandlung von der Höhe, im Lesesaal des Westens, wir reden über das, was ringsum geschieht, wovon man so hört, rückhaltlos wie uns der Schnabel gewachsen ist. Es wird von Tag zu Tag wichtiger, Menschen um sich zu haben, denen man sich unbedenklich öffnen, auf die man sich verlassen kann.

Erwin Hartung, den Freund vom Café in Heidelberg, zog es, unerwartet, auch nach Berlin, Konsequenz der ménage à trois, der Partner ist ihm wie seine Frau freundschaftlich verbunden, das erfuhr ich erst jetzt. Wir reden mehr über das Ungeheuerliche, an das man sich nie wird gewöhnen können, als über seine Musik. Er kann das nicht trennen, er leidet. Die Dame, die in München mit ihren Gästen souverän französisch plauderte, wohnt auf einmal mit ihrer schönen Tochter, mit ihrem auch bemerkenswert gut aussehenden Sohn am Kurfürstendamm bei ihrer Mutter und ihrem Vater, einem Oberst a. D. Ich bin nun, wie bei Elisabeths Mutter, wie bei der Familie in Eichkamp, von Zeit zu Zeit auch bei ihr zu Tisch, nur sie und ich, die Eltern lassen sich nicht sehen. Auch meine Pettingpartnerin beim Münchner Odeonsplatz, ich hatte sie ja bei ihr kennengelernt, meldet sich, auch sie ist nun in Berlin. Wir hatten uns seit damals, bald nach meinem Weggang, nur einmal in Köln getroffen, ein Abenteuer für eine Nacht in einem bescheidenen Hotel in der Altstadt. Sie beließ es bei bis an die Grenze gehenden Zärtlichkeiten, genoß es, sich zu versagen, ich nahm es hin. Ich holte sie von einer Modenschau im Adlon ab, war auch wieder mal bei ihr zum Abendbrot, sie lud mich für Ostern zu einem Wochenende bei ihrem Clan nahe dem Harz ein. Zwischenstation in Magdeburg, von da über Halberstadt, Elbingerode, Elend und Schierke. Eine üppige ovale Tafel auf dem Gut der Familie, sie war hier groß geworden, über ihre Eltern sprach sie nie, ich fragte nicht nach ihnen. Unsere Zimmer lagen am selben Flur, Dritte konnten glauben, wir würden ein Paar. Sie sah ein, nehme ich an, daß ich mich davor ängstigte, und wovon hätten wir leben sollen?

Gleich nach Ostern wieder eine Bühnenreportage. Vorletzte Probe, Generalprobe im einstigen Deutschen Theater Max Reinhardts, ich hatte mir, war ich in Berlin, insbesondere hier keine Aufführung entgehen lassen. Ein neuer junger Regisseur, Carl Heinz Stroux, inszenierte Richard Billingers «Stille Gäste». Interviews mit ihm wie mit dem Autor. Knapp eine Stunde vor der Sendung, ich hätte sie gerne noch einmal gehört, im Wiener Café am Potsdamer Platz ein erstes Gespräch mit Ernst Wilhelm Eschmann, Mitherausgeber der Diederichs-Monatsschrift «Die Tat». Den Anstoß zu unserem Kontakt gab wieder, wie bei dem mit Stefan Andres, Niels D. Wir trafen uns in der Woche darauf ein weiteres Mal. Nur fünf Jahre älter als ich, sehr sicher, leise, der Idealtyp eines sich kühl zurücknehmenden Diplomaten. Kein Wort zu den Schocks, den Bedrängnissen der Zeit, er rückte das alles weit weg, aber wir sprachen verdeckt von nichts anderem. Schon im Juli brachte er von mir einen weiteren Versuch über Carossa. Möglich, er schlug mir da bereits vor, er überraschte mich damit: Schreiben Sie uns auch mal etwas über Musil. Ich hatte vier Tage davor notiert: Krank (Mandeln) zu Hause! und noch dreimal lakonisch: Krank. Nach Monaten wieder einmal Telefonate mit Benn. Der Verlag in Jena hatte mich auch mit seinem Autor Robakidse in Verbindung gebracht. Er suchte eine Gelegenheit zu einer Diskussion im Funk, es fragte sich mit wem. Er hatte ein Thema: Der Mythos, seine Geschichte und wie es aktuell mit ihm bestellt ist. Es sagte mir nichts, aber ich dachte, das ist etwas für Benn. In der Tat, es interessierte ihn, wir gingen zu ihm. Mythos – einst und jetzt. Ein Dreiergespräch, ich moderierte. Es wurde schon im Mai gesendet, im Juni stand es in Berlin in einer Wochenzeitung.

Eine Weile aufs Land? Es war mehr als eine Freundlichkeit gewesen. Mittwochs war ich ein drittes Mal mit Robakidse bei Benn, am Sonntag gegen Mittag saß ich im Zug nach München, ließ Berlin für eine unbestimmte Zeit hinter mir, am späten Abend logierte ich für eine Nacht im Deutschen Hof beim Münchener Hauptbahnhof. Am Morgen, nach fünf Jahren, zwei, drei Stunden Wiedersehen mit der Stadt, mir fiel niemand ein, den ich anrufen, eventuell besuchen könnte. Der Verlag in Jena hatte mich bei Dwinger im Allgäu angesagt. Er würde mich irgendwo in der Gegend unterbringen, es war ein vager Plan, ich sollte mich die nächsten Monate, es wurde mir kein Termin gesetzt, in Ruhe, ohne Sorgen auf die Geschichte, die mir vorschwebte, konzentrieren können. Hundertfünfzig Mark pro Monat, ein karger Vorschuß auf die Zukunft, Was ich nicht brauchte, vorweg die Bücher, stellte ich bei den Freunden in Eichkamp ab. Ich besaß kein Bett, keinen Tisch, keinen Stuhl, das machte es leichter. Ich würde weiter aus dem Koffer leben, war es anders nicht gewohnt. Die Frage, wohin zieht es dich? Zu den Alpen, die ich als Student, so nah sie waren, nicht hatte sehen können? Dwinger, dieses Kapitel war abgeschlossen, doch der Besuch bei ihm gehörte zum Programm. Mir schien es ein Umweg, nach Westen über Landsberg am Lech, von dort nach Süden über Kaufbeuren bis kurz vor Füssen: Ein nahezu tausend Meter hoch gelegener einsamer Bauernhof, dazu eine achthundert Jahre alte Kapelle, ringsum weites offenes Land, am Horizont im Südwesten die Kette der Allgäuer, im Südosten die Bayrischen Alpen. Ein schlanker drahtiger Landwirt im schnittigen Reitdreß, Schaftstiefel, taillierter Rock, darunter die Rubaschka. Ein Mustergut für Viehzucht und Wiesenwirtschaft, eine offene Reitbahn hinter den Ställen. Die mädchenhafte wie scheue Frau des Hausherrn, sie erwartet ihr erstes Kind. Nach dem Essen mittags, während seiner Siesta, läßt sie mich sein Pferd satteln, hilft mir dabei, meine ersten Reitversuche. Zwei Gäste: Ein ehemaliger weißrussischer General, die Schwiegermutter, der Vater, Professor an einer bayerischen Universität, lebte nicht mehr, ein Sohn ein berühmter Bergsteiger, er hatte unlängst den Kilimandscharo bestiegen. Sie möchte mich einordnen. Nicht in der *SA*? Ihrer Tochter ist es sichtlich peinlich, sie lächelt nicht einmal. Er kommt mir zuvor, erspart mir, mich zu erklären, nimmt mich in Schutz. Ein junger Mensch hat das Recht, sich, was immer darunter zu verstehen war, herauszuhalten, er geht seinen Weg. Noch nicht der Dwinger, der sich später selbst einspannen, vereinnahmen ließ. Davon hörte ich erst nach Jahren, wir hatten uns all die Zeit nicht gesehen.

Ein paar Tage war auch ich sein und seiner Frau Gast. Sie wie der Verlag hatten sich vorgestellt, ich bliebe in der Nähe, ich wollte meine Zeit nicht vertun. Ein Versuch mit einer Pension in dem Dorf, zu dem der Hof gehörte, mich zog es zu den Bergen wie unlängst im Sommer an die See. Ein weiterer Versuch, ähnlich hoch wie im Allgäu, am Lautersee bei Mittenwald. Ein Idyll, die ersten Tage dachte ich, das suchte ich, die Zeit schien angehalten, es gefiel mir, wieder allein, an niemanden gebunden zu sein. In der zweiten, dritten Woche war es nur noch eine von nichts gestörte Stille, kein Idyll mehr, sie beengte mich. An einem Mittag ging ich das erste Mal wieder hinunter in den Ort, stieg, als sei es ein Spaziergang, ins Karwendel hinein, ich war das erste Mal im Berg, kam an eine Hütte, hatte noch keine Lust zu rasten, strebte ein eher markantes Ziel an, stieg zur Viererspitze hoch. Es zog mich weiter in die Berge, auch irgendwohin über die Grenze. Österreich war mir zu nah, in der Schweiz hätte meine Monatsrate nicht mal für eine Woche gereicht. Nirgends, hieß es, sei es für uns so günstig wie hinter dem Brenner. Italien? Da wurde, sogar mit mehr Elan als bei uns, der rechte Arm stramm hochgereckt. Da hatte man das vorgemacht. Doch nicht in Südtirol. Sicher nicht in Südtirol. Die wilden Dolomiten, ich sah nur sie. Sie gingen mir nicht mehr aus dem Kopf. Am 1. August, mitten in der Woche, fuhr ich mit dem Frühzug durch Österreich Richtung Bozen. Gleich vom Brenner über Sterzing, Franzensfeste links und rechts über viele Kilometer Zeltlager, davor Bersaglieris mit ihren Federhüten. Die einen winkten, lachten, andere hatten sich umgedreht, kehrten uns den Rükken zu, sie ignorierten uns. Mussolini versus Hitler? Der Anschlag am Ballhausplatz in Wien, die Ermordung des Bundeskanzlers lagen erst eine Woche zurück. Rom warnte. Eine Attacke auf den Nachbarn zwischen uns wäre der Ernstfall. Eine Präventivmaßnahme, keine Aggression. Nur, täuscht euch nicht, wir stehen Gewehr bei Fuß.

Eine Fahrt ins Blaue. Ich scheute die Metropole der Region. Eine Stadt mit vielen Menschen, es war Hochsaison, die Gasthäuser würden überfüllt sein, und was sollte ich in Bozen? Nach zwei Tagen saß ich neunzehnhundert Meter hoch am Fuß der Plose, von ihrem wie kahl geschorenen Gipfel ging der Blick, als sei hier, nur sechshundert Meter höher, ein Drehpunkt der Berge, unbegrenzt weit bis zu den Zillertaler, den Ötztaler Alpen. Am Ende der Woche zog ich in eine Klause hoch am Hang ein. Der Bauer dort, seine Frau, das Heuen war zu Ende, stiegen mit ihrem Pferd wieder ins Tal hinunter. Eine Almhütte wie im Märchen. Rustikaler hätte ich sie mir nicht erträumen können. Grob gezimmert, die Schindeln auf dem Dach zum Teil verrutscht, drei kleine Fenster, zwei notdürftig vergittert, der Backofen, meine Arbeitsecke, ringsum eingebaute Bänke, ein alter Schrank, Bett, Tisch, ein Stuhl, ein Hocker, ein wackliges Gestell, darauf die Waschschüssel, eine Petroleumlampe. Ein Wildbach tost an der Hütte vorbei in die Tiefe. Auf einem Foto sitze ich, den Oberkörper entblößt, an dem in die Sonne hinausgerückten Tisch, tippe was ich in der Nacht zu Papier brachte in meine Remington. Oder ich schrieb dem Verlag, der Mutter, sie sollten wissen, wo ich steckte. Oder der großen Zeitung in Frankfurt. Ein Tourist, wer sonst, hatte die Morgenausgabe vom 5. August, da wohnte ich noch im Gasthof, wie achtlos liegengelassen. Auf der vierten, fünften Seite ein Beitrag von Rahn, dem Kaiserhof-Rahn, vom 18. Februar. Er ging über gut das halbe Blatt: Heinrich Minneke. Zu Beginn des 13. Jahrhunderts «Probst im Cistercienserinnenkloster Neuwerk zu Goslar. Er behauptete, dank einer Vision zu wissen, Luzifer werde Gott um Verzeihung bitten, und es gebe im Himmel eine Frau, die größer sei als die Gottesmutter Maria. Sie führe den Namen Weisheit. Wer sie schauen wolle, müsse keusch und rein leben, da fleischliche Liebe und Ehe Sünde seien … die Ketzermeister, wie man die deutschen Inquisitoren nannte, … verdammten den ketzerischen Probst als Manichäer zum Feuertod … – Heinrich Minneke, der Manichäer, lebte zur Zeit des Minnesanges.» Der Vorspann der Redaktion: «Wir veröffentlichen diesen sehr bemerkenswerten Aufsatz, den uns der Autor des … nicht nur in Deutschland stark beachteten Buches ‹Kreuzzug gegen den Gral› zur Verfügung stellt, ohne uns dadurch mit jeder der hier vorgetragenen Hypothesen identifizieren zu wollen.»

Hatte ich Rahn verkannt, ihn nicht ernst genug genommen? Ein so umfangreicher, zudem ein so herausgehobener Beitrag in einem so angesehenen Blatt, es war mehr als eine Überraschung, ich freute mich für ihn. Ich schickte ihm sofort über die Redaktion in Frankfurt einen Gruß, beglückwünschte ihn, fragte mich, ob und wo ihn meine Zeilen erreichten. Zwei Wochen keine Reaktion. Gegen Ende August kam die Antwort, eine Postkarte aus Genf, sinngemäß, knapper ging es nicht: Bin auf dem Weg zu Ihnen. Am Tag darauf ein Telegramm aus Mailand, er werde am Abend in Bressanone sein, er wußte da noch nicht, daß das Brixen war. Ich sagte mir, ich fahre hinunter, begrüße ihn, er reist morgen oder übermorgen weiter. So einfach war es nicht. Seine Situation war noch verfahrener als im Februar in Berlin, ich hatte sie schon da nicht realistisch eingeschätzt. Er vergewisserte sich nicht, ob es mir recht sei, ich hatte ihm, denke ich, zu unbedacht gestanden, wie wohl ich mich auf meiner Höhe fühlte, froh, der Welt daheim ein paar Wochen, ein paar Monate fern zu sein. Er verriet es mir nicht gleich, aber es ließ sich nicht verbergen, er war am Ende so gut wie mittellos, er hätte keine drei Tage weiter gewußt. Die Story: Er war seit Hitlers Abrechnung mit der Röhm-SA Ende Juni buchstäblich auf der Flucht. Warum, was hatte ihn in eine solche Lage gebracht? Ein Mißverständnis, nichts als ein Mißverständnis. Es hatte keinen Sinn, es nicht zu verstehen, es zu bezweifeln. Es blieb nur, es hinzunehmen. Er bezog, als stünde es ihm zu, dicht beim Gasthof, eine andere, sogar komfortable Hütte, mehr einen Minibungalow, Zenzi, das Faktotum des Hauses, Mitte dreißig, alles war «schier» für sie, behütete, beschützte ihn. Sie konnte seinem Charme, seinen Komplimenten nicht widerstehen. Er hatte ihr noch am Abend gebeichtet, in welchen Nöten er sei. Für sie hieß das, es soll ihm an nichts fehlen.

In den Bergen, in unserer Höhe, dazu im freien Raum zwischen zwei Staaten, die einander mißtrauten und zugleich einander zu gewinnen suchten, schien manche Banalität außer Kraft gesetzt, Rahn jedenfalls setzte sie, gewissenlos unbekümmert, außer Kurs. Wie er zu der Situation, die ihn nun neu zur Flucht getrieben hatte, wie er allgemein zu den Vorgängen bei uns stand, war nicht auf einen Nenner zu bringen. Der Egozentriker hebt die Gesetze auf. Er war ein Egozentriker. Ich hörte mir seine Geschichte eben wie eine Geschichte an. Sie konnte wahr sein, sie konnte nicht wahr sein. Es stand nicht dafür, sie in Frage zu stellen. Er war, bestechend unberechenbar, ein Zeitgenosse der besonderen Art. Schon in unserer ersten gemeinsamen Woche stiegen wir mit dem Sohn des Gastwirts in Brixen, mit Angelo Viale, einem lustig spöttischen Genuesen, sein Vater, kokettierte er, sei ein nun achtzigjähriger Bischof, auf den nächsthöheren Berg, den Peitlerkofel, einen fast Dreitausender mit betörendem Blick auf die Dolomiten. Es war seine Idee, sein wie mein bis dahin höchster Gipfel. Das Jahr danach wurde daraus das so nicht geplante Abenteuer zweier Freunde auf einer ungleich riskanteren Höhe. Der Jüngere suchte das Ungewisse, am Ende ließen seine Kräfte nach, er stürzte ab. «Es geschah so unerwartet, daß er auch den Älteren mit sich in die Tiefe riß.» Titel der kleinen Geschichte: «Der letzte Tag». Nicht im mindesten eine Assoziation zu Rahn. Später meinte ich, sie nahm etwas von dem vorweg, was am Ende mit ihm geschah.

Anders damals für Rahn der Effekt dieses Tages. Er setzte sich am Tag darauf hin und schrieb wie in einem Rausch einen Brief an Goebbels. Warum an ihn? Er brauchte einen Adressaten für sein Unbehagen, er sprach von seinem Protest. Er suchte einen Weg aus seiner Aussichtslosigkeit, sie mußte ihm über Nacht bewußt geworden sein. Den Propagandachef, als promovierter Germanist für ihn ein Intellektueller, verstand er, politisch einfältig, als die für seine Probleme, Schwierigkeiten, was immer, primäre oder einzig zuständige Instanz. Ein Brief von zwölf Seiten. Er klagte an, begehrte auf, trotzte, pries sich, rühmte sich, nahm es aufs verwegenste auf sich, daß er sich mit Vorwürfen gegen all das, was die Partei, der er angeblich nicht angehörte, falsch mache, ein für allemal bei ihr disqualifizieren werde, ich bestaunte seinen Mut, wiewohl er mir auch fragwürdig erschien, mein Fazit, das ist seine Sache. Eine so sinn- wie nutzlose Provokation. Doch wie war ein solcher Alles-in-allem-Protest an einen solchen Adressaten über zwei so prekäre Grenzen zu bringen? Es würde nur auf einem Umweg gehen. Über eine unverdächtige Zwischenadresse? Ich dachte konspirativ an den politisch unauffälligen Freund aus Heidelberg, fügte Rahns Epistel ohne eine Erklärung und ohne Absender nur einen, wie ich mir sicher war, nichtssagenden Zettel bei, darauf stand bloß: Wirf das bitte ein. Mein letztes Wort dazu an Rahn: Sie werden, klappt das, fürs erste draußen bleiben müssen. Auch unsere weltentrückte Höhe war kein Paradies.

ES HATTE SCHON IM AUGUST, nur kurz, zweimal geschneit, Anfang Oktober kündigte sich der Winter an. Ein Glück, ich hatte für alle Fälle meinen Mantel mitgenommen, er hing in meinem alten Bauernschrank, ich hatte ihn noch kürzlich da gesehen, keine Frage, ich irrte mich nicht, doch wie wir auch suchten, ich konnte es nicht glauben, es gab ihn nicht mehr. Ich rätselte nicht lange, der Frieden in meiner Hütte schien ein Trugschluß, ich traute ihm nicht mehr. Mein Vermerk dazu lediglich: Übersiedlung ins Neue Haus. Das war das Gästehaus für die Skisaison, ich eröffnete sie. Ein Provisorium, als sei es ohnehin so vorgesehen. Aus Jena kam die Nachricht: Devisensperre, wir können Ihnen nur noch diese Rate überweisen. Nur gut zwei Monate, ein kurzer Traum. Der Zauber der Berge war mit einem Mal verflogen. Rahn war ihm, sosehr er sie liebte, nicht verfallen, es hätte ihm, vermute ich, nichts ausgemacht, auf sie zu verzichten, doch wo sonst gab es einen Unterschlupf für ihn? Ein Dauergast, fürs Haus ein Totalverlust, ich bezweifle, daß es ihn bedrückte. Am Ende der Woche war ich wieder in Brixen, hatte nun erst den Blick für seine Anmut, für sein Umfeld. Meine Route nach zwei Tagen wieder München, wieder eine Nacht im Deutschen Hof, und weiter geradenwegs nach Thüringen. Übers Wochenende Gast bei allen Diederichs, den Söhnen, den zwei Witwen des 1930 verstorbenen Patriarchen, Helene Voigt-Diederichs, Lulu von Strauß und Torney, beide hatten sich mit ihrer Lyrik, mit ihren Erzählungen einen Namen gemacht. Abends meine erste Lesung, mir wohlwollend zugewandte Gesichter, kein kritisches Wort, rundherum nur Zuspruch: Machen Sie weiter. Die Mutter der Söhne lud mich zu einem Spaziergang nur mit ihr ein, im Norden beim Wasser aufgewachsen, riet sie mir für die weitere Arbeit noch zu ein paar Wochen auf Sylt. Eine andere Art der Einsamkeit. Stille, Melancholie am Watt, erschöpfte, resignierte Einzelgänger, die sich von der Welt zurückgezogen hatten, im Tattersall war sogar ein Anfänger wie ich für den Ausritt an den Strand willkommen, einer mehr, der die Pferde bewegte, eine Luxushütte, in die ich mich einschloß, kaum ein Widerhall der Turbulenzen im Lande. Ein Zwischenspiel für gerade nur sechs Wochen. Aus Jena kam, diesmal anders unerwartet, der Rat zu einer Pause. Einen Moment irritiert, aber auch ein Gefühl der Entlastung. Wäre es überhaupt möglich, mit dem, was ringsum vorging, zu Rande zu kommen? Spielt die Geschichte, an der du dich da versuchst, nicht im luftleeren Raum? Dazu die Sorge, es sei ein zu großes Wagnis, alles auf eine Karte zu setzen, du verlierst den Boden unter den Füßen. Der Freund aus der Schweiz, schon auf dem Weg nach Arosa, überließ mir, bis ich etwas fände, sein Quartier am Kurfürstendamm. Eschmann kam zum Tee: Was macht der Musil? Nur drei Häuser weiter Richtung Gedächtniskirche hatte ich ihn besucht. Das war vor wenig mehr als einem Jahr, für mich lag es unendlich lange zurück. Ich suche den «Mann ohne Eigenschaften» in Einklang mit der Zeit zu bringen, bin mir der gebotenen Distanz bewußt, suche sie erkennbar zu machen, verweise auf das mit diesem Roman dokumentierte «Grenzschicksal der Kunst», auch auf seine bis ins Politische führende Aktualität: «Auch die heutige Wiener Regierung ist ja nichts anderes als eine Parallelaktion, bestrebt, mit abgewandtem Gesicht das Rennen zu gewinnen, das in Deutschland gestartet ist.»

Berlin diesmal nur ein Intermezzo. Ab und an ein Skatabend mit Stefan Andres, als dritter Mann der Inhaber der Wohnung, promovierter Ingenieur oder Volkswirt, nun approbierter Tennislehrer, er hatte sich ohne eine besondere Moral dazu wohlgelaunt zynisch aus der Gesellschaft ausgeklinkt, pfiff auf sie. Eine Tochter der Mäzenin am Niederrhein lädt mich zu ein paar Wochen ins Forsthaus der Familie im südlichen Schwarzwald ein. Ich hatte sie nicht darum gebeten, es ergab sich. Auch das eine bei aller Enge als Ausweg praktizierte Lebensform: Ungebunden, beweglich, doch auch anspruchslos zu bleiben, sich der Aufmerksamkeit der Umwelt, ihrer Neugier, ihrem jederzeit zu befürchtenden Mißtrauen zu entziehen, nicht unterzutauchen, nur unauffällig wegzutauchen und so auch wieder aufzutauchen. Keine Schattenexistenz. Spielräume, die übersehen wurden, die Gefahr, fiel man auf, war man selbst. Ich besorgte mir Skier, eine Windjacke, robuste Schuhe, packte die Koffer, nur eine Stunde später wäre ich schon auf dem Weg zum Bahnhof gewesen, da hieß es: Es tut uns leid. Nicht jetzt. In einem Monat. Es widerstrebte mir, aufzuschieben, was schon entschieden war. Ich war auf den Schnee, den Schwarzwald, den ich noch nicht kannte, fixiert. So wieder eine Fahrt ins Blaue. Der Reiz des Ungewissen. Abends nach zehn bestieg ich den Zug, nach zwölf Stunden in Freiburg, mittags tausend Meter hoch unweit vom Schluchsee in Altglashütten, Haus Sonnenschein, ein weitgereistes weltoffenes Ehepaar aus Scheveningen an der holländischen Küste, mit ihm auch bei mäßigem bis minimalem Einsatz spannungsvolle Pokerabende, das alles wäre mir entgangen, auch das hatte seinen Sinn. Mein erster Langlauf schon am nächsten Tag, nach zwei Tagen erkletterte ich den Feldberg, glitt, ich bildete mir ein, halbwegs elegant, ins Tal.

Im Forsthaus. Den Tag vorher war es noch voller Leben gewesen. Mir schien, es mußte sich an mich gewöhnen, ich saß da an einem Tisch mit acht, zehn Stühlen, ich sah mich schroff auf mich zurückgeworfen. Draußen, vor dem Wald, begann der Winter sich davonzustehlen, es war die Zeit, die Fenster weit zu öffnen, sich selbst aufzuschließen, sich und den Tag neu zu entdecken. Soviel auch für das neue Quartier sprach, die Ruhe, die Abkapselung, es war ein Problem, hier die Gedanken in Gang zu bringen, mit ihnen zurechtzukommen, sie zu ordnen. Es war auch die unkalkulierbar gewordene Zeit. Die Frage, was nun würde, war immer da. Es ließ sich keine drei Tage vergessen, was man lieber nicht wahrnahm. Hin und wieder Glücksmomente. Schlief der Förster, seine Frau steckte mir den Zündschlüssel zu, setzte ich mich in seinen Laubfrosch, einen kleinen grünen Opel, fuhr ziellos, keine Sorge, es wird schon nicht schiefgehen, tiefer in den Wald hinein, vertraute darauf, mir werde auf der schmalen Spur schon kein anderer Wagen entgegenkommen, mich zwischen die Bäume drängen. Ich war Fahrschüler und Fahrlehrer in einer Person, es war wie bei den Reitübungen im Allgäu, es ging auch so. Einmal, mitten im Dorf gleich hinter dem Wald, soff der Motor ab, ein paar Burschen kamen heran, ich bluffte, der spielt verrückt, das hat er noch nie gemacht, zwei, drei, die mir zusahen, schoben mich an, der Motor stotterte, sprang wieder an. Was mir noch fürs Fahren fehlte, mir fehlte alles, brachte mir der Zahnarzt bei. Er war Junggeselle oder er war schon geschieden, er kannte den Förster, dessen Frau hatte ihm von mir erzählt. Er brauchte keine drei Minuten, um sich ein Bild von meinem Gebiß zu machen: Es wurde Zeit, höchste Zeit. Und: So allein hier? Er sagte es nicht, ich spürte, ich tat ihm leid. Vielleicht tat er sich selber leid. Waldshut. Säckingen, die Holzbrücke da, das ist was. Es hatte ihn schon mit dem Studium hierher verschlagen, er war in die Gegend verliebt. Laufenburg, es gibt zwei Laufenburg, da sind Sie mit einem Fuß in der Schweiz. Er fuhr viermal mit mir an den Rhein, einmal bis Baden im Kanton Aargau, einmal sogar bis Zürich. Tagesausflüge, kurze Ausbrüche. Unser so jäh eingegrenztes Land, plötzlich eine wie unabänderliche Enge. Keiner wußte zu sagen, ob und wann sie sich wieder aufbrechen ließe. Mit zehn Mark zum Nachbarn, mehr war nicht zulässig. Sie reichten für die Fahrt vom Bahnhof zu den Freunden, für ein paar Blumen, für eine Tasse Kaffee. Benötigte man mehr, mußte man den Freund, den Gastgeber um ein Handgeld bitten. Es gab keinen Weg, es ihm zurückzugeben.

In der fünften Woche, der zweiten im April, sagte ich mich in Basel an. Keine Post aus Jena, keine Nachricht von Eschmann. Wann würde er den Musil bringen? Am Kiosk in Basels Bahnhof sah ich, in einer Reihe mit einigen anderen Zeitschriften, schon von weitem erkennbar, auch das Heft der «Tat» ausgehängt. Das grüne Streifband, zwei kräftige schwarze Trennungslinien, die Titel der größeren Beiträge, voran die Namen ihrer Autoren. Ich sah meinen Namen, Musils Namen. Warum hatte ich diese Ausgabe noch nicht bekommen? Ich hatte es insgeheim befürchtet, die Auslieferung bei uns wird gestoppt, das Heft in letzter Minute verboten worden sein. Die banalen Ängste, man nimmt erst einmal das Schlimmste an. Ich hätte sie mir ersparen können, die Post brachte zur gleichen Zeit auch mir, worauf ich ungeduldig gewartet hatte. Aber es gab Monate danach ein da nicht mehr erwartetes Nachspiel. Elisabeths Mutter rief an, schon ihre Stimme verriet, sie war besorgt um mich. In der S-Bahn neben ihr oder ihr gegenüber ließ ein Fahrgast ein Blatt liegen, das sie noch nie, sie betonte es, auch nur angefaßt hatte: «Das Schwarze Korps», Kampfblatt der *SS*. Sie steckte es, nun doch neugierig, ein, blätterte es erst, als sie Hause war, durch. Ja, sie machte sich Sorgen um mich. Über drei Spalten, eine nahezu ganze Seite, las sie: «Literarisches Nachtwächtertum», über einem Abschnitt: «Geistlose Seicherei». Barsche Worte zur Buchkritik in der Diederichs-Monatsschrift mit meinem Versuch über Musil, kein Verständnis dafür, daß dessen «überintellektueller Wälzer ‹Der Mann ohne Eigenschaften› von neuem auf ein für das Jahr 1935 etwas unerwartetes Piedestal» gehoben werde. Im Gleichklang damit, ich erfuhr das erst sehr viel später, das eher noch härtere Verdikt der offiziösen «Bücherkunde», die Alfred Rosenbergs «Reichsstelle zur Förderung des deutschen Schrifttums» herausgab. Zu Musil, zu meinem Einsatz für ihn hieß es da lapidar: «Romanliteratur wie wir sie nicht wünschen!» und: «Wir möchten ... für die Zukunft ein Wiederauftauchen derartiger Literatur in aller Entschiedenheit verhindern!» Im Blatt der *SS* kein Hinweis, wer das schrieb, auch hier nicht. «Hauptschriftleiterin der ‹Bücherkunde›» war meine inzwischen auch promovierte Heidelberger Freundin Elisabeth W.

Ich blieb nur die Nacht, fuhr in der Frühe weiter, traf in Frankfurt den Studienfreund Didi aus Heidelberg, seit kurzem Redakteur der zuvor so tonangebenden Zeitung dort, begrüßte den künftigen Mann meiner Schwester, über Ostern vereinte sich die Familie, die Mutter, die Schwester, über uns der Drachenfels, in Rhöndorf am Rhein. Es zog mich wieder, das erste Mal per Schiff, flußabwärts und weiter zu den Pokerfreunden aus Scheveningen, dem Seebad Den Haags. Besuchen Sie uns mal. Es mag sein, sie hatten es nur so hingesagt. Ich nahm sie beim Wort. Ein Gästezimmer mit einem Baldachin für einen hypersensitiven Asketen. Aus Indonesien, wir mochten ihn nicht dort lassen. Dagegen die uns erlaubten kargen zehn Mark, nicht mal ein Taschengeld, sie wußten, wie das war. Sie fuhren mit mir zu den Blumenfeldern südlich von Haarlem, nach Delft, nach Amsterdam, gingen dort mit mir ins Maurits Huis, zeigten mir das Judenviertel, die berühmte Folklore von Volendam aan Zuidersee. Johan Huizinga? Sein «Herbst des Mittelalters», sein «Erasmus», es gefiel ihnen, daß ich das gelesen hatte, daß ich wußte, wer Huizinga war. Möchten Sie ihn kennenlernen? Freunde fragten bei ihm an, sie vermittelten es.

Ich fuhr schon am Tag darauf nach Leiden, sein Haus lag am Witte Singel, dem Ringgraben bei der alten Innenstadt an einer von Bäumen überschatteten Gracht. Ein junger Mann aus Deutschland, ich kam nicht dazu, ihn mit Fragen zu bedrängen, er, ein gütiger älterer Herr, stellte sie, hörte mir aufmerksam zu, fragte weiter. Zwei Nachmittagsstunden, er gab mir zum Schluß eine schmale Broschüre mit einem «Lettre à M. Julien Benda», schrieb aufs Vorblatt: «Herrn Dr. ... in Erinnerung eines angenehmen Gesprächs 4. V. 1935 J. Huizinga».

WORAN ORIENTIERT «MAN» SICH? An der Erinnerung, wie es vorher war, und was heißt vorher? An den Vorgaben des Staates, gleichgültig, wie man zu ihm steht? An der Gemeinschaft, was immer das sei? Fragen, Überlegungen, stille Eingeständnisse, sie liefen beim Gespräch an Leidens Witte Singel mit. Jede Begegnung ist ein Anstoß, sich mit sich selbst zu konfrontieren. Gab es unanfechtbar verbindliche Normen? Wir saßen zu dritt in einem Café in Rotterdam. Zwei Tische weiter eine wohl nicht allein für mich anziehende Frau, etwa mein Alter. Exotisch, nicht ohne weiteres zu lokalisieren. Mijnheer X. folgte meinem Blick, sah seine Frau an. Halbblut, sagte er. Apart, sagte ich. Sie meinte nur: Sie ist anders. Eine Quantité négligeable, ich verstand. Zwei Tage danach eine weitere hier nicht für möglich gehaltene Dissonanz. Eine blonde junge Frau im Garten nebenan. Sie war schon einige Male zu sehen. Eine sympathische heitere Kinderschwester. Ich lächelte zu ihr hinüber, sie lächelte zurück. Ein paar Worte über den Zaun. Von hier? Ich bin Flämin. Kennen Sie Gent? Die Kinder, ja. Sie sind lieb, sehr lieb. Holländisches, französisches Kauderwelsch. Könnten wir ...? Sie ließ mich nicht weitersprechen, winkte ab. Mir war klar, ich könnte nicht mit den Gulden meiner Freunde mit ihr ins Kino oder sonstwohin gehen. Aber das war es nicht. Die Nachbarn, so wurde ich belehrt, die sind neu, sie sind noch keinen Monat hier, wir kennen sie noch nicht. Wir besuchen sie, wenn es soweit ist, das hat Zeit, das ist hier anders. Sie kommen aus Nürnberg, Sie verstehen.

Das Gefühl, ich bin aus dem Tritt gekommen. Ich fuhr noch einige Male hin und her, kam nicht zur Ruhe. Zurück von Holland eine Woche bei der Mutter, zwei Wochen wie zur Probe wieder in Berlin, Juni/Juli, als gehörte ich nun dahin, noch einmal, bei knapp dosierter vegetarischer Kost, aber mit dem wunderbaren Ringsumblick hoch oben auf Hiddensee in der Burg von Käthe Kruse. Ende Juli, nach fünfzehn Monaten, nicht mehr nur Gast in Berlin, nun hier, ich nahm es mir zumindest vor, wieder seßhaft. Maienstraße 4, eine Sackgassenidylle, um die Ecke der Nollendorfplatz, die U-Bahn, mitten in der Stadt. Ein altes noch stattliches Backsteinhaus und ein neu dazu gesetztes hellgestrichenes Einfamilienhaus, dazwischen der Verbindungstrakt, in den ich einzog, mein moderat besonntes Zimmer zum Garten, ein zweites zur Straße, es war auch schon vergeben, keine Küche, aber ein gemeinsames Bad. Neue Möglichkeiten beim Funk in der Masurenallee, auch sie, vor allem sie hatten mich wieder hierhergeführt. Anfang Januar, er erwartete mich am Abend in seinem Büro, nach Monaten ein erstes Gespräch mit Hermann Proebst, wir kannten uns seit den Theaterreportagen. Wir kamen von einem zum anderen, er wie ich dachten an die Situation bei uns, an unsere vielfältigen offenen Fragen, er war, ein passionierter Historiker, im achtzehnten Jahrhundert zu Hause, ein bayerischer Kenner Preußens, auch der Bismarck-Ära, die Verweise dahin, dorthin brachten ihn auf immer neue Aspekte, verdeckte Parallelen, auf Vergleiche, die sich unverfänglich mißverstehen oder leger bagatellisieren ließen.

Was mich zu ihm führte, schob ich erst einmal beiseite, vergaß es. Ein Pendant zu Eschmann, ich machte sie ein paar Wochen später auch miteinander bekannt. Was sich, auch mit den schlimmsten Konsequenzen, bei uns abspielte, war für sie, so unmittelbar schmerzlich zahllose Menschen Tag für Tag davon betroffen wurden, zuvorderst ein Abschnitt der Geschichte. Sie sahen sich, sie sahen uns allen zu, aber natürlich, alles, was damals bei uns geschah, betraf auch sie, nur sie federten sich, so leidensfähig sie selbst auch sein mochten, ob bewußt, ob unbewußt dagegen ab. Nach einer halben, dreiviertel Stunde kam er wie nebenbei darauf, warum ich bei ihm war. Ich hatte ihm einige Kapitel der schon in den Bergen begonnenen Geschichte geschickt, auf Sylt versuchte ich einen anderen Anfang, es war unter der Hand eine neue Geschichte geworden, mir lag an seinem Urteil. Interessant. Nicht uninteressant. Mir war bewußt, er war weniger literarisch als eben historisch orientiert, ich sagte mir, er wird meinem Versuch gegenüber eher vorurteilsfrei, nicht kennerisch dogmatisch festgelegt sein. Mir lag daran, über ihn mit dem Rundfunk wieder oder neu ins Gespräch zu kommen.

Anfang März hatte er mir in seinem Programm eine erste halbe Stunde eingeräumt. Ein viel oder auch nichts sagender Titel: «Der Aufbruch». Nach dem Radiodebüt mit dem «Leben um den toten Punkt» drei Jahre davor eine Art Fortschritt. Wer das so sah, es so verstand, hätte daraus, wie vielleicht auch ich, den Schluß ziehen können, ich sei nach dem Versuch über den vor meiner Geburt verstorbenen Vater in der Gegenwart angekommen. Die Gegenwart, wie definierte sie sich, was würde sich aus ihr ergeben, wohin führte sie uns? Ob man darüber nachdachte, ob man es nicht wissen wollte, sie ließ sich nicht fassen. Wir waren, das war meine Formel, eine amorphe Eventualität. Wir blickten wie gebannt in die Zukunft. Über sie entscheiden würden die, es war paradox, die den Weg hin zu ihr blockierten, die sie versperrten.

LEOPOLD, ich kann mich nur noch an seinen Vornamen erinnern. Er zog zwei, drei Tage nach mir ein, zwanzig, einundzwanzig, ein auf den ersten Blick wohlerzogener junger

Mann. Die Besitzer der zwei Häuser, sie hatten ein halbes Leben in Australien verbracht, er hatte dort Schafe gezüchtet, sie kannten seine Eltern. Sie meinten, er bleibt nicht lange. Wie lange? Ich sprach ihn nicht darauf an, es ging mich nichts an. Es tangierte mich nicht, daß da, zumal so nah, nun noch jemand war. Das Bad zwischen unseren Zimmern, der kleine Vorraum, unser Flur, verbanden uns, sie trennten uns. Das Klima einer eigentümlichen Indifferenz, ähnlich dem Desinteresse gegenüber dem, der im Hotel ein, zwei Nächte nebenan logiert. Es war mir recht, ich erwartete nichts von ihm, er wohl kaum etwas von mir. Er ging früh weg, war, anders als ich, tagsüber nicht da, am Abend, war er zu Hause, hatte er Besuch. Freundinnen, Freunde, ich sah selten jemanden von ihnen und auch dann nur flüchtig, ich hörte nur, sie unterhielten sich, es ging lebhaft zu bei ihnen, sie lachten, sie hatten sich viel zu sagen, zwischendurch wurde auch mal eine Schlagerplatte aufgelegt. Es konnte Mitternacht, auch später bei ihnen werden, ab halb elf, elf dämpften sie ihre Stimmen, so war es zu ertragen. Ich arbeitete, soweit das Wetter es zuließ, bei offenem Fenster, die Nacht draußen überdeckte, so empfand ich es, oder schluckte, was aus dem Hause zu hören war, weg.

Gegen Ende August, an einem Sonntag, blieb es nicht wie sonst, wenn wir uns begegneten, beim Guten Tag, beim Guten Abend, es kam zum ersten Mal zu einem Gespräch. Ich war bis tief in den Nachmittag wieder einmal in Dahlem gewesen, er wollte, als ich heimkam, gerade fortgehen. Fein, sagte er. Haben Sie einen Moment Zeit? Ich hatte eben noch bei Ihnen angeklopft. Ich schloß meine Tür auf, bat ihn herein. Ich fürchte, es wird heute eine sehr lange Nacht. Vielleicht hätten Sie Lust, dazuzukommen. Ich würde mich freuen. Geburtstag? Er schüttelte den Kopf. Bitte, kommen Sie, Sie werden sehen. Um acht? Es gibt auch etwas zu essen. Drei junge Frauen, sechs Freunde, zwei älter als ich. Es war seine Abschiedsparty. Ja, ich gehe nach England. Ich dachte, Sie wüßten es. Meine Mutter, mein Vater sind schon dort. Seine Gäste waren in ihren Gedanken auch schon irgendwo im Ausland, es war zu spüren, sie waren noch nicht soweit, sie fragten sich noch wohin. Sie überspielten, wie sehr ihrer aller Lage sie bedrückte. Sie waren das letzte Mal zusammen, wo würden sie sich wiedersehen, würden sie sich überhaupt noch einmal sehen? Ich sah mich vor einer mir verschlossenen Welt, stand wie hilflos davor, ich hatte mir noch nie ernsthaft vor Augen geführt, wie fremd sie mir war.

Zwei Zeilen Musils in seinem Tagebuch erinnerten mich nach Jahren an diese Nacht: «Mitten in der anfänglichen, drückenden Ungewißheit haben An.(nina) u(nd) Otto (Rosenthal: Tochter und Schwiegersohn seiner Frau) Freunde zu sich geladen; Grammophon, Tanz. Ein individuelles ‹Ach, was!›» Das war auch 1935. Ende des Jahres emigrierten Annina, Martha Musils Tochter aus ihrer zweiten Ehe, und deren Mann über Hamburg in die U.S.A.

Ich hatte es mir schon einmal im Halbschlaf, im Traum, nicht erst in der Nacht bei meinem Mitbewohner, vorgestellt, ich gehe, nichts, niemand bedrängt mich, Knall und Fall fort, ich bin mir bewußt, ich ließe damit alles hinter mir, es würde nicht leicht sein. Eine der Illusionen, wie man sie von Zeit zu Zeit, mancher ein Leben lang, blind gegen sich selbst mit sich herumträgt? Ein Wunschtraum, den man vergessen sollte? Ein Reflex der Sorge, was der nächste Tag bringt? Die Angst vor der so beklemmend verborgenen Zukunft? Nach den Stunden mit Leopold und seinen Freunden der Eindruck, wir sprachen nur am Rande davon, aber auch sie hatten von nichts anderem gesprochen. Was mich umtrieb, beunruhigte, was mir wieder und wieder durch den Kopf ging, war für sie definitive Realität, sie ließ sich, wie engagiert auch immer, nicht mit noch so zwingenden Argumenten wegdiskutieren. Mein Problem war demgegenüber bloß eine Kalamität, die sich schon mit ein bißchen Glück durchstehen ließe. Wen kannte ich draußen? Das generöse Ehepaar in Basel, das in Scheveningen, den Freund aus dem Engadin, aber er lebte in Berlin. Kein Konto irgendwo, keinerlei Reserven. In keiner Sprache außer der eigenen zu Hause. Allein schon dadurch keine Aussicht, mich von heute auf morgen auf meinem noch kleinen, gar nicht zu reden von einem mir unvertrauten Terrain nützlich zu machen, ich stünde vor dem Nichts. Ich wagte nicht, auch nur einem meiner Freunde zu verraten, was mich insgeheim bewegte.

Mein neuer Nachbar? Es gab ihn nicht, ich müßte mich erinnern. Das Wohlbehagen, ich habe nun wieder eine Hütte einzig für mich, kein Gedanke mehr, mich wohin auch immer abzusetzen. Dazu erstmals der Impuls, mich häuslich einzurichten. Einmal in der Woche, regte ich an, sollten wir uns treffen. Bei mir, sonntags von zehn bis eins. So etwas wie ein kleiner jour fixe, ein Versuch, wie sonst sollten wir es nennen? Die vertrauten alten Freunde, der eine oder andere neue Freund aus den Wochen auf Hiddensee. Mit Grigol Robakidse war immer zu rechnen, für ihn war es ein Akt der Integration. Selbst mit ihm wurde nicht politisiert. Wir saßen zusammen und tauschten aus, womit wir uns in der hinter uns liegenden Woche beschäftigten. Es blieb offen, was wir sonst von einander und jeder für sich in unserer Runde erwarteten.

Im Rückblick war es, wie ich lebte, ich sollte sagen wie ich mich durchschlug, ein Vabanquespiel. Von dem, was Eschmann von Zeit zu Zeit in der Monatsschrift in Jena unterbringen konnte, ließen sich der Betrieb (Schreibmaterial, Porto), die Wäsche, die Schuhe, die Pflege der Haare, die Fahrten durch die Stadt, die nicht so lebenswichtigen Ausgaben fürs Kino, fürs Theater, die Kosten für die Zeitung, ab und an für ein Buch bestreiten. Ohne die Chancen, die der Funk mir bot, hätte ich nicht leidlich wohnen, mich schlecht und recht ernähren, sonntags ein paar Freunde zu mir bitten können. Ein Vabanquespiel und ein permanenter Balanceakt. Es war für mich später, sehr viel später ein Rätsel, wie das ablief. Brach ich einmal ein, setzte ich auf den Tag danach, es fand sich immer ein Weg, das Tief war schnell vergessen. Nichts war sicher und alles war möglich. Alles hieß: auch das Schlimmste, doch davon hörte man nur, man konnte nicht mal eben nur so darüber sprechen.

Unser Horizont hatte sich verengt. Hatten wir noch den Blick dafür? Es war ein langsamer, im Kontrast zu unserem nun vielfach überdröhnten Alltag lautloser Prozeß. Im Herbst berichtete ich, er gehörte noch ganz selbstverständlich zu unserem Programm, über den «jungen amerikanischen Roman»: William Faulkner («Licht im August»), Thomas Wolfe («Schau heimwärts, Engel»). Die Themen davor, danach: Deutsche Wanderungen, Johann Georg Hamann, Die Kunst des Reisens, Harzreise im Herbst, Die Alpen als dichterisches Erlebnis, Schillers erzieherische Sendung, Carl Gustav Carus. Einige waren ausdrücklich meine Wahl. So in den Jahren darauf: Stifter, Bachofen, Leibniz, Fichte, Chamisso, Willibald Alexis, der junge Beethoven, Wilhelm Hauff, Ewald Christian und Heinrich von Kleist, Nietzsche, Wieland. Ich setzte wie nebenbei mein Studium fort, verbrachte, nicht selten unverhofft beglückt, ganze Tage in der Bibliothek, es erschlossen sich mir auf verführerischen Neben- und Anschlußwegen immer wieder noch unentdeckte Felder, die Arbeit wurde so zum Vergnügen. In diesen Wochen kaum mal eine Ablenkung, es kam soweit, daß ich sie fürchtete.

Rahn war wieder aufgetaucht, er wußte mich immer zu finden. Sein Status hatte sich verbessert, ich sollte das doch sehen. Er wurde für mich mit jeder Stufe tiefer oder nun, wie es aussah, höher zu einer bald schon unverwechselbaren Romanfigur. Er wohnte wie im Jahr zuvor dicht bei der Macht im Kaiserhof nun scheinfeudal am Tiergarten im Souterrain eines Stadtpalais von noch erkennbarer Tradition. Er verhehlte es nicht, er sah sich am Ziel. Er hatte, auch als nichts mehr lief, unbeirrt auf zwei Trümpfe, die ihm schließlich noch geblieben waren, gesetzt: einen spanischen Granden in den Pyrenäen, er war auf die *Katharer* eingeschworen, und auf eine höhere Charge beim Reichsführer *SS*. Diese zweite Karte, schien es, hatte nun gestochen. Noch in seinem saloppen Zivil, ich hatte ihn bis dahin nicht anders gekannt, war ihm nun, in Himmlers persönlichem Stab, er war wie ein Kind ungeschützt stolz darauf, bereits ein Sekretär, mag sein ein Adjutant zugeteilt. Auf seinem Tisch, wie Geheime Kommandosachen, Stapel von Mappen, Akten. Der Mann an Rahns Seite schien, in irgendeine Arbeit vertieft, nicht wirklich da zu sein. Hernach sagte ich mir, sieh dich vor, er hat dich gewiß auf eine Liste gesetzt, jeder deiner Schritte wird ab nun, selbstverständlich bare Routine, minutiös protokolliert.

MEYER ZU SCHWABEDISSEN? wiederholte ich. Westfälisch, sagte Eschmann. Bauernadel. Er hob kaum die Stimme, warf ein Wort, als wolle er es los sein, wie gelangweilt hin. Wir hatten uns in einem Café am Lützowplatz getroffen, für mich ein Katzensprung. Wir trafen uns immer so, das Café, gestand er, ist für mich der ideale neutrale Ort. Er ging nicht auf Distanz, es war keine Koketterie, er war die Distanz in Person. Januar, Februar, bis Mitte März. Ich war mal dort. Sehr einsam, eine schöne Landschaft. Ich sollte jetzt noch mal kommen. Ich sagte mir gleich, das wäre etwas für Sie. Es sind ganz besondere Leute. Ich habe ihm geschrieben, Sie würden an meiner Stelle kommen. Nein, nein, ich schrieb nur, Sie würden kommen.

Ich hatte die Fahnen für den Oktober, den Anfang meiner Geschichte, noch einmal durchgesehen, ein paar Stellen variiert, einige Sätze eingefügt. «Der Aufbruch»? Nun, da er gedruckt wurde, kamen mir Bedenken. Ein Titel, den man mißverstehen könnte. Das ganze Land, das war ja die stete Parole des Tages, sah sich, es sollte sich im Aufbruch sehen. «Die Flucht»? Eschmann schüttelte den Kopf, wischte das weg. Er konnte nicht ahnen, daß ich allen Ernstes daran gedacht hatte, aber zuzutrauen war es ihm. Machen Sie weiter. Er war mein Mentor, mit dem Verlag in Jena hatte das nur mittelbar zu tun. Der Rundfunk hatte von mir im Juni auch eine «Kleine Geschichte ohne Trost», sie spielte in Südtirol, gesendet. Er hörte sie zufällig, oder ich zeigte sie ihm. Sie sollten das ruhig etwas verlängern, es erinnerte mich an Suhrkamp. Nun wurden es «Aufzeichnungen aus Südtirol», er hatte sie schon an die Setzerei gegeben, sah sie für das Novemberheft vor.

Dörentrup, Kreis Lippe, Weserbergland. Ich suchte es auf der Karte, die nächste Stadt, keine zehn Kilometer westlich, ist Lemgo, ostwärts knapp dreimal weiter liegt Bad Pyrmont. Bis dahin war ich, fünfzehn, sechzehn, per Rad gekommen. Auf einem kleinen Foto spaziere ich, Knickerbocker, geschlossener Kragen, Krawatte, mit der Mutter eines Schulkameraden über die Kurpromenade. Am ersten Tag, an den weiteren Tagen nichts, das mich an damals erinnert. Mein Ziel ist, vielleicht zehn Minuten entfernt vom Dorf, die Domäne Dörenhof. Die Frau des früheren Besitzers, sie behütete und verwaltete sie, mit ihr ein nicht mehr so junger Schäferhund begrüßten mich, sie hatten schon auf mich gewartet. Grüße, gute Wünsche von meinem Gastgeber, einem Fabrikanten in Bielefeld. Mein Quartier das Ferienhaus der Familie, ein vom Hof abgetrennter zweistöckiger Bau aus dem Gestein der Gegend. Zehn, zwölf Zimmer, das für mich lag oben, es war bereits geheizt. Die erste, die zweite Nacht kam ich mir wie verbannt vor. Zu den Mahlzeiten, auch schon zum Frühstück, ging ich hinüber zum Haus fürs Personal, einen älteren Mann, zwei noch jüngere Frauen. Dem Hund war ich offensichtlich recht, er legte sich, die Schnauze auf den Pfoten, dazu, blickte aber nicht zu mir hoch. Stand ich auf, stellte er sich auch wieder auf. Er war gut erzogen, bettelte nicht. Ich gehörte für ihn zur Familie, die nicht da war, er begleitete mich auf Schritt und Tritt.

Wochen, die mich von mir forttrieben. An wen dachte ich?

Wen vermißte ich? Keine Sehnsucht nach irgendwem. Wieder die Vorstellung, ich bin draußen, weit weg, ich hätte nicht sagen können, ob es mich ernstlich woandershin zog. Ich ging, den Hund getreu neben mir, nacheinander zu den Höfen ringsum, drei, vier gehörten auch einem «Meyer zu», mit einem von ihnen kam ich in ein über gut zwei Stunden gehendes Gespräch über Ernst Haeckel und dessen Lehre von der «Einheit der Natur». Ich konnte ihm nur zuhören, er konnte glauben, ich hinge an seinen Lippen. Ich ging ein zweites, ein drittes Mal zu ihm, er immer freundlich aufgeräumt, ich war ihm, ich täuschte mich nicht, jederzeit willkommen. Er empfahl mir Bücher zur Naturphilosophie, auch eine ihr verschriebene Zeitschrift, er war auf sie abonniert, lieh mir die letzten Hefte, ihr Name ist mir entfallen. Mein Gastgeber kam zweimal, einmal allein, das zweite Mal mit seiner Frau, von Bielefeld herüber, einmal besuchte ich ihn dort. Halb Unternehmer, halb Intellektueller Er stand Johannes Müller (Schloß Elmau bei Garmisch-Partenkirchen) nahe, publizierte auch mehrere mit ihm korrespondierende Schriften. Nur vereinzelt ein Tag, von dem ich sicher war, ich würde noch in Jahren an ihn denken, selten eine Notiz, nur Stichworte: Ein Telefonat nach Bremen mit einer charmanten Zugbekanntschaft, ich hatte es ihr zugesagt; die halbe Stunde über C. G. Carus im Berliner Rundfunk; ein Herr Gerok oder Gehrock fuhr mit mir nach Detmold, drei Wochen später nach Rinteln an der Weser. Nachts bis zwei, auch drei am Schreibtisch, der Albdruck, ich könne nicht schlafen. Eine mal lähmende, mal verstörende Monotonie. In der zweiten Märzwoche trug ich ein: 6^h ab Dörenhof über Bielefeld, Osnabrück nach Bremen: 11.15 Uhr. Ich hatte es mir nicht vorgenommen, es zog mich wie zwanghaft erneut an die See, am nächsten Mittag war ich, das letzte Mal, wieder auf Sylt.

Mit Berlin kam ich, wie viele Wochen, wie viele Monate ich auch weggewesen war, in zwei Minuten wieder zurecht.

Ich hatte mich, wie meist bis dahin, nirgends angesagt, legte mich, war ich unterwegs, ungern auf einen Termin fest. Eine Fahrt über den ganzen Tag von 6 Uhr früh bis in die Nacht. Die zum Süden verschlankte Insel mit der Kleinbahn hinunter bis nahezu an ihr Ende, von da in einer weiten Schleife über Helgoland hinein in die Elbe, rechts das Alte Land, ab Hamburg wieder per Bahn. Noch vor Mitternacht lag ich in dem Bett einer kommoden Pension in der Lietzenburger Straße, sie verläuft nur zum Teil parallel zum Kurfürstendamm. Ein eher biederes und das doch immer gleiche Berlin. Ein sarkastischer Schlaks, ich hatte für ihn kein anderes Wort, schlief mir gegenüber. Ich saß am nächsten Morgen, etwa halb neun, ich hatte schon gefrühstückt, bei der Rezeption, durchblätterte, eine nach der anderen, die da aufgelegten Zeitungen. Er setzte sich, ich hatte nicht gesehen, wie er dazukam, an den Tisch neben mir, las an meinem Kopf vorbei die Schlagzeilen, wohl auch die Unter-, die Zwischentitel mit. Ich fühlte, er sucht das Gespräch. Ein Zyniker, schon seine Stimme verriet ihn. Seine Lust an der Provokation. Haben Sie schon gehört –? Was meinen Sie –? Gerüchte, das jüngste Gerede. Es war mir bewußt, es empfiehlt sich nicht, sich darauf einzulassen. Wiener? fragte ich. Ich weiß nicht. Es amüsierte ihn. Sprechen's offen. Ein bißchen das Spiel mit dem Mißtrauen. Es ignorieren, ihm ausweichen? Morgens, bei den Zeitungen, schon beim Porridge, beim Kaffee, war das schwierig. Er hatte Esprit, war nicht dumm. Es gab Momente, da wurde er mir unheimlich. Ich sagte mir, so leger, so vergnügt ist kein Schuft. Ich nahm es als pars pro toto, ich war kein Eiferer, hätte ihn um keinen Preis simulieren können, ich fuhr ihm, er hatte ja in manchem recht, nicht über den Mund. Es ist ein Witz, er fehlte mir, als er nach einigen Tagen, als gäbe es ihn nicht, nicht mehr da war.

Ich ging in der Nacht gerne noch einmal ums Karree. Dabei eine Begegnung, die mich schockierte. HGB, sein Name tut nichts zur Sache, ein bis vor drei Jahren renommierter Journalist, seine Kommentare in einem pointiert kritischen bis unerbittlichen Wochenblatt, das nun in Prag erschien, hatten ihre Leser. Ein Schatten, mit rundem Rücken, die Schultern eingezogen, schlich er, wie in sich verkrochen, an den Häusern vorbei, er sah nicht auch nur eine Sekunde auf. Wir kannten uns nicht. Ich hatte ihn bei Lesungen mit Gerhart Pohl, mit Kesten, auch mal während der Pause in einem Theater gesehen. Dürfte ich ihn ansprechen? Es könnte ihn erschrecken. Ich war unschlüssig, zögerte, er war auf einmal in einem der Häuser verschwunden. Was hätten wir uns sagen können, hätte er mir getraut?

Ich meldete mich beim Funk, rief einen nach dem anderen die Freunde an. Ich traf Jutta S. Wir verbrachten vor Jahr und Tag mit ihrer Kollegin bei einer Behörde und deren Onkel, dem ich den kleinen Zuschuß zum Studium verdankte, einen ewig langen Abend im Haus Vaterland beim Potsdamer Platz. Wir gingen danach zweimal zusammen ins Kino, ich war auch einmal an einem Wochenende zum Tee bei ihr. Auf der Domäne bei Lemgo sah ich sie in Gedanken wieder vor mir. Wir gingen nun wieder einmal ins Kino, fuhren in den Grunewald, besuchten da ein Tennisturnier. Hochgewachsen, schlank, makellos ebenmäßig, nun mehr als schon vorher eine Erscheinung. Für den Freund aus Arosa, er sah sie nur einmal, war sie die Statue. Mein Etikett für sie: Du müßtest sie heiraten, anders ginge es nicht. Ich hätte mal mit ihr darüber reden müssen. Das war die Schwelle.

13. JUNI 1936, an einem Samstag. Es waren nur Sekunden, ich war gerade aufgewacht, begriff nicht, wo ich war. Ich lag in einem Zimmer, an das ich mich nicht erinnerte, in einem mir fremden Bett, doch das Zimmer immerhin schien mir dann doch schon ein wenig vertraut. Aber wann und wie nur war ich hierhergekommen? Vor dem Fenster rechts von mir ein grau-blauer Vorhang. Er ließ den Tag nur wie mißge-

launt herein, es konnte erst fünf, vielleicht sechs sein. Ich sprang auf, schob den Vorhang beiseite. Draußen war heller Tag, er brach nun auch bei mir ein. Ich sah auf der Uhr an meinem rechten Arm, es war schon acht, neun Minuten nach elf. Ich suchte die Brieftasche, die Schlüssel, fand sie nicht. Ich war tags zuvor eingezogen, dieses Bild kam plötzlich wieder, Stülerstraße 7, vis-à-vis der Tiergarten, ich blickte von hoch oben in bunte heitere Gärten im Rücken der Nachbarhäuser. Einzig der Freund aus Heidelberg, der ältere meiner zwei Musiker, würde mir sagen können, wie ich hierhergekommen war. Er wohnte, wie das Paar in ihrer ménage à trois, um die Ecke, er hatte mir den Tip gegeben, ein anheimelndes geräumiges Zimmer, ein kleineres für die Nacht, ein altes schrulliges Fräulein, ihr Kater ist ihr ein und alles, ringsum kein Sterbenslaut und diese Lage – genau das, was du suchst. Ich rief bei ihm an, seine Nummer war mir so geläufig wie die eigene, wir telefonierten nahezu Tag für Tag miteinander. Das Geld, die Schlüssel? Wo schon? Sieh mal unter dem Kopfkissen nach. Ich begann mich zu erinnern, der vorangegangene Abend, die halbe Nacht, sie dämmerten wieder vor mir auf. Schwannecke in der Augsburger Straße, mein Dank für die neuen vier Wände, zweimal rechts der Kurfürstendamm. Ich sah ihn schmunzeln Wann waren wir schon mal in einer Künstlerkneipe? Ich mochte weder Bier noch Schnaps, nahm, wenn es denn sein mußte, mit einer Schorle vorlieb. Keinerlei Anlaß zum Übermut, was gab es schon zu feiern? Eher ich als der Freund kam darauf, es müsse erlaubt sein, auch oder gerade in dieser Zeit einmal über seinen Schatten zu springen. An den anderen Tischen lauter wohlgelaunte Gäste, das steckte an. Ein Bier, ein Aquavit – Ein Versuch. Aquavit, der Name gefiel mir. Schon mit der ersten Lage verrutschte mein Gleichgewicht. Der Freund tat, als halte er mit, oder es machte ihm nichts, einmal ein Glas mehr als gewohnt zu trinken. Ich kannte dich nicht wieder, du kamst gleich in Fahrt. Ich bestellte: Noch mal dasselbe. Ich bestellte es dreimal, viermal. Ich übernahm mich, ich habe den Verdacht, ich imponierte mir. Schlimm? Wie schlimm? Er hatte mich gegen drei zur Taxe vor der Tür geschleppt, mich vor dem herrschaftlichen Tor, einst die Einfahrt für die Kalesche, zu meinem neuen Zuhause ausgeladen, mich im Hinterhaus die Wendeltreppe drei Stockwerke Stufe um Stufe hochgestemmt, er fand, das erstaunte mich, die Tür zu mir, schälte mich aus dem Anzug, warf mich aufs Bett.

Die zweite Hälfte Juni, den Juli, den halben August nichts Besonderes, ich lebte mich wieder einmal ein. Mittags der Gang die lange Budapester hinunter zur Gedächtniskirche, so blieb ich für alle Fälle wenigstens etwas in Bewegung, der Rücken, die Hüften, die Oberschenkel, die Waden versteiften nicht zu früh, ich sah überdies etwas von der Welt, konnte glauben, ich hielte mich einigermaßen auf dem laufenden. Gab es ein Problem, suchte ich dazu den Freund, Zaungast wie ich, ich fand ihn an der Tauentzien im Löwenbräu mit seiner vagen Reminiszenz auch an die österreichische Küche. Ende Juli aus heiterem Himmel ein Besuch, mit dem ich nie gerechnet hätte. Die Katzenmutter hatte ihn zu mir geführt. In der Tür, es war später Vormittag, standen, einen überdimensionalen Strauß weißer Lilien im Arm, ein über das ganze Gesicht strahlender Mann, dessen Foto ich schon mal gesehen hatte, und eine mir gänzlich unbekannte Frau. Walter Bauer? Er nickte. Ich entsann mich. Mein kleines Porträt in Ernst Heilborns «Literatur» lag drei Jahre zurück. Der Arbeitersohn, seine «Stimme aus dem Leunawerk». Damals besprach ich – für die «Vossische» – auch seine Erzählung «Das Herz der Erde». Wunderbare Blumen – Ich fragte mich: Wofür? Hatte unser Überseesender, seit kurzem mein weiteres Spielfeld beim Funk an der Masurenallee, nun Bauers Porträt auch noch zu seinen Hörern auf Neuseeland, in Südafrika, in Brasilien gebracht? Es wäre möglich. Gleichwohl, ich war sehr verlegen.

Die Olympischen Spiele in Berlin, in zwei Tagen war es soweit. Wen ließ das gleichgültig? Sie bringen selbst das fernste Ausland, von dem wir nur träumen können, ins Land. Am Kiosk wird man den Pester «Lloyd», die «Times», die «Neue Zürcher» bekommen. Die Propaganda wird, es sind nur Nuancen, es mag täuschen, ein wenig zurückgenommen. Hoffnung auf eine wenn auch nur gelinde Entspannung. Man wagt sich vorzustellen, wie es ist, wenn wir dem nächsten Tag wieder halbwegs unbeschwert entgegensehen können. Ich kam vom Essen in der Tauentzien, ging hinüber zum KaDeWe beim Wittenbergplatz, einmal sollte ich doch dabei sein. Beim Stand für die Karten schon ein mittleres Gedränge, vor, halb neben mir eine schlanke junge Frau zweite Hälfte zwanzig. Es mißfiel ihr, daß wir anstehen mußten, es ging nur langsam voran. Ich konnte sie verstehen. Was nehmen Sie? Es hieß wohl: Was soll man nehmen? Sie schien so unschlüssig wie ich. Irgendwas, sagte ich. Sie war hochblond, das Haar im Nacken straff eingeschlagen, darüber ein kreisrunder mattblauer Hut, er beschattete ihr Gesicht. Wofür sie sich entschied, ich weiß es nicht mehr. Ich nahm, was sich gerade bot, Hockey, Basketball, ich wollte sie nicht aus den Augen verlieren. Oder wartete sie auf mich? Es war ihr recht, als könne es nicht anders sein, daß ich mit ihr vom dritten, zweiten Stock hinunterfuhr, an ihrer Seite blieb. Wir überquerten den Platz Richtung U-Bahn, bogen ab. Mein Bus –! Sie hatte es auf einmal eilig. Schade – Ich sagte irgend so was, kritzelte oben auf meine Zeitung, ich hatte sie nur erst überflogen, meinen Namen, mein Telefon, bemerkte dazu nur, man kann nie wissen, riß die kleine Ecke ab. Den linken Fuß schon auf dem Trittbrett griff sie danach, steckte den Zettel weg.

Eva Kennis, gebürtige Hamburgerin. Aus Ottensen, sie bedeutete mir, das ist das wahre Altona. Dazu stand sie. Ich wartete einen Tag, zwei Tage, vier Tage später rief sie an, wir trafen uns in einer kleinen Weinstube, fünf, sechs Tische, ein paar Schritte vom Lützowplatz. Ich nannte sie später, da lebte sie nicht mehr, Ruth. Ruth Vanderath. Ich nehme an, sie hätte sich nicht dagegen verwahrt. Sie mochte nicht, daß man in ihr Leben hineinsah, von vielem erfuhr ich nie etwas, ich wollte es auch nicht wissen. Ihr Kindtrauma, damit fing es an. Das Kind, ein Junge, den man ihr genommen habe. Eine Obsession? Ich mochte nicht glauben, es habe diesen Jungen je gegeben. Ihre Sehnsucht nach ihm. Ich ließ sie ihr, ich lebte mich in ihren Traum hinein. Es gibt ihn, natürlich gibt es ihn, er ist todsicher eines Tages da. Ich wehrte mich nicht dagegen, es rührte mich an. Wer nahm ihn ihr? Es gab da nichts zu fragen. Der Junge lebte, es wäre ihr, damals, an unseren ersten Tagen, nicht auszureden gewesen, daß sie ohne ihn nicht würde leben können. Ich erlag der Suggestion ihres Gefühls. Mir ging durch den Kopf, ob er schon drei oder vier, ja, wie alt er wohl wäre. Wer nahm ihn ihr? Ich habe und hätte nie danach gefragt.

Eine elegante, für mich natürlich schöne, natürlich gescheite Frau. Ich hörte ihr zu, das verband uns, ich ging auf sie ein, sie durfte glauben, daß ich sie verstand, ich selbst glaubte es. Der Ehemann, er war Holländer, der mehr ihr Vater war. Er reiste, immer in Geschäften, im Lande, in den Nachbarländern, vornehmlich Schweden, Norwegen, auch Finnland herum. Es blieb ihr Geheimnis, warum sie ihn heiratete. Ich sagte mir, es ist für sie selbst ein Geheimnis. Sie sprach wieder und wieder von ihrem Vater, er lebte nicht mehr. Sie bemerkte einmal nebenbei, sie waren Freunde, wirkliche Freunde, sie hätten Brüder sein können. Drei Schwestern, eine, ihre Lieblingsschwester, war mit ihrem Mann, der hier nicht hätte leben können, in die Staaten gegangen, eine lebte allein, schlug sich schlecht und recht durch, eine hatte das große Los gezogen, ich sah einmal einen langen Güterzug an mir vorbeifahren, Waggon für Waggon plakativ mit dem Namen ihres Mannes. Die Mutter blieb, was auch geschah, für sie stets eine Zuflucht. Über Wochen kein Tag, so die Erinnerung, an dem wir nicht miteinander telefonierten, wir sahen uns jeden zweiten, dritten Tag.

Dieser seltene Zustand, man weiß nicht erst nach Stunden, nach Tagen, nicht erst nach Monaten, man weiß in der ersten Sekunde, daß man nicht mehr von einander loskommen wird. Man muß nicht darüber sprechen, sich dessen wechselseitig versichern, es bedarf keines Gelöbnisses. Es ist ein Pakt, bei dem es nichts zu verhandeln gibt. Sie lebte ihr Leben, da berührten wir uns nicht, nicht mal auch nur flüchtig in dem Gedanken, sie verberge mir etwas. Mein Leben? Es nahm seinen Weg. Eschmann brachte nach Jahr und Tag ein weiteres, nun doppelt so umfangreiches Stück meiner Geschichte, nach dem «Aufbruch»: «Die Wiederkehr», ich sah mich auf dem Weg zu meinem ersten Opus. Rahn kam wieder einmal vorbei, nun in der schwarzen Uniform eines vollgültigen Angehörigen der *SS*. Ein weiteres Mal holte er mich mittags, in Zivil, zu einem Gang durch einige Straßen um den Anhalter Bahnhof ab. Kein Zweifel, er wollte, er sagte es nicht, sicher sein, daß nicht irgendwer mithören könne. Es gab Probleme, er hatte in seiner neuen Welt mehr Feinde als Freunde. Er mußte mit jemandem darüber sprechen.

An einem Wochenende Anfang September kam er mit einem Freund aus Genf zu mir: Paul Alexis Ladame, engagierter Journalist, brillanter Karikaturist. Sie kannten sich seit 1929/30. In seinem «Témoignage» zu Christian Bernadacs Biographie «Le mystère Otto Rahn/Du catharisme au nazisme» (Paris 1978) berichtet er von einer ihrer ersten gemeinsamen Unternehmungen in den Pyrenäen, sie führte von Ussatles-Bains, südwestlich vom Montségur, zur Höhle von Ornolac. Fünf Jahre jünger als Rahn, assistierte er ihm als «porteur» wie zunächst auch als Dolmetscher und nicht zuletzt als Bruder eines Geologen und Bergwerkingenieurs bei den anfallenden technischen Problemen. Er war als Journalist zur Olympiade nach Berlin gekommen. Deutschlands Hauptstadt war ihm überdies durch die hier verheiratete Schwester seines Vaters vertraut. Beim Bummel über den Kurfürstendamm sah er sich an der Ecke Joachimsthaler Straße plötzlich, völlig unerwartet, dem Freund aus Genf – Rahn war dort zeitweilig Deutschlehrer an einer Privatschule – wie vor allem aus ihren Pyrenäenjahren *gegenüber*: «Oh Schreck! Er trug («Il aborait»: hißte) die schwarze Uniform der *SS* mit der Armbinde ‹Leibstandarte Adolf Hitler›: ‹Mein lieber Otto, was machst du in dieser Uniform?›/Er blieb stehen, blickte nach links und nach rechts, sehr bleich, mit zusammengepreßten Lippen, ohne ein Lächeln, erwiderte er: ‹Mein lieber Paul, man muß fressen!› (‹il faut bouffer!›)»

Nach Schluß der Spiele blieb Ladame noch gut fünf Monate bei seiner Tante und deren Mann, sie wohnten in Tempelhof. Rahn war zwei-, dreimal in der Woche bei ihnen zu Gast, der Freund besuchte ihn hin und wieder in seinem Quartier nunmehr im Grunewald. Dazu vermerkt er einmal in seinem Témoigagne diesen Ausbruch Rahns: «Niemand wird jemals erfahren, was es heißt, unter einem Regime wie dem hier heute zu schreiben. Ich schäme mich, ein Schriftsteller zu sein. Aber ich kann sonst nichts machen. Sie halten mich fest. Ich bin ihr Sklave. Ich bin ein gut bezahlter Sklave!»

Bei Ladames Verwandten meldet sich nach einiger Zeit ein «Doktor Bade, ein sehr höflicher Mann, fuchsrote Haare, Brille eines Intellektuellen oder eher eines Lehrers, offener Blick, kräftiger Händedruck, im Knopfloch das Parteiabzeichen, vertrauenerweckend und doch, wie ich mich bald vergewissere, ein Spitzel der gefährlichsten Art.» (Etwa zehn Jahre später stellte sich heraus, der seltsame Doktor Bade hatte die «dans la capitale du IIIe Reich» akkreditierten ausländischen Journalisten zu überwachen.) Der Onkel «wittert dicke Luft, er rät mir, Berlin zu verlassen, bevor es zu spät sein könnte». Rahn ist nicht zu erreichen, auf Anrufe bei ihm keine Reaktion.

Ladame plante vor der Rückkehr in die Schweiz eine Reise nach Leningrad und Moskau, er wollte auch Warschau, das er noch nicht kannte, besuchen. Das Hauptmotiv bei diesem Plan war, wie ich von ihm selbst erfuhr, der Wunsch, seine Mutter wiederzusehen. Sie war Russin, Enkelin eines Kosakenobersts, sie hatte in der Schweiz Medizin studiert, dabei den Vater, später Psychiater, Chef einer Nervenheilanstalt, kennengelernt. In den zwanziger Jahren kam aus Moskau der Appell, das Land braucht euch, sie kehrte heim, nahm ihr jüngstes Kind mit, der Weg zurück zur Familie in Genf blieb ihr versperrt. Paul Alexis, ihr ältester Sohn, bemühte sich nun bei der sowjetischen Botschaft Unter den Linden um das erforderliche Visum. Seine Vorsprache dort wurde registriert, Rahn von seiner *SS* zur Rede gestellt, und er wieder hatte den Freund zur Rede zu stellen: «... mit einer tonlosen, unpersönlichen, bürokratischen, die Silben hämmernden Stimme: ‹Du warst heute morgen auf der Sowjetischen Botschaft Unter den Linden. Du betratest sie um 11^h 43. Du verließest sie um 11^h 58. Beweis dafür, daß du mit diesen Leuten in engem Kontakt stehst (que tu es bien)! Um 13^h 30 wurde ich von Reinhard Heydrich zum Sitz des S. D. befohlen. Er sagte mir, was ich dir nun sage. Er zeigte mir Fotos, auf denen man dich und den verbürgten Opel deines Onkels vor der Botschaft sieht. Ich habe den Befehl erhalten, dir wohin immer du gehst zu folgen; alle zwei Stunden über dich zu berichten; zu melden, wen du siehst, wohin du gehst, was du unternimmst ...›» Nach diesen ihm strikt aufgetragenen Sätzen beschwört Rahn ihn «mit einer sehr tiefen, sehr sanften Stimme: ‹Auf unsere Freundschaft! Wie immer!› (‹À notre amitié, comme toujours!›)» Am Ende heißt es bei Ladame: «Das ist das letzte Mal, daß ich Otto Rahn gesehen habe. Das war am 6. Dezember 1936, um 1 Uhr morgens.»

AHNTE ICH ES? Unheil, sagt wer vor der Furcht nicht davonläuft, kündigt sich an. Wir sollten mal aufs Land fahren, wie oft schlug ich es der geplagten Freundin vor. Sie wich nicht aus, sie traute es sich nicht zu. Sie war mit ihm, ihrem Mann, über Jahre von Hotel zu Hotel gereist, er ging seinen

Geschäften nach, sie kannte von früh an nur den Weg, sich ihm anzupassen, für ihn da zu sein und sei es nur um auf ihn zu warten. Sie hatte damit ihre Ordnung, es entsprach ihr nicht, sie in Frage zu stellen. So hatte er schon bald, womöglich nach nur ein paar Tagen erfahren, daß wir uns beim Wittenbergplatz begegnet waren, uns seitdem schon des öfteren trafen. Es interessierte mich nicht, wie er es aufnahm. Auch nicht, wie sie zueinander standen. Sie habe niemals eine Affäre, das kam mal zur Sprache, niemals eine Beziehung gehabt. Ich war für sie ein Freund, nicht, ich bedrängte sie auch nicht damit, die andere Möglichkeit. Es war wieder Sommer, es zog mich wieder, vorweg für sie und nur wenn sie mitmache, aufs Land. Es war für sie, es teilte sich ohne ein Wort mit, wir besprachen es nicht, ein großer Schritt, es erleichterte sie, es war ihr anzusehen, daß sie ihn wagte. Sie liebte Lovis Corinth, sie liebte, in allen Varianten, das Wasser. Ich schlug ihr zwei Wochen am Walchensee vor. Wir mieteten uns bei einer allein lebenden Bäuerin auf ihrem Altenteil statt in einem Gasthof ein. So hatte sie nicht irgendwelchen anderen Gästen plausibel machen müssen, wer sie war und wer sie nicht war.

Es war für uns noch nicht die Zeit, etwas zu vereinbaren. Ich sagte nur, ich bleibe hier unten. Wir beide wieder in Berlin, die stetige Spannung könnte ihr zu schaffen machen. Ich blieb übers Wochenende in München, lief beim Odeonsplatz Stefan Andres oder er mir über den Weg. Er saß mit seiner Frau, den Töchtern auf gepackten Koffern. Sie waren auf dem Sprung nach Positano. Ein Paradies. Kommen Sie mit. Zu weit, viel zu weit. Ich entschied mich für den Chiemsee. Ich suchte eine Ecke, in der es auch ihr gefiele, noch am Abend hatte ich einen hellgelben Pavillon nah beim Wasser gefunden, ich sicherte für sie beim selben Haus das Pendant dazu. Es wurde mir schon bald bewußt, die Fahrt an den Walchensee war eine Flucht gewesen. Sie tauchte unter, ich erreichte sie nicht. Ich schrieb ihr. Kein Echo. Auch ihn, ihren Mann, gab es nicht. Nach Wochen schließlich ein Anruf wie von weither. Aber von der Klinik, in der sie sich verbarg, waren es keine zehn Minuten bis zu dem Haus, in dem sie wohnte. Ich sollte nicht sehen, wie es um sie stand. Nur ein paar Worte. Ich esse rohe Leber. Und noch mal: Rohe Leber. Die Blutkörperchen. Perniziöse Anämie. Irgendwann wieder ein Anruf. Vitaminmangel. Schon seit Jahren. Darum bekomme ich kein Kind. Der Arzt sagt, ich dürfe keins bekommen. Nur darum. Ein andermal: Ich blutete und blutete. Es war der Anfang ihrer nicht abzusehenden Geschichte.

«ABENDS BEI STUMM.» Drei Tage nacheinander hatte ich allein das vermerkt. Ein Name, der mir nichts mehr sagt. Es muß jemand am Chiemsee gewesen sein. Ich saß da noch in meinem Pavillon. Zwei Tage danach notierte ich: «1.31 Uhr ab München (Heller Bahnsteig getroffen)». Nach vier Monaten der erste Kontakt wieder mit Berlin. Gerhard Heller, nur wenig älter als ich, er war der neue Mann für Literatur beim Überseeprogramm (Amerika, Afrika, Asien, Australien) des Berliner Rundfunks. Er wie ich in derselben Sekunde: Schön, Sie zu sehen. Wir fielen uns geradezu ins Wort. Wir hatten im Frühjahr über einige Stadtporträts gesprochen. Wir dachten an eine Reihe: «Kleiner Gang durch …» Zuerst Heidelberg, dann Köln. Zwei Städte, die ich nicht erst entdecken mußte. Essen war vorgesehen, ich kannte es kaum, war da nur mal ein, zwei Stunden gewesen, natürlich auch mein Berlin. Die szenischen Möglichkeiten reizten mich. Allein durchs Wort das Bild einer Stadt, in dem man sie wiedererkennt oder das sie dem, der noch nie dort war, nahebringt.

Es lag mir auf der Zunge, Heller zu fragen, was Proebst mache, da lief auf dem Nachbargleis, eher als der nach Berlin, sein Zug weiter in den Süden ein. Wir sehen uns. Ja, wir sehen uns. Proebst, ich hatte davon gehört, war nicht mehr an seinem Platz. Er wohnte auch woanders. Ich erreichte ihn erst nach dem Wochenende, seine Frau war mit ihm von ihrem hübschen Haus in Dahlem zu ihrer Mutter auf ein drittes Stockwerk in Lichterfelde gezogen, ich besuchte sie noch am Abend. Ich bin nicht unglücklich, im Gegenteil. Ich habe nun Zeit für Pitt. William Pitt, «der Begründer der britischen Macht», der Untertitel stand schon fest. Sein geliebtes achtzehntes Jahrhundert. Er hatte wiederholt von dieser Biographie gesprochen, sie schon seit Jahren geplant. Ich hörte nur halb hin, war nicht bei der Sache, ich wollte wissen, wie das kam. Wie das kam? Er konnte sehr bedächtig sein. Ganz einfach. Um halb neun, ich saß schon am Schreibtisch, war die Welt noch in Ordnung, um eins war ich schon hinauskatapultiert. Was ihn zu Fall brachte? Kein Was. Er mochte nicht darüber reden. Ein guter Freund. Sie waren, es gab Gerüchte, beide einst Studentenfunktionäre gewesen, sie trafen sich auf Kongressen auch im Ausland. Sie gehörten zum selben Klub, aber zwischen ihnen hatten Welten gelegen. Es war mir klar, ich würde auf einer Liste stehen. Es gibt so manche Liste. Es wundert mich, daß er mich erst jetzt entdeckte. Ein Wink. Das genügte. Es war abzusehen.

Schon am Tag danach meldete ich mich bei Eschmann zurück. Ich brachte ihm meine «Spielwiese», den Abschied von den Kinderjahren. Bei der Geschichte davor hatte er gepaßt, es war das erste Mal, daß er nicht mitzog. «Die Trauernden», ich schob es auf den Titel, Trauer, auch die aus Liebe, schien ihm vielleicht unzeitgemäß. Ein Versuch bei «Westermann's Monatsheften». Ein braves Familienblatt. Ein Versuch, wie gesagt, ich kannte da niemanden. Es dauerte nicht lange, da kam das Ja, kamen auch schon die Fahnen, auch schon das Honorar, aber es blieb bei den Fahnen, das Papier war knapp geworden, das Erscheinen der Geschichte wurde vertagt. Neun Jahre später stand sie bei Kurt Desch in München, mit fünf streng hingestrichenen Skizzen, in der ambitiösen, wie der Verlag jungen Zweimonatsschrift «Prisma». Trauer, wie auch motiviert, war nun schon eher zeitgemäß.

Heller? Eschmann kannte ihn. Er sagte wie zu sich selbst: Bündische Jugend. Wie sollte ich das verstehen? Für mich war es irgendein Begriff, ich wußte ihn nicht einzuordnen. Hin und wieder trug Heller an seinem Revers, für mich so unerwartet wie vor Jahr und Tag bei Elisabeth W., das Emblem der Partei. Es kam vor, daß er, es mochte jeweils nichts als Zufall sein, die linke Hand darüber legte, es unauffällig verdeckte. Seine rechte Hand knickte wie erschlafft im Gelenk ab, wenn er den Arm, als sei es ihm peinlich, wie verlegen zum Gruß erhob. Seine Sympathie für die herrschenden Verhältnisse schien begrenzt. Ja, Heller – Wir sprachen über die Städtebilder. Eschmann, ich hatte ihn nicht danach gefragt, es auch nicht erwartet, sah bei sich keinen Platz dafür. Etwas Historisches, gab er zu bedenken. Tangermünde, die Tanger fließt da in die Elbe, es hätte statt Kölln mit zwei «ll», später Berlin, Preußens Hauptstadt werden können. Sie kennen es nicht? Eine Perle. Keine hundert Kilometer von hier, Stendal ist ganz nahe. Oder, hier gleich vor der Tür, die Moore der Zauche, mittendrin das Kloster Lehnin, zwölftes Jahrhundert. Ich dachte einen Moment, ich sitze bei Proebst. Ich brachte sie bald darauf zusammen. Beide später, unabhängig voneinander: Man könnte glauben, wir hätten uns gesucht.

Tangermünde, das Kloster Lehnin: Ausflüge in die Vergangenheit. Die Gegenwart trat für Stunden, für einige Tage zurück. Es stellten sich keine noch zu lösenden Fragen, die Geschichte hatte sie beantwortet. Mal keine Gedanken über die Zeit. Wir hatten uns eingeschlossen, schotteten uns ab. Es fragt sich, ob uns das immer so bewußt war, wie wir es Jahre danach von uns verlangten. Und wie stand es um die reelle Chance, sich mit unserer nun so eingezäunten Welt auseinanderzusetzen? Das war jeden Tag drängender das Grundproblem. Die längst versunkene Zeit schien nicht nur, sie war, und auch das nur in Grenzen, das noch einzige sichere Gelände, oder man wich, wie auch immer, aus.

AUF EINEM BLATT ein paar Zeilen für Eva. Ein Entwurf, eine Abschrift? Ich hatte wieder eine Chiffre für sie erfunden, sprach sie wie ein frohgemutes Kind an, ich überspielte so die stete Sorge um sie. Eine einseitige Korrespondenz, postlagernd Bahnhof Zoo. Kein Versteckspiel, wohl mehr die Angst, sie werde mit ihrer Lage nicht fertig, sie wolle sich wovor auch immer schützen. Selten mal eine Antwort von ihr wie die, auf die ich mich mit dem kleinen Blatt bezog: «… Ich bitte sie, das Bildchen behalten zu dürfen. Es ist selbstverständlich, daß es nie jemand zu sehen bekommt./Meine Gedanken sind unklar und voller Trauer. Ich wünsche ihr, daß sie klare Entschlüsse zu fassen vermag. Sonderbar ist, wie mir die Hoffnung bleibt. Ich weiß nur nicht, für wen./Wird sie diesen Brief selbst abholen oder wird sie ihn abholen lassen? Bitte, hole ihn ab./Ich bin spät nach Hause gekommen und fand eben erst ihr Telegramm. Eben, gerade als ich hieran schrieb, rief sie auch an./Ich grüße sie innig. A.» Welches Bildchen? Eine Aufnahme von ihr in der Klinik? Wochen danach, Anfang Januar 1939, notierte ich: «Mit St.(ieps) nach Pichelsberg (schöner, lustiger Tag)». Mitten im Winter an den Havelseen, ein Tag wie ein Geschenk. Wir fuhren erst in die Dämmerung hinein mit der S-Bahn zurück, sie war seit zwei Tagen wieder zu Hause, sie mochte nicht mehr krank sein, das war für sie kein Thema mehr, ich hütete mich, auch nur daran zu rühren. Nur der Gedanke, ich behielt ihn für mich, mit ihr, wenn eben möglich, alsbald wieder irgendwohin aufs Land zu ziehen.

Post von Ladame mit einem Foto Rahns. Er hatte ihn wie ich seit der Olympiade und den Monaten danach nicht mehr gesehen, ich hatte kaum noch an ihn gedacht. «Er sitzt im Schwarzwald», las ich, «in Muggenbrunn, tausend Meter hoch.» Ein wohlgelaunter Mann aus der Stadt, der ein paar Tage Ferien macht, auf dem breit gestreckten Balkon eines in Schindeln eingepackten spitzgiebligen Häuschens, Strickjacke, Knickerbocker, entspannt läßt er die Beine vom Geländer herunterbaumeln. So etwas suche ich, schrieb ich zurück, bat um die Adresse. Am 1. März fuhr ich gegen Mitternacht nach Frankfurt, besuchte da die Schwester mit ihrem Mann, von da, desgleichen nachts, über Freiburg wieder in den Schnee. Rahn war schon seit gut zwei Wochen nicht mehr da, er erfuhr wohl nicht oder erst später, daß ich alsbald nach ihm das an der Straße und über einem unentwegt murmelnden Bach gelegene kleine Haus für eine noch ungewisse Zeit übernahm. Er hatte sich schon im Sommer für einige Wochen dahin zurückgezogen. Da wahrscheinlich wurde die Aufnahme gemacht, war anscheinend noch alles offen für ihn. In den Herbst hinein, so erfuhr ich bald, spitzte sich die Situation für ihn zu. Er war, als er wiederkam, ein anderer, nicht wiederzuerkennen. Nur der Schuster am Ort wie dessen Frau hatten es unmittelbar, ganz nah, als sei er ein Teil ihrer Familie, wahrgenommen. Das kleine Haus war ihnen anvertraut, und er wiederum hatte sich allein ihnen anzuvertrauen gewagt. Ihr Bild von ihm zuletzt das völliger Vereinsamung. Ihnen gestand er, was er erlebt hatte, womit er nicht fertig wurde. Die Realität im Konzentrationslager, die nackte Wahrheit dort, sie hatten ihn, um ihn hart zu machen, nach Dachau, nach Buchenwald kommandiert. Die aus seiner Sicht ihm gebotenen Chancen hatten ihn verblendet, verblendeten ihn noch immer. Der Chef seiner Truppe, man lasse ihn nicht zu ihm, wisse nichts von dem, was er sah, was er für unmöglich gehalten hatte. Es war nicht zu glauben. In den Tagen, als ich davon hörte, verzichtete er, es erschloß sich mir erst *Jahre* danach, auf seine schwer zu definierende Rolle im «Persönlichen Stab RF SS», er gehörte nun, wohl definitiv, nicht mehr dazu. Es war kein «freiwilliger» Verzicht.

Den Winter, das Frühjahr bis zum Juni mit mir allein. Die Freundin, die Geliebte, sie war dies und das – oder erträumte ich sie mir? –, mir blieb nur, auf sie, wie es abgesprochen war, zu warten. Rief ich sie von einem der zwei Gasthäuser aus an, hieß es stereotyp: Warte, ich komme. Sie sagte kein einziges Mal: Warte nicht mehr, es tut mir leid, ich kann nicht kommen. Ich lief Ski, stürzte, der rechte Ski zerbrach, ich ließ ihn dreihundert Meter tiefer, in Todtnau, wieder herrichten, lief zum Notschrei, zum Schauinsland, geriet dort in einen wilden Schneewirbel, ich verirrte mich, wußte über eine Stunde nicht, wo ich war, stieg auf den Feldberg, auf den Belchen, der Schnee war dort schon zur Hälfte weggeschmolzen. Kam ich von den Touren zurück, stellte ich wie Rahn die Skier beim Schuster ab, setzte mich zu ihm, sah ihm, wortkarg wie er, bei der Arbeit zu, ich war ihm nie, das war keine Täuschung, nicht willkommen. Mitte Mai, ich hatte übers Wochenende mehrmals mit meinem Sorgenkind in Berlin telefoniert, wurde in den Bergen bei Kufstein die Leiche des «bei einem Schneesturm in den Bergen … im März d. J. … auf tragische Weise ums Leben» gekommenen «SS-Obersturmführers Otto Rahn» gefunden. So stand es am 18. Mai im «Schwarzen Korps», dem Kampfblatt seiner Truppe. Sein Tod gleich nach seinem Austritt aus ihr war damit offiziell als ein besonderes Ereignis und in allen Ehren angezeigt.

Selbstmord? Der Bruder seines letzten Verlegers: Er war, der Homosexualität verdächtig, auf der Flucht vor der SS-Justiz. Das spräche womöglich dafür. Sein französischer Biograph Christian Bernadac («Le mystère Otto Rahn») verweist auf Schwierigkeiten beim Nachweis seiner Abstammung, sie sind seit 1937 auch mit Briefen an den Stab, dem er zugeteilt war, dokumentiert. Mit ihnen scheint belegt, daß das der Grund war und das ihn letztlich dazu brachte, aufzugeben, sein Leben wegzuwerfen. In Rahns Freundeskreis war auch schon von seinem «mehr oder weniger befohlenen Tod» die Rede. Mit seinem «Kreuzzug gegen den Gral» wurde er, vornehmlich in Frankreich, für viele zu einer Kultfigur. Nach einem Vierteljahrhundert wurde sein Bericht über «Die Tragödie des Katharismus» neu aufgelegt. In einer «Biographischen Studie» des Herausgebers heißt es: «Im 35. Lebensjahr, um die Tage seines Geburtstages (18. Februar), ... überfällt ihn eine starke depressive innere Tragik. Letzte Gespräche mit den Freiburger Freunden haben schmerzlichen Charakter. Er reist nach Kufstein, läßt sein Gepäck im Gasthof in Söll und wandert in die Berge in den frühen Tagen des Monats März 1939. Erfroren in Kälte und Schnee wird er nach Tagen sitzend, mit friedlichem Antlitz aufgefunden. Als Todestag wird der 13. März festgestellt ...»

AUCH DAS NOCH, nebenbei, zu diesen Tagen Anfang 39. Ein Schreiben der für mich zuständigen Sektion der «Reichskulturkammer». Ein Amt? Eine Behörde? Zwei, drei Zeilen, nicht unfreundlich, wie ich sie las, hieß es, wir sollten uns einmal unterhalten. Ich machte mir nichts vor, mir fehlte der Sinn für die neuen Strukturen. Die Gesellschaft war Zug um Zug radikal auf Vordermann gebracht, das wurde immer wieder durchgespielt, doch was hatte ich damit zu tun? Das Prinzip, sie wies, wie in alten Ständezeiten, jedem seinen Platz zu, ich hatte das über all die Jahre nicht bedacht. Irgendwann, es kann sein schon als Student, trat ich, irgendwer hatte mich beschwatzt, einer Schriftstellerrunde, einer Art Klub, bei, ich bekam auch ein Papier darüber, ich hatte es verlegt. Die neue Zeit brach an, unsere Listen waren noch erhalten, wir wurden automatisch übernommen, es gab nur eine neue Adresse. Jede Mark schien mir damals unentbehrlich, so war es ja auch. Ein für den Dauerauftrag erforderliches Konto hatte ich noch nicht. Ich hatte kein schlechtes Gewissen, es schlief lediglich, «meine» Kammer mahnte mich nicht. Wie nun war da zu argumentieren? Eine kleine Amtsstube in Charlottenburg, mir gegenüber, hinter seinem Schreibtisch, Mitte dreißig, ein derber jovialer Kölner. Keine Silbe über Literatur, auch nicht, worauf ich gefaßt war, zu dem, was sich nicht gehört. Ich fiel noch mehr als schon ohnehin ins Rheinische, gab ihm die von der Mutter geerbte Farbe, zwei Landsleute, die sich verstehen. Kein Ausweis? Wie das? Immerhin, ich hatte ein Paßfoto zur Hand, so war es bloß eine Formalität. Ein neues grünes Faltblatt Nr. A 1769, «Der Präsident» Hanns Johst, 14. Februar 1939, mein Gegenüber zeichnete F.(ür) d.(ie) R.(ichtigkeit).

Anfang Juni noch einmal mit nur zehn Mark der Sprung über die Grenze. Stieps, Punkel, wie immer ich sie nannte, das arme Kind in Berlin, es wäre absurd, weiter auf sie zu warten. Drei verlorene Monate. Ich hatte zum Schluß mit ihr wenigstens für einen Tag ins Elsaß fahren wollen. Sie sollte es nun wenigstens mit meinen Augen sehen können: Grünewalds berühmten Altar in Colmar, das Münster in Straßburg. Schon im Zug sah ich mich, anders als vier Jahre vordem in den Haag, in Basel, in einer uns fremd gewordenen Welt. Neben mir, vor mir die Schlagzeilen der Zeitungen, der Nachbar hatte Angst vor uns, er war auf das Schlimmste gefaßt, der Krieg steht vor der Tür. Eine Momentaufnahme vom Wochenende. Ein Volksfest der Feuerwehr, ganz Colmar nahm daran teil, ein Land im Aufbruch, ich fühlte mich in seine Freude an sich selbst hineingerissen, suchte mir ein billiges Bett für die Nacht, fuhr erst am Sonntag nach Straßburg, von dort tief in der Nacht nach Frankfurt.

Rahn ließ mich nicht los. Auf der Post im Bahnhof Zoo lagen zwei Briefe zu seinem Tod. Briefe einer höheren Charge aus seinem Stab und einer mittelhohen aus der Hitlerjugend. Für ihn waren beide seine Freunde, der eine in Berlin, der andere beim Rundfunk in München, ich hatte mir ihre Namen gemerkt. Meine naive erste Reaktion, ich schrieb ihnen schon gleich vom Schwarzwald aus. Der Bescheid aus Berlin: Anderthalb Seiten, sehr liebenswürdig, Dank für die Anteilnahme, ein bedauerlicher Unglücksfall, ein für uns alle schmerzlicher Verlust. Aus München lakonische zwei, drei Zeilen, original die Antwort aus Berlin auf die wohl nicht gleiche, doch ähnliche Frage: Es war so, wie wir es meldeten, es ist sonst nichts dazu zu sagen.

Nach einer Nacht in einer Absteige, ein bizarres Mißverständnis, ich war erst spät am Abend angekommen, wurde mir ein Zimmer wieder beim Tiergarten empfohlen. Auf den ersten Blick und in meinen Grenzen ein Traumquartier, ein Appartement, das zur Not für eine Familie reichte, ich auf der Etage der einzige Mitbewohner. Wer hier vorher wohnte? Ich hatte nicht danach gefragt. Mein Bruder. Mir fiel ein, es war der, der erst kürzlich Rahns letztes Buch, «Lucifers Hofgesind», herausgebracht hatte. Baltischer Adel. Baltisch auch der Name seines Verlages: Schwarzhäupter nach einer Kaufmannsgilde in Riga (das Schwarzhäupterhaus) wie Reval. Kein Mitleid mit dessen Autor. Homosexuell, hier hatte ich es zum ersten Mal gehört. Die Konsequenz: Sich in Ehren umzubringen. Er war auf der Flucht vor dem Gericht der Truppe, der er, vielmehr obwohl er ihr nicht mehr angehörte. Es gab für ihn, das verstand sich, keine Alternative. Daß ich blieb, war ein Kompromiß mit mir selbst. Der Bruder des Verlegers stand mir nicht, ich ihm nicht im Weg. Wir hatten uns nichts zu sagen, ersparten uns jegliche Konversation.

VERSUCHE MIT DEM HÖRSPIEL. Die Stoffe, sagt man, liegen auf der Straße. Nur, das Problem war, die der Zeit angemessene Wahl zu treffen. Zeitgerecht, ein mehr als je verfänglicher Begriff. Der Fall Rahn etwa. Schon zehn Zeilen zu dem, was da tatsächlich vorgefallen war, keine Zeitung hätte sie zu drucken gewagt. Schon eine Notiz dazu auch nur vorzuschlagen wäre ein Risiko, das niemand auf sich nehmen mochte. Es blieb indes immer der Blick zurück. So, zu seinem Tod vor achtzig Jahren, auf Alexander von Humboldt. Ein Mann, der seiner Zeit die noch nicht erschlossene Welt naherückte, der Prototyp des Polyhistors, in allem eine weltweit respektierte Autorität, Diplomat, Politiker, Naturforscher, bahnbrechender Geograph, wegweisender Geophysiker. So in einer Szenenfolge auch der Versuch zu einem Lebensbild von Caspar David Friedrich. Sendungen, die auch über Radio Breslau, Frankfurt, Köln, Leipzig, Königsberg, Saarbrücken, Stuttgart zu hören waren. Danach Tilman Riemenschneider, für seine Zeit, die Spätgotik, in anderer Weise vielfältig repräsentativ: Großmeister der bildenden Kunst, Stadtrat, Bürgermeister Würzburgs, als Anwalt der aufständischen Bauern ins Gefängnis geworfen, bestialisch mißhandelt. Der Termin dafür der 31. August, der Deutschlandsender hatte ihn schon angezeigt, Theodor Loos, Star schon bei Max Reinhardt, als Riemenschneider auf einem Titelblatt. Am Abend vor unserem Einfall in Polen schien das nun deplaziert, die Sendung wurde abgesetzt. So erging es mir bald danach auch mit dem schon eher zeitnahen Stück: «Der Vetter des Königs von England». Die Vorlage dazu waren die Memoiren von Sir George Buchanan, Englands letztem Botschafter beim russischen Zaren. Nach dessen Sturz 1917 sah er es als seine Aufgabe an, Rußlands Bereitschaft, mit uns Frieden zu schließen, zu durchkreuzen. Damit gescheitert, mußte er St. Petersburg verlassen. Frieden statt Krieg war, wo gerade wieder ein Krieg begonnen hatte, noch weniger am Platz.

Überall Engpässe. «Eschmanns Monatshefte», um 1930 nach zwanzig Jahren auf dem Höhepunkt, gab es nicht mehr. Im Januar 39 war von mir dort noch die «Wanderung nach Kloster Lehnin» erschienen. Seitdem ging das Jahr hindurch nichts in Druck, keine Publikation. Erst November, Dezember wieder Kontakt mit einer Zeitung. Die großen Blätter Berlins, nun auch das «Tageblatt» (BT), waren Geschichte. Es blieb noch die DAZ («Deutsche Allgemeine Zeitung») mit einem anspruchsvollen Feuilleton, einem angesehenen Wirtschaftsteil. Weihnachten stand vor der Tür. Ich sah vor mir wieder den Mann, dessen Name in meinen ersten zehn Jahren auch mein Name war, im Lazarett, dann in unserer Straße die Soldaten auf dem Rückzug im November 1918, es gab Sammlungen mit Briefen damals aus den Schützengräben. Einer kleinen Sammlung von Zitaten daraus gab die Redaktion den Titel «Von der Weihnacht an der Front». Sie wurde, es war auch nicht entfernt so gedacht, der unauffällige Auftakt zu einer Reihe von Versuchen zum Thema Krieg. Mit der Erfahrung aufgewachsen, der Krieg sei ein Dauerzustand, er gehöre zum Leben, ohne ihn sei es nicht denkbar, sein Ende sei nicht abzusehen, niemand könne ihm entrinnen, wurde mir mehr und mehr bewußt, es wäre wieder soweit. Die Mutter, der Schwager, ein Banker, die Freunde hatten es kommen sehen. Die Periodik des Krieges, seine Wandlungen, die Konsequenzen, ich sah keine bedrängenderen Fragen. Beim Blatt dafür zuständig war, für mich ein neuer Name, Hans Eberhard Friedrich, ein Redakteur zwischen den Ressorts. Seine zwei Brüder stehen im Lexikon: Carl J., der Älteste, seit 1921 in den U.S.A., Politologe in Harvard wie später auch in Heidelberg, nach dem Krieg politischer Berater von Lucius D. Clay, dem Militärgouverneur der U.S.-Zone, ein Jahr jünger Otto A., am Ende Präsident des BdI (Bundesverband der deutschen Industrie). Durch den Jüngsten zweimal, ohne es zu ahnen, eine Begegnung mit einem Mann des Widerstands. Mit Ulrich von Hassel in einem Taxi von Berlins Presseviertel zur Gedächtniskirche. Er war da schon als Botschafter in Rom vorzeitig verabschiedet, nach dem 20. Juli 1944 wurde er hingerichtet. Den Anwalt Dolf Domke, den auch Musil aus dem Exil in der Schweiz – zum Verbot seiner Bücher – um Hilfe bat, traf ich in seiner Kanzlei Unter den Linden. Ich konsultierte ihn in einer akuten Bedrängnis, für ihn ein kleiner Fall. Er übernahm ihn, weil mein Blatt ihn darum gebeten hatte. Erst 1989 las ich in Carlo Schmids «Erinnerungen», er hatte, Kriegsverwaltungsrat beim Militärbefehlshaber Belgien, sich im November 1943, die Geheime Feldpolizei stand, um ihn zu verhaften, schon vor seiner Tür, in seinem Hotel in Brüssel umgebracht.

«ABENDS 9H ST. WIEDERGESEHEN!!!» Oder: «Nachmittags bei St. Endlich wieder!» Es war jedesmal, immer seltener, ein Glücksmoment. Sie verkroch sich. War ich einmal bei ihr, hatte ich sie überlistet, stand ohne Ansage vor der Tür. Ich war wieder einmal umgezogen, vom Tiergarten, wo sie mich noch besucht hatte, in die Wichmannstraße beim mir vertrauten Lützowplatz. Warte, ich komme, das kannte ich schon, ich muß doch sehen, wo du nun steckst. Sie kam nicht. Rief ich an, nahm sie den Hörer nicht ab. Eine Woche, zwei Wochen. Wo war sie? 1. März, Freitagnachmittag halb sechs, ich hörte die aufgerauhte Stimme eines Mannes um die sechzig, ich verstand ihn nicht sofort, es konnte nur er sein. Er sagte nicht, ich bin ratlos, mit jedem Wort verriet er, er war es. Sie saß am Fenster, rührte sich nicht, sie blickte wie erstarrt hinaus, sie hatte sich, anders verstand ich es nicht, von sich selbst entfernt. Ich wußte wie er keinen Arzt für sie, ich war so hilflos wie er, blieb bei ihr, bei ihm, bis sie, als gebe es uns nicht, sich erhob, sich für Sekunden auf die Stuhllehne stützte, dann ohne ein Wort in ihr Zimmer ging. Eine so nie vorgestellte Situation. Er sagte nicht, sie gehört zu Ihnen, doch zu wem, wie er es sah, gehörte sie? Großmütig, hilflos, das eine wie das andere. Das Gefühl, er verzöge sich am liebsten in die Halle eines Grandhotels, vertiefte sich dort in seine Zeitungen, überließe es mir, mir Gedanken zu machen. Immerhin, wir überlegten beide, was zu machen sei. Ich brachte sie, als nichts geschah, erst einmal zur Beobachtung zur Neurologie der Uni-Klinik, einen Monat später zur Nervenklinik im Westend, Anfang Juni zur Nervenheilanstalt in Bernau im Osten von Berlin. Dort blieb sie bis tief in den September. Die Diagnosen wechselten, ein ständiges auf und ab, psychisch, anämisch, ein so interessanter wie rätselhafter Fall für den Neurologen, selbst die noch nicht erkennbare Disposition zur Multiplen Sklerose ließ sich nicht ausschließen. Der Oberarzt in Bernau war ihr Engel. Er sah für sie, er sagte es uns erst nach Jahren, auch mit dem Paß einer Holländerin, eine womöglich eines Nachts nicht mehr abwendbare Gefahr. Er überwies sie, nannte uns keinen Grund dafür, an die Charité.

Braunschweig? Ich hatte es ihr noch nicht gesagt, sie hatte gerade die erste Woche Bernau hinter sich. Gemustert? Sie verstand nicht, was das sei. Das technisch perfekte Metallbett, das hohe kahle Zimmer, ihre Augen sagten mir, sie fühlte sich ausgesetzt. Es hat noch Zeit. Es kann dauern. Panzerabwehr. Sollte sie das trösten? Auch das hätte ihr nichts gesagt. Ich rechnete jeden Tag mit dem Gestellungsbefehl. Ich würde mich wer weiß wie viele Wochen nicht um sie kümmern können. Kein Gedanke, ich führe, auf jeden Fall am Wochenende, mal eben zu ihr hinaus. Ich sprach mit dem Freund aus Heidelberg darüber, er war, schon neununddreißig, bereits im Herbst eingezogen worden, Landsturmmann, er war 1918 gerade noch ein halbes Jahr dabei gewesen, es war sein erster Urlaub. Sein Rat: Du bist noch Zivilist, geh zum Wehrmeldeamt, sprich mit denen. Sie ist deine Braut, basta. So einfach war das nicht. Ich stand vor einem gutmütigen, schon ergrauten Familienvater. Raum Berlin? Er ging seine Listen durch. Panzerabwehr? Aussichtslos. Seine Hand stoppte erst bei Potsdam: Nachrichten. Ich zierte mich nicht, ich fürchtete, er wird nicht endlos mit sich reden lassen. Potsdam, sogar das Datum war kein Problem. Dasselbe wie bei Braunschweig: 2. September. Dieselbe Gnadenfrist. Ich bekam ein neues Papier.

Montag 10 Uhr, das war fraglos bequem. Ich hatte mir vorgestellt, der Soldat hat um fünf, spätestens um sechs anzutanzen, das neue Leben begann mit einer Schonfrist. Eine düstere karge Kaserne, weit draußen vor der Stadt, sie konnte auch ein Gefängnis sein. Sie erinnerte mich an die Schule der ersten vier Jahre. Sie würde nun für drei Monate mein zweites Zuhause. Ich war neugierig, das half mir über die ersten nicht ganz einfachen Stunden. Ich mochte der Älteste sein, die anderen waren nicht viel jünger, durchweg Angestellte, Beamte, über die Hälfte schon Väter. Nach drei Tagen hatte ich mich an sie, sie hatten sich wohl an mich gewöhnt. Keine Sorge mehr wegen der Miete, das erledigte der Staat. Der Sold würde nun mein erstes gesichertes, wenn auch sehr bescheidenes Einkommen sein. Ich kannte mich, ich war genügsam. Eine von Grund auf neue Lage. Ich fand mich, ich wunderte mich nicht mal, mit ihr ab. Mein Problem war meine «Braut», das arme Kind. Schon nach neunzehn Tagen, am zweiten Wochenende, durfte ich sie besuchen, sodann von Samstag zu Samstag, beim fünften Mal, am Sonntagabend, konsultierte ich, als sei ich ihr nächster Angehöriger, den auf der Station für sie zuständigen Arzt. Am Sonntag darauf dauerten mich ihr Elend, auch ihre Angst, ich würde bald nicht mehr für sie da sein können, sie beschwor mich, sie nach Hause zu bringen. Ich packte ihre Sachen zusammen, bat die Schwester, die einzige im Augenblick, ein Taxi zu bestellen. Sie spielte mit, sie war so gut wie allein, auf den Fluren das Kommen und Gehen der Familien, die ihre Kranken besuchten, und wen sollte sie fragen, ich sah ihr an, sie dachte meinetwegen, von mir aus, sie nahm es auf sich. Ich war in Uniform, sie konnte sagen, sie hätte sich mir nicht entgegenstellen mögen. Sie sah nicht weg, als ich die für sie federleichte Patientin vom ersten Stock behutsam nach unten trug. Es war ein wie für sie bestellter noch sonniger später Herbsttag, die Augen der Ärmsten strahlten, sie genoß das Leben auf den Straßen, konnte sich an den Menschen rechts und links nicht satt sehen, sie traute sich alles zu, sie fühlte sich, konnte man glauben, mit einem Mal wieder gesund. Ich konnte sie nur noch bei sich selbst abliefern, fuhr per S-Bahn, dann mit dem Bus zurück zur Kaserne. Ich war sicher, sie würde sich zu helfen wissen.

Über ein halbes Jahr blieb offen, wozu ich Soldat geworden war. Dreißig, vierzig Mann, allesamt so einsatzfähig wie ich, waren zum ersten Wochenende im Dezember kreuz und quer zu ihren Divisionen in Marsch gesetzt worden, mich schickte man für nun sogar vier Wochen aufs neue in Urlaub. Der Grund: Ich würde uk (unabkömmlich) gestellt. Ein Antrag meines neuen Blattes, mir hatte, ich sollte mir keine falschen Hoffnungen machen, keiner etwas gesagt, die Entscheidung stand noch aus. H. E. Friedrich dazu nur: Wir versuchen es. Es hätte Sie womöglich irritiert. Nun läuft's. Nach den vier Wochen noch zweimal, schließlich ein drittes Mal Urlaub für jeweils zwei Wochen. Zwischendurch ein, zwei Tage auf der Waffenkammer mit halben Kranken, mit Genesenden, mit Leuten wie mir. Auf der Schreibstube fing ich zufällig auf, es war nicht für mich bestimmt, die Sache liege beim Promi, beim Propagandaministerium. Ich hatte mich gerade wieder einmal zurückgemeldet, ich begriff nun, was da und wie das lief. Ich war es leid, ich bat mich als noch offenen Fall zu streichen. Ab sofort gehörte ich zur K. S. 27, was nur verbarg sich dahinter? Am 13. März, einem Donnerstag, saß ich zu meinem ersten Einsatz im Zug nach Paris. Meine ersten Tage dort lagen zehn Jahre zurück.

Genau vier Wochen zu sechst in einem Luxusquartier in Neuilly, über, unter, neben uns unwillkommene Kriegsgäste wie wir. Ein breit gestreckter Block exklusiv mit Häusern der Oberschicht. Gut die Hälfte der Bewohner war Hals über Kopf geflohen, ein Panikschock, sie hatten alles stehen und liegen lassen, das Bettzeug, Handtücher, sogar aufgerissene Briefe lagen ungeordnet herum. Im Aufzug, im Treppenhaus gepflegte Damen, wohlerzogene Kinder, sie nahmen keine Notiz von uns. Sie hatten sich nicht ins Bockshorn jagen lassen. Unser Status: Wir waren Selbstversorger, halb noch Zivilisten, halb schon Soldaten. Mittags bestiegen wir, eine gut dressierte Herde, einen für uns reservierten Waggon der Métro, von der Place de l'Etoile ging es gleichfalls geschlossen zu einem Restaurant im 17. Arrondissement. Abends zog es mich, als sei ich da zu Hause, nach Montparnasse, meinem einstigen Quartier, oder zu einem der kleinen preiswerten PAMPAM-Cafés auf den Champs-Élysées, der Bohème des kleinen Mannes. In der zweiten Woche fuhren wir, wie eine zu allem entschlossene Truppe, Richtung Nordwesten zu einer Geländeübung nach St. Germain, zur Nacht indes krochen wir wieder in unsere komfortablen Betten. Versailles natürlich, auch das stand auf dem Programm. Sonst waren wir mehr oder minder beschäftigungslos. Am ersten Sonntag im April wurde Belgrad bombardiert, das war weit weg, an diesem Donnerstag zogen die deutschen Truppen in Kroatien ein, es kamen die Ostertage, am Tag danach lag Paris plötzlich unversehens hinter uns, ging es über Straßburg, Stuttgart nach München. Kein Wort, was auf uns wartete. Wien–Semmering–Graz. Da lagen wir über drei Wochen in einer Schule aus der k. und k.-Zeit, lungerten, wieder Selbstverpfleger, in den Cafés herum, unternahmen in der ersten Woche einen Ausflug nach Gösting, wanderten dort zu einer Burgruine, in der dritten Woche über Koflach, dreißig Kilometer westlich von Graz, erstiegen die Stubalpe, ich notierte abends: «Herrlicher Blick bis auf die Hohen Tauern.» Ziel fürs erste: Agram, unser Name damals für Kroatiens Hauptstadt Zagreb. Wir lagerten, Mann neben Mann auf überdecktem Stroh, weit draußen vor der Stadt wieder in einer, diesmal wie frisch erbauten, Schule. Der erste Tag begann mit einem Paukenschlag im Radio: Heß, Hitlers Schatten, nach einem Alleinflug in Schottland gelandet. Keiner getraute sich zu sagen, was ihm in den ersten Sekunden durch den Kopf ging.

Wieder zwei Monate ohne Sinn und Zweck. Wir sind, es quält uns nicht, aufs neue zu nichts nutze. Wozu diese Reise quer durch den Kontinent, wieder eine so große Distanz? Schon nur solche Fragen stellen sich nicht, es steht uns nicht zu, sich Gedanken zu machen, wir nehmen hin, was nicht zu begreifen ist. Das verstehst du nicht, hörte ich mal den Nachbar links von mir zu seinem andern Nachbarn neben ihm. Das ist Strategie. Die Geschäfte quollen über von so vielen Dingen, die es daheim nicht mehr gab. Speck, Speiseöl im Kanister, Ölsardinen, Seife, Seidenstrümpfe, Taschentücher, Hemden- und Anzugstoffe. Wir kauften ein, soviel wir begleichen konnten, verpackten es, übergaben es der Feldpost. Insofern war es eine doch auch produktive Pause. Ein- oder zweimal ein Geländemarsch, so kamen wir nicht vollends aus der Übung. Am zehnten oder elften Tag sah ich vor einem Schaufenster mit ansprechenden Kleidern gleich neben mir die Ehefrau von Hermann Proebst. Sie wunderte sich nicht, ich wunderte mich nicht. Wir taten nur so. Es gab nichts zu fragen, er später schwieg sich aus. Nach Jahren erst hörte ich, natürlich nicht von ihm, er war ein Canaris-Mann (Admiral C.: Ausland/Abwehr). Immerhin, er erklärte mir einiges, was ich ohne ihn nicht begriffen hätte.

Eine nochmalige große Distanz, nun wieder steil nach Norden, fünf Tage, von Dienstag bis zum Wochenende, auf der Bahn: Marburg (Maribor), ein weiteres Mal Graz, an Wien vorbei nach Lundenburg, weiter nach Oppeln, Allenstein in Ostpreußen, von dort mitternachts nach Eydtkau an der Grenze zu Litauen, nun die Grenzstation Deutschland-UdSSR. Da lagen wir sechs Tage. «Provisorisches Quartier: Warten auf weiteren Marschbefehl.» Die Zeit wurde uns lang, kein Wunder, daß ich es notierte. Nicht endende Gefangenenkolonnen zogen an uns vorüber. Unser Zugführer, Unteroffizier, Berliner, es war nicht zu überhören: Da sieht man, so geht das. Wohl nicht nur ich verstand: Wir sollen den Tag nicht vor dem Abend loben. Am Montag, dem zweiten Tag, telefonierte ich mit Berlin. Mein Sorgenkind. Ich konnte ihr nicht sagen, wo ich nun war. Macht nichts. Sie hätte auch sagen können: Vergiß die Milch nicht. Den nächsten Morgen ging es nach Wilna, wir benötigten den ganzen Tag dazu. Am Abend vermerkte ich: Spaziergang durch die Stadt. Niemand sagte uns, was sich da abgespielt hatte. Die Stadt der Juden. Wir fragten uns, wo sie geblieben waren.

Minsk. Wir waren am Ziel. Nun wußten wir es. Ein riesiger Umweg. Seit vier Wochen Krieg in Rußland. Es wurde Zeit für uns, drei Tage zuvor war Smolensk gefallen, das war schon der halbe Weg nach Moskau. Die Front wurde über uns, unsere DV (Durchgangsvermittlung), mit dem OKH, der Befehlszentrale in Zossen, verbunden, wir waren die Umschaltstelle. Sie war für Tage zunächst ein Provisorium im Keller eines von uns ebenfalls belegten Hauses gleich nebenan. Wir lagen auch hier, abgeschieden von der Stadt, in einer noch neuen Schule. Es war, mit Wohnblocks wie bei uns, sozusagen die Neustadt. Meine ersten Nächte als Fernschreiber. Nach gut drei Wochen gab es endlich wieder Post von der Familie, der Geliebten, den Freunden, auch wieder Telefonate mit Berlin. Schon nach gut einer Woche hoher Besuch: Der Kommandeur des Regiments, mit ihm der Kompaniechef. Unser Leutnant, erst zwanzig Jahre, Notabitur, führte den einen oder anderen vor. Sie reiten nicht? hatte ich ihn vor ein paar Tagen gefragt. Unverfänglich, nur so. Er war soviel jünger als wir, es kam vor, daß er näselte. Keine Arroganz. Momente der Unsicherheit. Bisweilen wohl nur der Versuch, auf Distanz zu gehen. Gegen Abend fuhr er, etwa zwei Kilometer, zu einer Kolchose, er nahm mich mit. Was wußte ich von Pferden? Er hatte sie sich schon angesehen. Was meinen Sie? Es war für Minuten wie im Frieden. Ein müder gebrechlicher Mann, gut sechzig, wir verstanden ihn nicht, er uns nicht. Zwei Pferde, ein Wallach, eine Stute. Allein sie und noch ein drittes waren übriggeblieben Das Geschirr, die Sättel hatte der Alte bereits zurechtgelegt. Was mochte er denken? Mir schien, er war uns auf seine Weise überlegen. Morgen. Zehn nach sechs. Wir gestikulierten, übten uns in der Zeichensprache, er hob nur leicht die rechte Hand, senkte sie.

Er bedeutete uns, er sei im Bilde.

Die Stadt. Es hatte sich herumgesprochen, wie es da aussah. Die Laternen, nahezu jeder Baum ein Galgen. Niemand von uns hatte so etwas je gesehen. Partisanen. Das sagte alles. Der personifizierte Schrecken, eine geisterhafte Armee. Knaben, junge Männer, Mädchen, junge Frauen. Immer zwei Männer, eine Frau. Wie sie da hingen, einige drehten sich ein wenig, es war ein leichter Wind aufgekommen, man konnte glauben, sie zitterten, sie lebten noch, sie wachen noch einmal auf, suchen uns. Ihre Mütter, ihre Frauen, ganze Familien standen um sie herum. Man hatte sie, hieß es, aus ihren Häusern gejagt, hatte sie gezwungen, sich das anzusehen. Versteinerte Gesichter, niemand weinte. Ängstliche, verschreckte Kinder.

18. Oktober. Über drei Wochen kein Vermerk. Nun, erst in der Nacht, notierte ich: «Massenerschießung!!» Nur dieses eine Wort, nichts sonst. So könnte ich jederzeit, noch nach Jahren, sehen, wann genau das war. Ein Samstag, ich schloß es aus, daß ich ihn je vergäße. Es war wie schon einige Male. Sechs Uhr, sechs Uhr zehn, ich hatte wieder Nachtdienst gehabt, der Leutnant wartete draußen auf mich, wir würden zu unseren Pferden auf der Kolchose fahren. Er schien eigentümlich befangen, gab sich für den doch privaten Anlaß ungewohnt dienstlich, winkte ab. Es ginge heute nicht, es täte ihm leid. Irgend so etwas. Er mußte es mir nicht erklären. Der Wachtmeister stand in der Nähe, ging auf uns zu. Er war, es hatte sich nicht verbergen lassen, gut Freund mit einem geheimen *SS-Kommando* irgendwo auf einer Datscha. Gelegentlich hatte er sich abends beim Skat und unter Alkohol damit wichtig gemacht. Ich zuckte die Achseln. Darum? Ich bin nicht müde. Sie sollten mich mitnehmen. So schlicht sagte ich es nicht, ich umschrieb es. Ich war sicher, ihn zu kennen. Es würde ihm eher recht sein, wenn ich mitführe. Er würde mich, wo und wozu auch immer, dabei haben wollen. Er war unbekümmert

neugierig, schlicht wißbegierig. Seiner nicht immer sicher, hätte er es nicht ertragen, einmal nicht Herr der Situation zu sein. Er wollte sich von allem selbst ein Bild machen. Wovon an diesem Morgen, konnte ich nicht ahnen. Ich hatte meine Zweifel, ob er wüßte, worauf er sich einließ.

Keine fünf Minuten später fuhren wir los, mit mir der Bursche des Leutnants, er saß am Steuer. Es ging in einen Wald weit hinter den Häusern. Wir waren zwei-, dreimal an ihm vorbei-, einmal auch ein Stück in ihn hineingeritten. Dichter grauweißer Nebel, er verschluckte unsere Spur oder verbreiterte sie sich? Eine Rollbahn zwischen den Bäumen, quer durchs Gesträuch. Feiner, von tausend und mehr Füßen aufgewühlter Sand. Vor uns in der Ferne Schüsse, links und rechts kaum noch bedeckte oder nur in Lumpen gehüllte leblose Körper. Russen, die erschöpft, schon halbtot zusammengebrochen waren, oder man hatte sie, um es kurz zu machen, niedergeschossen. Immer wieder Schüsse, sie kamen näher, es waren auch weit überschrieene Stimmen zu hören. Gespenstisch, wie wir reagierten. Stumm, wir saßen da wie Masken, die gar nicht fähig waren, etwas zu empfinden. Der Fahrer, ein Schlesier vom Lande, Mitte zwanzig, ein Mann ohne Nerven. Bei ihm wußte man nie, was in ihm vorging. Seine Gefühle schienen abgestorben. Er mußte nicht versuchen, sich zu beherrschen, er war so. Neben ihm der Leutnant. Er mochte oder konnte ihm, so schwer es ihm auch fiele, nicht nachstehen. Für den Wachtmeister rechts von mir war ich Luft, mir stand es für ihn nicht zu, es ihm gleichzutun, wir sahen bloß wie in Gedanken aneinander vorbei.

Nach vielleicht zwanzig Minuten öffnete sich vor uns eine Lichtung, der Nebel zerteilte sich. Hunderte, Russen wie die Toten an unserem Weg, waren hier zusammengetrieben, sie hatten bis aufs Unterzeug alles, was sie am Leib trugen, Jakken, Hosen, selbst die zerrissenen Socken, die Reste ihrer Schuhe, Schlappen, was immer, verängstigt, hilflos abgestreift, sie Stück um Stück aufeinandergeschichtet. Manche mochten noch hoffen, sie würden sie wiederbekommen.

Wir sahen noch nicht, was ihnen bevorstand. Am Rande rechts die schwarz uniformierten Herren der Szene, einige Offiziere, deren Gehilfen. Der erste Eindruck, es berührt sie nicht, was sich so nah bei ihnen abspielt. Wir waren bis auf etwa zwanzig Meter an sie herangefahren, wir überraschten sie nicht. Ein paar Sekunden die Spannung, wie es nun weitergehe. Der Leutnant steigt aus, einer aus der *SS*-Gruppe, nach seinem Dekor ein Major, geht ihm entgegen. Förmlichkeiten wie auf dem Appellplatz. Wir wurden wie die Teilnehmer eines vereinbarten Treffens, einer Konferenz miteinander bekannt gemacht. Auch unser Fahrer. Ich beneidete ihn. Er verzog auch hier keine Miene, mußte sich nicht hinter sich selbst verstecken.

Was sind das für Leute? Ich stand hinter dem Major, sah nur seinen Rücken. Eine Frage, stellte ich mir vor, die ihn verwunderte. Von ihm dazu kein Wort. Kommen Sie. Er zog den Leutnant und mich mit ihm von der Gruppe um ihn fort. Leute? Er schien ein Mann, mit dem man reden konnte. Kommen Sie kommen Sie. Er ereiferte sich nicht, er war kein Grobian. Nur, er wollte oder konnte nicht verstehen, daß der noch so jugendliche Nachrichtenmann in den verelendeten, für ihn nichts als abstoßend verkommenen Russen Menschen wie dich und mich sah. Sein Gegenüber blieb dabei. Nehmen wir an, mir sind zwanzig, dreißig, sagen wir hundert Mann unterstellt, sie bekommen nur faule Reste, so gut wie nichts zu essen, sie haben kein Dach über dem Kopf, sie schlafen im Dreck, kein Wasser, um sich zu säubern, nach zwei, drei Wochen sehen sie genau so aus. Ich verstehe nicht, was sagten Sie? Der Major hatte nicht hingehört. Er tat nicht nur so. Es langweilte ihn, wir, auch ich, ödeten ihn an, ihm ging anderes durch den Kopf. Er hob kurz den rechten Arm. Wir sehen uns noch. Er drehte sich um, ließ uns stehen.

Uns, dem Leutnant wie mir, erschloß sich nun erst, was sich vor uns abspielte. Ein paar noch kräftige Russen in der Mitte der Lichtung drängten auf uns zu, sie streckten uns jeder irgendein Papier, einen Ausweis, ein Dokument entgegen, wir mußten nicht verstehen, was sie uns zuriefen, sie mochten erkennen, wir gehörten nicht dazu, in ihrer Angst, in ihrer Ohnmacht mochte in ihnen die Hoffnung aufflammen, wir am Ende würden etwas für sie tun können. Es war wie ein letzter Ausbruchsversuch. Der ganze Block wurde davon erfaßt. Seine Bewachung, Polizisten aus zwei großen deutschen Städten in ihrer normalen Uniform mit dem hier befremdlichen Tschako, wurde verstärkt. Sie preßten ihre Gefangenen zusammen, prügelten auf sie ein, drängten sie zu einem uns zunächst noch nicht einsehbaren Durchlaß zu einer Grube, die sie selbst hatten ausschachten müssen. Es kam auch dort zum Aufruhr. Einer der Russen riß einem Polizisten dicht bei dem Zugang zur Grube das Seitengewehr aus dem Schaft, stach es ihm ins rechte Auge. Äußerste Verwirrung, wüstes Gebrüll. Der Leutnant zog mich fort. Gehen wir. Er suchte die Grube. Salven. Wir hatten sie schon von weitem, noch auf der Rollbahn gehört. Ein riesiges exakt ausgemessenes Rechteck, hundertachtzig mal fünfzehn Meter, zu beiden Seiten die hoch aufgeworfene Erde, auf der Nordseite eine Phalanx von gelbbraun uniformierten Soldaten oder gleichfalls Polizisten mit in den Nacken geschobenen Käppis, die Gewehre schußbereit auf ihre Opfer in der Grube gerichtet, auf der Gegenseite ein Dutzend *SS*-Männer, die sie an ihre Plätze dirigierten. Auch das hatte seine Ordnung. Keiner unten reckte noch die Arme hoch, keiner bat mehr um Gnade. Sie verteilten sich über die Leichen, die schon da lagen, die wievielte Schicht war schwer zu schätzen. Wer mordete hier? Die Schergen, die ihren Auftrag genossen, die es auch zu verhüten hatten, daß einer der Russen, nur angeschossen, selbst unter den Toten um ihn herum überleben könnte? Ein junger Offizier der normalen Truppe saß lässig, die

Beine übereinandergeschlagen, gleichsam ihr Chef in eigenem Auftrag, ein wenig erhöht auf dem Erdwall, schoß auf jeden Arm oder jedes Gesicht, das sich noch regte. Kein Mord? Die Schützen waren Letten. Sie hatten ihre besondere Rechnung mit ihren Opfern, sie sahen sich im Recht.

Der Wachtmeister kam dazu. Keiner mochte etwas sagen. Wir gingen zu dem Platz zurück, wo unsere Besichtigung begann, der Fahrer stand schon bei unserem Wagen. Zwei Minuten. Der Leutnant blickte sich um, er suchte den Major. Der Wachtmeister hatte ihn schon entdeckt. Gab es noch etwas? Wie spät ist es? Es ging auf zehn zu, nur Minuten nach zehn waren wir wieder bei der Schule.

DREI, VIER MONATE SPÄTER, ein Foto zeigt es, ich sitze vorne in einer Schulbank, brav wie ein Musterschüler, die linke Hand etwas vorgeschoben, auf dem Ärmel der Gefreitenwinkel, zwischen zwei wie ich gespannt aufmerksamen Unteroffizieren, die rechte Hand mit einem Stift auf einem Schreibblock. Zweimal fünf Reihen jeweils zu dritt. Wieder in Ostpreußen und wieder, in Lötzen zwischen zwei masurischen Seen, in einer Kaserne. O. A. Lehrgang. Es entschied sich, wie ich es nach so vielen Jahren sehe, von heute auf morgen. Mit Anfang dreißig ein Grünschnabel unter alten Hasen. Fast jeden Tag, an manchen Tagen mehrmals, der Eindruck, ich habe, freilich nicht allein taktisch oder strategisch, so vieles nachzuholen. Die Tischsitten. Ich sage mir, um vor mir bestehen zu können: Man lernt nie aus. Wo die Gabel, wo das Messer zu liegen hat. Wie man seine Hände plaziert. Daß es sich nicht schickt, mit vollem Mund dazwischenzureden. So viele kriegsentscheidende Fehlgriffe. Wann empfiehlt es sich zu schweigen, wann ist es geboten? Eine Tischrede. Alles will geübt sein. Nach acht Wochen – Lebendgewicht immerhin noch 80 Kilo – großer Abschiedsabend mit Major X. und allen Offizieren.

Was suchten wir in Lüttich, Namur, Laôn? Es war allenfalls ein Quartierproblem. In Melun holten wir, ein noch nicht Unteroffizier, zwei Mann, per Eisenbahn Telegrafenmasten ab, umfuhren mit unseren Waggons, oder wir wurden von der Bahnregie so herumdirigiert, zweimal Paris, logierten in einem Hotel bei der Oper, brachten unsere unzweifelhaft einschlägige Fracht schließlich am siebten oder achten Tag nach Anhée östlich von Dinant in Belgien. Danach verschlug es mich, nicht weniger dienstlich, erstmals seit meiner Geburt, in die Ecke, wo ich zur Welt kam. Es überraschte mich, wenngleich ich es gewußt hatte: Ich bin ein geborener Städter. Das Hotel des Vaters, die Mutter hatte es ja nach seinem zu frühen Tod nicht halten können, schon seit damals in ein Kaufhaus verwandelt, lag mitten in Euskirchens Hauptstraße, im Zentrum seiner Geschäftswelt. Inwieweit hängt man von seiner Umwelt ab? Die erste aller müßigen Fragen. Sie erübrigt sich. Überdies, ich bin längst kein Einzelgänger mehr. Als Soldat angepaßt wie jedermann. Kein Spielraum für die eigene Initiative. Alles hängt von allem ab. Die Magie der Gewohnheit. Jeder Gedanke kann auch der Gedanke des anderen sein. Ich kann mir keine Befehle geben. Die gibt der Apparat, das große Ganze.

Wieder, zum zweiten Mal und nun im Alleingang, nach Rußland. Ziel zunächst – überwiegend nachts über Breslau, Krakau, Lemberg – die Ukraine: Berditschew, nach einem Ruhetag Winniza am Südlichen Bug. Als erstes, wie stets wo sich die Gelegenheit dazu bietet, ein Anruf bei dem Sorgenkind in Berlin. Nach acht Tagen ein Abszeß in der Achselhöhle, die erste und einzige wirkliche Störung in viereinhalb Jahren. Eine Woche «Revierkrank auf Stube». Ich bummele, den linken Arm in einer Schlaufe hochgebunden, geruhsam in der Stadt, in ihrem Erholungspark herum, komme am Ufer des Bug mit einer aparten jungen Malerin ins Gespräch, im Gras bei ihrem Stuhl lag eine französische Zeitschrift, obenauf der Arc de Triomphe, unsere Konversation fiel ihr leichter als mir. Rekonvaleszierte, Mitte August, werde ich zum Kommandeur unseres Regiments befohlen. Ein feierlicher Akt. Stahlhelm, Karabiner. Er kommandiert mich, ich war darauf vorbereitet, zur Frontbewährung bei der 293. Infanteriedivision. Die Marschroute: Nordwärts über Kiew, Gomel – auf halber Strekke Alarm: Minen, Partisanen, die verborgen darauf lauern, daß sie hochgehen –, Brjansk, von da nach Südosten über Orel und wieder nach Norden über Mzensk, Bolschow bis Uljanowo. Zwei Divisionen wechseln die Plätze, schieben sich, zwei nicht überschaubare Kolosse, ohne die Front zu entblößen, aneinander vorbei. Ab Orel sind wir ein bespannter Zug. Einmal reiten wir zu dritt zwei, drei Tage als Quartiermacher voraus. Ich vergesse für Stunden den Krieg, notiere gleichwohl, als wäre ich erst siebzehn, achtzehn: «Mein erster richtiger Kriegsmarsch hoch zu Ross.» Tief im Wald im Osten von Uljanowo setzen wir uns fest, biwakieren fürs erste, schachten etwa zwölf mal zwölf Meter die Erde aus, fällen und zersägen etliche Bäume, zimmern uns, «nahebei» Tag und Nacht starker Artilleriebeschuß, einen soliden geräumigen Bunker. Wir konnten uns in ihm getrost für einige Zeit niederlassen. Zur Einweihung am 2. Oktober bekommen wir auch unseren Bunkerofen. Drei Wochen darauf fiel der erste Schnee.

Zwischendurch, so war es befohlen, mein Bericht an den Kommandeur, bei dem ich mich hatte abmelden müssen. Seine Antwort, van Hooven, Oberst, 10. Oktober, die eines väterlichen Freundes. Keine Redensarten, kein Klischee, am Schluß lediglich «Ihr», aufs Heil Hitler hatte er, als sei es abgeschafft, verzichtet. Gegen Ende des Jahres, ich bin wieder in Zossen, heißt es, van Hooven ist, bevor es zu spät dazu geworden wäre, nach Stalingrad geflogen. Mehr war nicht zu erfahren. Jahrzehnte später sehe ich ihn auf einem Foto, in seiner Uniform, als Vizepräsident des 1943 in der russischen Kriegsgefangenschaft gegründeten Bundes Deutscher Offiziere an der Seite von Erich Weinert, Präsident des Nationalkomitees Freies

Deutschland. In den «Erinnerungen» des Generals Walther von Seydlitz ist zu lesen, er war «der nach Stalingrad eingeflogene letzte Armeenachrichtenoffizier der 6. Armee».

Über fünf Monate Rußland, drei Wochen Urlaub, nun wieder Leerlauf, es wurde wieder exerziert, die Zeit totgeschlagen, wir lagen aufs neue irgendwo bei Paris, warteten darauf, daß wir gebraucht würden, wir uns nützlich machen könnten. Zunehmender Frust, er bedrückte mich. Anfang Februar, ich hatte Nachtdienst, war der U. v. D., fühlte, ich ertrüge ihn nicht mehr, sagte mir, ich sollte das öffentlich machen. Ich rief die Zeitung in Berlin an, ließ mich mit der Aufnahme verbinden. Ich sitze an einem Bericht, ich gebe ihn bis vier Uhr durch. Sind Sie bis dahin besetzt? Ich hatte über zwei Jahre nichts zu Papier gebracht, nicht einmal daran gedacht. Der Titel flog mir zu, ich mußte ihn nicht suchen: Wider die Unbill. Da war, auch in Berlin, niemand, den ich fragen konnte, was er davon hielte. Hans Eberhard Friedrich war nicht zu erreichen, er wie seine Frau meldeten sich nicht, mir war es so auch lieber. «Wer in diesen Wochen von der Front kam ...» Ein Appell, den Einsatz draußen nicht zu glorifizieren, ihn realistisch zu sehen. Am Wochenende bringt das Blatt ihn als Leitartikel auf Seite eins, der Titel der Redaktion «Von der Haltung des Soldaten», neben der Schlagzeile des Tages: «Die letzten Funksprüche» aus Stalingrad.

Zwei Tage später verschlägt es mich wieder in die Nähe der Geburtsstadt. Ein neuer Kompagniechef, Student der Archäologie, er pflegt die feudale Tradition, er ist überzeugt, ich fühlte mich geehrt, mit ihm querfeldein nach Scherben aus der Römerzeit zu suchen. Mitte März, wie immer dringlich, übers Wochenende mit vier Mann, wozu entfiel mir, wieder mal nach Zossen. «Alles erledigt», notierte ich am Dienstag, aber unser Stab dort hielt mich, allein mich, für einen weiteren Tag zurück. Auf der Schreibstube erfahre ich warum, der Unteroffizier dort: Morgen nachmittag. Reichssippenamt. Sächsische

Straße. Hast du da nicht mal gewohnt? Ich gehe mit. Eine Etage für eine größere Familie, auch für die Filiale einer mittleren Versicherung. Nur nach der Uniform ein Mann wie Rahn, ich bin für ihn nichts als ein Gegenstand, er schätzt mich ab, es hätte ihm, ging mir durch den Kopf, nichts ausgemacht, mich als noch unerledigt erst einmal beiseite zu stellen. Ich kann mich nicht entsinnen, was ihn an meiner Physis interessierte, ich schaltete ab. Helena, die Dame, die meine Großmutter war, er sagte «die Dame», wohl ein Anflug von Ironie: Eine Italienerin? Haben Sie kein Bild von ihr? Merkwürdige Vorstellung, ich hatte sie doch nie gesehen, mir über die Jahre ein changierendes Bild von ihr gemacht, und nun fragt dieser Abstammungsinspizient nach einem Foto von ihr. Mein Begleiter blieb mit mir im Blickkontakt. Ich hörte erst wieder nach fünf Wochen von ihm. Ein kurzer Anruf: Alles klar. Endlich. Noch am selben Tag, er durfte es nicht, schickte er mir eine Abschrift des Bescheids vom Direktor des Reichssippenamts am Schiffbauerdamm: «Gegen die Annahme, daß Adolf Friedrich August Frisé (geboren Euskirchen/Rhld. 29. 5. 1910) deutschen oder artverwandten Blutes (deutschblütig) im Sinne der Ersten Verordnung zum Reichsbürgergesetz vom 14. Nov. 1935 (RG Bl I S. 1333) ist, bestehen keine Bedenken.» Quer darüber las ich mit Rotstift: «Du darfst Dich aber nur auf das Aktenzeichen berufen!» Ich war somit, auf die Chiffre «Nr. I/3 Sch. V. 423/43 Por./Sm.» reduziert, für die Bürokratie ein Anonymus.

FAMILIENTAGE IM VORLAND der Eifel. Anhaltend, von Woche zu Woche immer verheerendere Bombenschläge auf Köln. Ich hole die Mutter nach Euskirchen, bin seit den Babyjahren das erste Mal mit ihr dort, bringe sie am Abend zwölf, dreizehn Kilometer weiter nach Münstereifel. Bomben auch immerfort auf Berlin. Dem Sorgenkind dort, nun wieder der Braut, verschaffte ich nah bei uns, nur zehn

Minuten mit dem Fahrrad oder ein kurzer Mittagsspaziergang, auf Haus Broich, einer stattlichen Domäne, eine erst einmal unbefristete Zuflucht. Erholsame Pausen, gestohlene Entspannungen. So hat der Leerlauf bisweilen Sinn, gibt es auch über vier Monate nicht allzu viel vertane Zeit. Anfang August bleiben mir, es war nicht vorauszusehen, gerade nur gut zwei Stunden zum Aufbruch nach Mentone, dem seit drei Jahren italienisch okkupierten Menton an der Côte d'Azur. Ich war in der Frühe nur für diesen Tag zum Stab nach Zossen gefahren, für die Rückfahrt gegen Mitternacht entschied ich mich für den vermeintlich schnelleren Zug über Frankfurt, verpaßte dort den Anschluß, mußte danach auf halber Strecke in einem Gasthof übernachten, war erst nach zehn wieder in unserem Dorf. Es war ähnlich wie zwei Jahre zuvor. Bei Beginn der weiten Fahrt von Paris über Graz nach Agram dachte keiner von uns an unseren baldigen Einfall in Rußland. Wir saßen dann ja, bis es von da über Eydtkau und Wilna nach Minsk ging, in Kroatien zwei Monate auf Abruf. Nun kannten wir das Ziel, nur, was erwartete uns da, was sollten wir dort? Ein kleines Vorkommando mit nur drei Mann. Wieder eine weite Reise. Nach Mitternacht zwanzig Stunden über Metz, Dijon, Lyon nach Marseille, über Nacht beim Roten Kreuz. Zehn Stunden über Toulon, Nizza, in Mentone melden wir uns bei unserem Verbindungsstab beim A.O.K. 4 der Italiener. Sie sitzen schon drei Jahre da, sie sind unsere Bundesgenossen. So nehmen sie uns auf. Sie begrüßen uns als Freunde, wir waren Freunde, wir wohnen bei ihnen im Winter-Palace. Abends das erste Bad im Mittelmeer. Unser Einsatzplatz ist das Postamt im Zentrum der Stadt, wir prüfen als erstes die Leitung nach Lyon, schalten allein für uns eine zweite dazu. Rückfragen, Befehle auch unmittelbar aus Zossen. Wir bekommen Nachschub, Geräte, unser Dienstquartier wird das einst gewiß stark frequentierte Hotel de Malte, wenig mehr als hundert Schritt von der Post. Weitere Geräte werden angesagt.

Nach auf den Tag fast vier Wochen abends nochmals Nachschub, dazu sieben Mann. Nur eine Stunde später, für uns aus heiterem Himmel, die Nachricht von Italiens separatem Waffenstillstand. Sie waren von einer Minute zur anderen nicht mehr mit uns verbündet, nun wohl wie wir überrascht, unser Feind zu sein. Das also war es. Es wurde ungemütlich. Ein Nachrichtengeneral rief an, befahl höchstselbst, unser Hotel verteidigungsbereit zu machen. Womit? Mit unseren paar Karabinern, mit meiner Pistole? Danach kein Kontakt mehr mit irgendwem. Die zuvor so liebenswürdigen Freunde schlossen uns ein, es konnte ihnen nicht verborgen geblieben sein, wie lächerlich harmlos wir waren, aber sie postierten vor dem Eingangtor zu unserem Quartier zwei martialisch anzusehende MGs, die Schützen hatten sich flach dahinter geworfen. Sämtliche Leitungen fielen aus, die Post war tot für uns. Gegen zwei ließ sich ein Offizier sehen, wir kannten uns. Ich steckte mir ein weißes Tuch an den Rock, ging, natürlich unbewaffnet, auf ihn zu, die Soldaten draußen ließen mich, da er nichts sagte, nur wartete, durch. Ich denke, das Ganze war ihm peinlich. Ich machte es, damit er mich ernst nahm, dringlich. Ich habe keine Befehle, ich muß mit jemandem sprechen. Er war ein höflicher Mann, ich hatte den Eindruck, er glaubte es sich schuldig zu sein. Er zögerte nicht einmal: Sie bekommen die Leitung. Fünf Minuten. Ich rief DV Zeppelin in Zossen an. Ich hätte es mir selbst sagen können. Mir wurde befohlen, die in der Post von uns schon eingerichtete Vermittlung «um jeden Preis» zu halten. Sie hatte schon einen Namen: DV Riviera. Die Blockade zog sich bis in den Nachmittag hin. Exakt halb vier rollte, als sei der Krieg damit zu Ende, eine Panzergrenadierdivision der SS an uns vorbei durch die Stadt, von den Freunden war niemand mehr zu sehen. Wir besetzten nun die Post, wer wollte uns noch stören, nach einer halben Stunde waren unsere Leitungen wohin auch immer frei, am Abend der Panzergeneral bei uns zu Gast.

Mit diesem Tag wird man in Berlin, entsprechend auch in Zossen, nach Mussolinis Sturz Ende Juli wohl gerechnet haben. Marschall Pietro Badoglio, von Viktor Emanuel III. zum neuen Chef der Regierung ernannt, war schon 1939, damals Chef des Generalstabs, entschieden gegen einen Krieg an der Seite Deutschlands. Es war so mithin ein mustergültiges Timing, zudem ein Prestigefall. Auch die Lage, das Meer, die schöne Küste gaben dem Kommando ein besonderes Air wie Gewicht. Alsbald sagten sich die ersten hohen Besucher an. Den Kommandeur des Regiments quartierten wir in Monte Carlo im Hotel de Paris ein. Ein weltläufiger Wirtschaftskorrespondent lud bei besonderen Anlässen zum Tee in der ihm und seiner Frau überlassenen Villa ihrer Freundin Coco Chanel. Einer seiner Gäste, Chef des Geheimdienstes am Ort, rühmte sich seines guten Kontakts mit seinen französischen Tennispartnern. Er war, in bestem Zivil, gleichsam sportlich mit seiner MP gekommen, er hatte sie wie eine Mappe, um sie nicht zu vergessen, griffbereit auf den Flügel gelegt. Keiner sagte, was er dachte: Was soll das? Der Generalkonsul in Monaco, der Vizekonsul, sogar der Konsul in San Remo baten gelegentlich zu Tisch. Bedrohungen nur fern von Menton: In Lyon wurde die mobile DV Libelle in die Luft gesprengt; Luftangriff auf Toulon, Totalausfall des Kabels; Panik nach Bomben auf Ventimiglia, mit unserem italienischen ¾-Tonner halfen wir die Verletzten bergen. Telefonate mit dem Sorgenkind, mal erreichte ich sie in Berlin, mal bei ihrer Mutter in Hamburg oder Lübeck, mal bei ihrem Mann in Amsterdam. Anfang Mai, nach neun Monaten, wurde ich abgelöst, am Wochenende danach meldete ich mich bei unserer exponiert in Zossen eingesetzten Abteilung zurück. Zu Beginn der Woche Dienstantritt beim Stab, ich bin mit diesem Tag Adjutant des Kommandeurs. Mitte Juni, auch Anfang Juli fuhr ich mit der «Braut» zur Schwester nach Werder bei Potsdam. Sie hatte sich, in Berlin ausgebombt, mit ihrem gerade erst einjährigen

Sohn dahin zurückgezogen. Ein geruhsames Wochenende. «E.(va) seit 7 Jahren erstmals wieder im Wasser. Schwimmt noch wie ein Fisch.» Am Tag darauf vermerke ich: «Besucherinvasion! Große Veränderungen im Anzug!» Ich sah nicht ab, was da vorging, ich hielt mich nicht für befugt, das zu eruieren. Namen, denen ich noch nicht oder nur erst flüchtig begegnet war, ich würde sie mir merken müssen. Das Amt Zeppelin, Deckname für die zentrale Fernmeldeanlage der Heeresleitung, war ihr Nervenzentrum. Der Chef unseres Regiments, ein Teil dieses Apparats, war nach vier Tagen wieder abgereist. Zu gleicher Zeit kamen «Maj. Poppe I. Abt.», ein Kollege meines Kommandeurs, ein «Amtmann» und noch ein Major «mit Erkundungsaufträgen». Die drei Tage darauf vermerkte ich: «16^h im Auswärtigen Amt bei Leg. Rat L.», «Ständiges Kommen u. Gehen», «Weitere Gäste» von der F(ührungs) N(achrichten) Tr(uppe), vom «Chef H(öheres) N(achrichten) W(esen)», dazu ein halbes Dutzend weitere Namen, für mich, so sehr irritierte es mich und als ahnte ich, worauf es hinauslief, ein «Kleines Affentheater». Fünf Tage keine Silbe. Am 13. Juli lakonisch: «13.00^h Übergabe an I. Abt. III. Abt. brotlos!» Mein Chef, ein Dr. ing. aus Hannover, war wie vom Schlag getroffen. Eben der Major Poppe, den ich als ersten unserer so interessierten Besucher in meinem Taschenbuch vermerkte, wurde sein Nachfolger. Niemand von uns konnte auch nur mutmaßen, wie und warum es dazu gekommen war. Der in manchem noch zivile, nicht mehr junge Ingenieur, Reservist wie ich, war ein Einzelgänger, ein Mann strenger Grundsätze, eine asketische Natur, er rauchte nicht, war kein Freund des Alkohols, jedermann gegenüber distanziert, dabei stets freundlich, aufgeschlossen und zugleich verschlossen. Heil Hitler, Leutnant X. Es war nicht an ihn heranzukommen. Tarnte er sich? Bei einem Kaffee in Salzburg fragte er, noch erkennbar gekränkt, Oberst Ahrens, den letzten Kommandeur des Regiments, warum man ihm seine Abteilung genommen habe. Mit Verlaub, er verstehe das nicht. Ja, warum? Es tut mir leid, ich weiß es auch nicht. Ich habe noch nicht darüber nachgedacht. Meine Meinung als dritter an unserem Tisch war nicht gefragt.

Am Abend danach befiehlt das Regiment einen neuen Einsatz für uns. Ich höre zugleich mit dem Kommandeur davon. Wo, ist noch offen. In der Frühe melden wir, wir sind «verladebereit». Ich rufe mein «Sorgenkind» an, sage nur, es ist möglich, ich verreise noch mal. Sie, als sei nichts einfacher: Es ist so schön heute. Ich könnte gegen sechs bei dir sein. Holst du mich ab? Wir faßten uns kurz, wir hatten das durchgesprochen. Ich nehme die S-Bahn, du erwartest mich vor der Station. Eine merkwürdig verhaltene Spannung. Nichts spricht dafür, sie sei begründet. Ich mache mich früher als erforderlich auf den Weg, sie soll nicht vergebens auf mich warten müssen. Später redete ich mir ein, ich hätte gespürt, daß etwas passiert sei. Das Gerücht, es gebe Gerüchte. Zwei oder drei Offiziere, die sich bei uns erschossen, einer wurde verhaftet. Wer wurde erschossen, warum wurden sie erschossen? Es werden keine Namen genannt. Keine Gespräche, auch kein noch so vorsichtiger Gedankenaustausch. Am Morgen gab es keine Mutmaßungen mehr, Hitler war nach Mitternacht im Radio zu hören, durch ihn selbst erfuhren wir von dem Attentat auf ihn. Das war nun sicher, es hatte sich herumgesprochen. Er hatte den Anschlag überlebt, auch das also war geklärt. Schon um sechs saß ich im Auto nach Berlin, die Mutter war ein paar Tage bei der Schwester und ihrem Enkel gewesen, ich verabschiedete sie mit dem Schwager am Schlesischen Bahnhof. Der Kommandeur fuhr tags darauf, auch schon früh, nur mit einem Unteroffizier und einem Gefreiten, als sein eigenes Vorkommando, nach Krakau. Mal hieß es, der neue Einsatz für uns ist noch «in der Schwebe», mal wir verladen, wir begannen schon am Wochenende damit, besetzten einen eigenen Güterzug, verbrachten die nächste

Nacht schon in unseren Fahrzeugen. Und es hieß, wir werden in Krakau der *SS* unterstellt. Wir sahen uns schon als das letzte Aufgebot. Ich meldete mich reihum ab beim Adjutanten des Regimentskommandeurs, bei dessen Ia wie bei dem Nachfolger unseres Abteilungschefs. Ein tumultuöses Wochenende: Abfahrt 13.50^{h}, um 19.00^{h} Kommando zurück, wir entladen unseren Zug, ziehen wieder in unser Barackenlager, der Chef wird aus Krakau zurückgerufen.

Nach nur zwei Tagen fährt er mit mir die Nacht durch nach München und weiter über Freilassing nach Bad Reichenhall. Quartier dort die Jägerkaserne. Wir sind aufs neue verladen. Wozu, bleibt fürs erste wieder noch offen, das hängt von der Lage ab, doch darüber wird nicht gesprochen. Niemand übersieht sie. Nach mehr als fünfzig Jahren unbegreiflich, wie gleichmütig wir das hinnahmen, das Verschleudern der Zeit, den unaufhörlich so sinn- wie nutzlosen Aufwand, die nicht abreißende Kette der Vergeblichkeiten Wir werden unentwegt irgendwohin dirigiert, um irgend etwas zu erkunden, die Nachrichtendienste müssen mit jeder Möglichkeit rechnen, haben keinen, zumindest so gut wie keinen Einfluß auf den Lauf der Dinge. Bruck an der Mur in der Steiermark rückt plötzlich in den Blick als womöglich interessanter Schaltplatz. Oder das Sauerland. Die Bahn bringt mich über Hannover, Paderborn, Hagen i. W., die Gemeinde Finnentrop zu einem Ort namens Wennemen. Meldung beim Abteilungskommandeur eines mir unbekannten Nachrichtenregiments. Ich notiere: «Dörfliches Quartier». Ein Technischer Inspektor bringt mich nach der Nacht dort an meinen Niederrhein, von dort geht es Richtung Köln, rechtsrheinisch bei Mülheim ist die Fahrt zu Ende. Für die Nacht finde ich gerade noch Platz in einem Luftschutzbunker, frühmorgens zu Fuß nach Köln, kurzer Besuch bei der Mutter. Drei Tage mit fünf Zügen über Niederlahnstein nachts um eins, Giessen, Halle, Leipzig, Salzburg wieder nach Bad Reichenhall. Unser Stützpunkt, eine

Idylle, ist der Thumsee zwei-, dreihundert Meter über der Stadt. Gegen Ende des Jahres ein neuer Kommandeur, er ist dort zu Hause, will, falls er dazu kommt, Jura studieren.

Anfang Februar. Berlin erwartet die Russen, sie stehen schon am Rand der Stadt. Das Sorgenkind wieder einmal dem Zusammenbruch nahe, der Ehemann wieder oder noch in Amsterdam. In der zweiten Woche erste Zeichen zu einem nochmaligen Aufbruch. Ein Vorkommando wird nordwärts, nach Thüringen, in Marsch gesetzt. Ziel zunächst Ohrdruf, der Code Olga, südlich von Gotha. Der Befehl wird widerrufen, neu gegeben. Ich sehe mich zuletzt bis in den Nachmittag mit dem Vorsteher des Bahnhofs allein auf dem Bahnsteig, warte unverdrossen auf einen voreilig angesagten Zug, der uns mit unseren Fahrzeugen, unserem Gerät wieder in den Süden bringen soll. Die Häuser ringsum scheinen verlassen, einmal wird eine Gardine ein Stück beiseite und gleich wieder zugezogen. Der Beamte mit der roten Mütze zieht sich in seinem Gehäuse um, er ist sicher, die Amerikaner können jede Minute da sein. Ich beginne mich damit abzufinden, man könnte mich vergessen haben, da donnert unser Kradmelder in die Stille hinein. Das war unsere letzte Aktion. Wir setzen uns mal da, mal dort fest, gegen Ende auch am Chiemsee, landen schließlich wieder am Thumsee. Die Stadt unten ist von den Amerikanern besetzt. Nach drei Tagen tauchen sie morgens halb neun auch bei uns auf. Fast jeder will sie als erster gesehen haben. Im Gänsemarsch schleichen sie Mann für Mann lautlos, wie aus dem Hinterhalt, um eine Ecke. Ein einziger Schuß fällt. Er trifft einen Unteroffizier, der sich nicht schnell genug von seiner MP trennt. Wir stürmen, als hätten wir es so eingeübt, geschlossen in den Wald in unserem Rücken zweihundert Meter hoch zur Höllenbachalm. Wer seine Waffe nicht schon weggeworfen hatte, vergrub sie. Jeder mußte nun sehen, wie er zurechtkam.

NUN, WOHIN? Wieder nach Berlin? Meine Bleibe, Charlottenburg Fredericiastraße 3, fünfter, sechster Stock, darüber gleich das Dach, war ein Notbehelf gewesen. Ich hatte mich zum Jahreswechsel 1940/41 Hals über Kopf dafür entscheiden müssen, war da ja schon einige Monate beim Militär. Es zog mich nichts dahin zurück. Die «Braut», das Sorgenkind, würde nicht mehr dort sein. Ich hatte sie Mitte März – «14.00^{h} Gespräch mit Eva!!» – gerade noch einmal erreicht. Brandbomben – Wir sind fast nur noch oben. Ich stellte mir vor, sie huscht zwischen den Flammen herum, versucht sie mit den anderen Frauen im Haus zu ersticken. Ich rief ihr irgend etwas zu. Sie hörte mich nicht mehr.

Nach dem Gesetz der Stunde war ich recht- und schutzlos, eine Unperson. Ich konnte mich nicht ausweisen. Der Paß des Soldaten zählte nicht mehr, so auch nicht die in ihm dokumentierte «Aufhebung des Dienstpflichtverhältnisses» vom 5. 5. 45. Sich melden? Es könnte heißen, sie setzen dich erst einmal fest. Oder sie wollten nur sehen, wer alles sich noch herumtrieb. Eine Familie aus Berlin, Bombenflüchtlinge wie so viele, ich hatte schon mein Gepäck bei ihr abgestellt, sie nahm auch mich selbst bei sich auf, ich hatte sie nicht darum gebeten. Wohl in jedem Haus rings um den See war jemand untergeschlüpft. Mal früh, mal erst gegen Abend zog ein Militärpolizist vorbei. Da und dort blinkte ein Licht auf. So warnten wir uns, tauchten weg. Von Zeit zu Zeit wurde auf einem Flugblatt, auch in der Zeitung eine neue, nun definitiv letzte Frist, sich zu melden, angemahnt. So ging es eine und noch eine Woche, gegen Ende der dritten schätzte ich, nun kann es wirklich bald zu spät sein, machte mich nach dem Frühstück auf den Weg zur Kaserne unten bei der Stadt. Morgen mittag bin ich wieder da. Auf der Schreibstube ein Soldat in unserer Uniform. Er registrierte mich. Damit war auch ich, ich hatte es mir zu guter Letzt ersparen wollen, kriegsgefangen. Es wunderte mich, es bedrückte mich nicht. Nun erfuhr ich auch das.

Ich mußte mich mit dreißig, vierzig Mann, denen es ähnlich erging, wohl oder übel damit abfinden, fürs erste nicht mehr Herr der Lage zu sein. Nun wieder so etwas wie Kameraderie. Ein jeder von uns hatte seine Geschichte. Es tat gut, zuzuhören, sich selbst für Minuten, für eine halbe Stunde zu vergessen.

Leere Wochen. Keine Erinnerung, was ich mit ihnen anfing, Pläne, Illusionen. Per Auto mit einem Nachbarn am Chiemsee vorbei nach München, Kontaktversuche, die nichts bringen, nach zwei Tagen zunächst per Bahn, dann zu Fuß zurück an den Thumsee. Es geht schon in den August hinein. Plötzlich kommt aus der Stadt unten die Nachricht von einem Bus nach Bremen, auch da sitzen ja die Amerikaner. Sie wollen ihre POW's von dort wieder zu ihren Frauen, den Kindern, den Eltern schicken. Ich gehe noch einmal zur Kaserne bei Reichenhall, ich hatte sie tatsächlich schon am Tag darauf verlassen. Nein, nicht ich, meine Braut ist in Bremen ansässig, sie weiß, daß ich komme. Ich hatte Glück, drei Plätze waren noch frei. An einem Donnerstag früh um acht fuhren wir los. München, Augsburg, Ulm, wir übernachteten südlich von Stuttgart. Zweiter Tag über Stuttgart, Mannheim, Frankfurt, Kassel, dahinter die von innen wie verriegelte Grenze zur Zone der Briten. Einfahrt in ein fremdes neues Land. Erst am Wochenende ist Bremen erreicht. Das Gros wird abgeladen, eine weit kleinere Gruppe ist auf halbem Weg nach Hamburg, in Scheeßel, bei Scheeßel, zu Hause. Der Fahrer hat hier einen Freund oder eine Schwester. Wohl auch seinet- oder ihretwegen macht er hier einen Zwischenstop. Wir parken auf offener Straße, strecken uns, am Ende nur noch zu dritt, schon ehe es dunkel wird aus, der Bus ist unser Nachtquartier. Endstation am Morgen darauf ist Altona, der Fahrer lacht: Meine Frau wird überrascht sein.

Ich hatte mich neben ihn gesetzt, war neugierig. Ottensen? Wir kamen von der Reeperbahn, er hatte sie mir zeigen wollen, umfuhren den Ottenser Marktplatz. Er wies nach links. Holländische Reihe, hier wohnen wir. Rechts ging es zur S-Bahn beim Altonaer Bahnhof. Die drei Hamburger stiegen aus, ich zögerte. Wo kriegt man hier ein Zimmer? Ein Zimmer? Schwierig. Meine Frau wird was wissen. Er setzte sich wieder ans Steuer. Er fuhr, nun wirklich nach links, in die Ottenser Hauptstraße hinein und von da im Bogen in seine Holländische Reihe, er nahm mich einfach mit. Seine Frau: Sie bleiben erst mal hier. Das Zimmer der Oma. Das war seine Mutter. Sie war irgendwo auf dem Land. Ein schmales Bett, ein alter Küchentisch, keine Scheiben mehr, stattdessen nur noch Pappe. Das reichte für eine, auch für eine zweite Nacht. Die noch sommerliche Wärme, am Abend strich von der Elbe frische weiche Luft herüber. Ich war unerwartet schnell, ohne jede Mühe untergekommen, was wollte ich mehr.

Eva, geb. Winter. Ihr Ottensen? Wie sie es mir schilderte, lag es mehr nach Westen, dicht bei Othmarschen. Am Hohenzollernring? Ich hatte mir die Nummer, auch das Telefon nicht gemerkt, oder wohnte die Mutter nun woanders? Ich wußte nur, wo sie in Lübeck wäre, nahm früh den ersten Zug. Ich traf Jan, den Ehemann, eher als sie, ihm war längst geläufig, daß sie für mich mein Sorgenkind war. Ich erkannte ihn an seinem Gang, an seinem Hut. Sein Morgenspaziergang. Ein noch recht elastischer Herr. Ich holte ihn ein, ging ein paar Schritte neben ihm her. Wie geht's? Er war nicht leicht zu überraschen. Wie er mich begrüßte, war ich sein Freund. Es war nicht mehr weit bis zu dem Haus der Kusine seiner Schwiegermutter. Gehen Sie ruhig vor. Ich schritt aus, ließ es mir nicht zweimal sagen. Stieps –! Oder wie sprach ich sie an? Ich sah sie sofort, sie saß im Garten. Sie hatte all die Tage an mich wie ich an sie, wir hatten beide unentwegt an einander gedacht. Es war natürlich ganz anders und doch wie bei ihm, Jan K., ich konnte auch sie nicht überraschen.

Wovon lebte ich? Es wurde Zeit, mich umzutun, wieder

wie auch immer Fuß zu fassen. Es gab die Press Section, es gab den Rundfunk. Sie waren meine ersten Adressen. Lag es am Klima der Stadt? Es hätte nicht ihrem Stil entsprochen, dem Neuling die Tür zu weisen. Die Zeitung am Gänsemarkt, das Organ der Militärregierung – um die Ecke die Alster, der Jungfernstieg, das Rathaus, der Mittelpunkt der Stadt. Schon an meinem zweiten Hamburger Wochenende brachte sie von mir einen Versuch über den «Dichter des ‹Jedermann›», danach bis in den Dezember, jeweils «– é» signiert und mit dem Foto dazu, eine Serie von Kurzporträts: Steckbriefe vorweg zu verketzerten, bei uns dadurch vergessenen Autoren (Bruno Frank, Georg Kaiser, Heinrich und Thomas Mann, Zuckmayer, Musil), zu meinem auch über Jahre verfemten Lehrer Karl Jaspers, zu den Malern Oskar Kokoschka, Karl Hofer, zu Beginn zu Werner Heisenberg, ferner zu Max Reinhardt, Paul Hindemith, Gottfried Benn. Zu dem Hinweis auf ihn rief mich Ernst Rowohlt an. Käme es hier zu einem Einspruch, einem Protest, springe er mir bei, auch er hätte sich, wie Benn, in die Wehrmacht geflüchtet, bei ihr den ihm sonst versagten Rückhalt und damit Schutz gefunden. Bei Radio Hamburg boten sich vielfältige Möglichkeiten, ich ging da bald ein und aus. Es blieb indes ein Leben am Rande des Risikos. Dazu das Provisorium der Unterkunft. Mitte November die ersten kalten Tage, mein kleines Quartier ließ sich nicht heizen. Ich fuhr über Blankenese hinaus nach Rissen, Hamburgs Randgebiet im Westen. Ein Ausflug aufs Land. Eine sich lang hinziehende dörfliche Straße quer durch den Ort, sie führt geradenwegs nach Wedel in Holstein. Der Zufall verwies mich aufs gepflegte Haus des Kohlenhändlers. Ein helles Zimmer im ersten Stock, ein breites Fenster mit freiem Blick über die Häuser gegenüber. Hier würde ich nicht frieren müssen.

Montags zog ich dort ein. Auf den Tag drei Wochen danach steht um die Mittagszeit plötzlich auf Hamburgs Rothenbaumchaussee, beim Museum für Völkerkunde, Karl Silex,

Chefredakteur meines letzten Berliner Blattes, vor mir. Marineblauer Rock, marineblauer Mantel, das Zivil des Fregattenkapitäns. Wir sahen uns zuletzt vor über fünf Jahren, mir schien es in diesem Augenblick als lägen gerade nur ein paar Wochen dazwischen. Ich mache hier jetzt eine Zeitung. «Hamburger Allgemeine». Ich verstand. Die «Deutsche Allgemeine» Berlins nun am anderen Ort, noch einmal dieses Genre. Machen Sie mit? Es war nicht wirklich eine Frage, es war für ihn damit so gut wie abgemacht. Es war wie ein Traum. Sie fahren herum, Sie berichten über das, was Sie sehen. Was heißt jetzt? Februar, März. Ich schlage vor, Sie bekommen eine Pauschale. Er sagte auch schon, wie hoch sie sein würde. Achthundert. Ja, es war ein Traum. Ich hätte am liebsten gleich, noch in dieser Woche, angefangen. Ja, für ihn war es eine beschlossene Sache. Wir setzten uns nicht mal, um sie zu bereden, in ein Café. Ich gab ihm meine Adresse, er versicherte, er werde wieder von sich hören lassen, ich hatte sein Wort. Die Welt verwandelte sich für mich. Am Wochenende notierte ich, wie von einem Druck befreit: «17^{20} Uhr nach 6 Wochen endlich wieder nach Lübeck!» Im Rundfunk war zu hören, was mir zu einem der mir liebsten Romane, Stendhals «Rot und Schwarz», eingefallen war, nach zwei Tagen meine halbe Stunde über «Elisabeth, Königin von England», nach einem weiteren Tag meine Viertelstunde über «Paul Claudel – Georges Bernanos – Julien Green», die katholische Trias in der modernen französischen Literatur. Wie zum Training für meinen ersten effektiven Job ging ich auf eine Rundreise über Hannover, Köln zur Mutter nun in Bonn, übers Ruhrgebiet zu dem philosophischen Unternehmer in Bielefeld, über Osnabrück nach Bremen. Silex lud zu einer ersten Konferenz nach Blankenese ein. Beiläufig eine Unterhaltung mit Hans Zehrer, dem Begründer der Diederichs-«Tat», sein Blatt «Der Tag» würde nun «Die Welt» heißen, er würde einer unserer Konkurrenten sein. Eine Rundfahrt in den Süden der Zone. In Wiesbaden

Besuch bei Karl Geiler, Hessens erstem Ministerpräsidenten, der Freund Erwin H. hatte das über dessen Frau familiär vermittelt. In Heidelberg erstmals seit dem Studium zu Karl Jaspers, bei ihm August Grisebach, er hatte sich von der Zone der Russen abgesetzt, war gerade aus Potsdam herübergekommen, er examinierte mich bei der Promotion speziell zu den Impressionisten. «Plauderstunde», notierte ich, mit Frau Jaspers, sie war zwölf Jahre für die Stadt, die Universität, die Weggefährten nicht mal ein Schatten gewesen. Erste Begegnung mit Dolf Sternberger. Er edierte seit zwei Jahren im Verein mit Jaspers, Max Webers jüngerem Bruder Alfred und Marie Luise Kaschnitz «Die Wandlung». Ergiebige Stunden mit Emil Belzner, Feuilletonchef der «Rhein-Neckar-Zeitung», mit dem Roman «Iwan der Pelzhändler oder Die Melancholie der Liebe» vor Jahren eine unserer Hoffnungen. Auch mit Ernst Glaeser, er war noch im Krieg aus seiner Emigration in der Schweiz heimgekehrt. In Baden-Baden unverhofftes Wiedersehen mit Eschmann, in Freiburg bei Benno Reifenberg, dem Herausgeber der Wochenschrift «Die Gegenwart». Mit ihm und einigen seiner alten Kollegen ist der Südwesten insgesamt noch das Wirkungsfeld der «Frankfurter Zeitung».

12. März 1946: «11 Uhr zu Silex». Er teilt mich, ich erfahre es erst jetzt, der Redaktion zu, ich übernehme unter seiner Obhut die Politik. Redakteur, was ich noch nie war, und sogleich mitverantwortlich für den Kurs des Blattes. Ein As des einst, wie die «Frankfurter», die «Vossische Zeitung», federführenden «Hamburger Fremdenblatts» übernimmt die Wirtschaft, ein Mann gleich mir aus Berlins Zeitungsviertel das Feuilleton, ein Enthusiast von der Ruhr den Sport. Vier Verleger. Nur einer von ihnen hat schon eine Zeitung gemacht, das Lokalblatt in Blankenese, in seinem Haus hatten wir erstmals konferiert. Einer, ein biederer Mann der Mitte, kommt aus der Bürgerschaft der Stadt, einer ist, entsinne ich mich recht, Konsul eines Landes in Lateinamerika, agil, mit

guten Beziehungen zum Vatikan, wohl auch mit Verbindungen zum Widerstand. Die Lizenz zu ihrer Funktion sprach ihnen die Militärregierung zu. Das Vorschlagsrecht lag, streng abgegrenzt, bei den dominierenden Parteien. Prämisse bei ihrer Wahl war die reine Weste. Die Qualifikation wurde vorausgesetzt, aber sie fiel nicht so ins Gewicht. Nach gut einer Woche kamen wir ein weiteres Mal zusammen, Start dann, auch in dem Pressehaus am Gänsemarkt, am 2. April, einem Dienstag, die Redaktion hatte mit ihrer Arbeit schon früh um sieben begonnen. Hamburgs Blätter kamen traditionell erst zum Nachmittag, nicht schon morgens heraus. Für die Berliner, etwa ein Drittel der Redaktion, zunächst eine nicht so leichte Umstellung. Doch das war kein Streitpunkt, wir gewöhnten uns daran.

In der ersten Ausgabe bin ich «unser Korrespondent», berichte über die Situation «Südlich des Mains», lenke den Blick auf den «Strukturwandel Deutschlands». Wo man auch hinkomme, sehe man sich «an das Gestade einer in sich abgegrenzten Insel verschlagen». Das Erlebnis des Neuanfangs, noch ist es ein Abenteuer, erst im Rückblick spricht man, man ist sich ihrer immer bewußt, von der Stunde Null. Recherchen vor Ort dazu in Gelsenkirchen bei einer Zeche, bei den Eisenwerken, beim Magistrat, beim Landesernährungsamt, bei den Presseämtern in Köln und Düsseldorf, beim Oberpräsidenten Nordrhein/Westfalen, beim Pressedezernenten in Bochum, beim Dezernenten für den Wiederaufbau in Dortmund. Erfahrungen wie Überlegungen, die mich über Monate nicht loslassen: Das Klima des Westens, Die deutsche Not an der Ruhr, Gespräche am Rhein, Das deutsche Niemandsland, Berliner Gespräche.

Eine Notiz vier Tage vor dem Beginn: «Nachm.(ittags) E.(va) aus Lübeck (Armes trauriges Täubchen!)» Die seit langem aufgestaute Emotion, bare Zärtlichkeit? Jan K. zog es nach Amsterdam oder er war schon auf dem Weg dorthin. Für ihn nach all den Jahren in Berlin eine heikle Heimkehr. Sie versagte sich jedes Wort dazu. Die Treue zum Freund des Vaters? Anfang Mai kam sie wieder, wir zogen für die Nacht in ein Gasthaus. Im späten Juni fuhr ich wieder einmal zu ihr. Ein über die Monate lähmendes Hin und Her. Mitte August war sie wieder einen Tag bei mir. «Eva:», notierte ich, «Schwächeanfall.» Ich suchte ein Nest für sie wie für mich, der Weg zur Redaktion mit dem Wechsel von der Dampflok auf die S-Bahn und umgekehrt war ein Problem geworden, ich mußte ihn verkürzen, entschied mich für zwei leere Zimmer nahe der S-Bahn Blankenese. Sie übernahm es, das zu Ende zu bringen. Anfang Oktober rückte sie, als sei sie über Nacht wieder zu Kräften gekommen, aus Lübeck mit einem LKW an, darauf zwei Betten, zwei Tische, Stühle und so fort, alles, was zu einem Haushalt gehört. Ich war für den Abend mit Silex bei Freunden an der Alster verabredet. Das abzusagen hätte ihn brüskiert, er hätte es nicht verstanden. Er hatte uns, auf ein Veto aus London, schon um diese Zeit, nach noch nicht einem halben Jahr, verlassen müssen. Für Attlee und sein Labourkabinett war er, in den Hitlerjahren, wie sie es sahen, ein Alibi-Liberaler an der Spitze eines maßgeblichen Blattes, nun für eine solche Position, wenn auch an einem anderen Platz, unakzeptabel. Damit hatte niemand gerechnet. Vordem acht Jahre Korrespondent seiner Zeitung in England, galt er als exemplarisch anglophil. Wir hatten nun zu dritt (Politik, Wirtschaft, Kultur) die Verantwortung für die Redaktion übernommen.

ZWEI FOTOS zur Tristesse der Situation bei uns im Dezember 1946: «Hamburg gestern und heute»: «Dasselbe Stadtviertel!» oben noch unversehrt, darunter das unverändert wüste Trümmerfeld. Eine Demonstration? Dagegen sprach schon auf Seite 1 die Standardzeile: «Veröffentlicht unter Zulassung Nr. 23 der Militärregierung». Am 3. Januar stand darunter, als mein Kommentar zum Einstieg «in das dritte zwischen Krieg und Frieden schwebende Jahr»: «Etappe 1947». Der britische Deutschlandminister hatte in seiner Weihnachtsbotschaft die Möglichkeit «eines großen Wendepunktes» ins Auge gefaßt. Es gab einen konkreten Anlaß, das wörtlich zu nehmen. Die Press Section hatte zwei Dutzend Beamte, Pädagogen, Journalisten, Gewerkschaftler aus ihrer Zone für sechs Wochen zu einem Annäherungs- und Verständigungsgespräch nach Wilton Park nahe Beaconsfield nordwestlich von London eingeladen. Ein ungewöhnliches Unternehmen. Es begann, schon drei Tage später, auf die Minute vierundzwanzig Stunden nach dem Wochenende. Eine dramatische Aktion. Um Mitternacht fuhr bei uns, Ole Hoop 8, ein schwerer englischer Militärlaster vor. Eisige Kälte, minus 20 Grad. Es stürmte, die Zeltplane war halb zurückgeschlagen. In die Ecke hinter dem Fahrer, nicht etwa, dem Wetter angemessen, vorne neben ihm, hatte sich ein noch junger Mann hingehockt. Er erhob sich, sichtlich entschlossen, abzusteigen. Es empörte ihn, was uns da, mit seinen Worten, zugemutet werde. Ich konnte mir in dem Moment nicht vorstellen, was uns drei, vier Stunden bis Hannover bevorstünde, wollte es auch nicht. Es würde eine alles andere als bequeme Fahrt sein, keine Frage. Die Alternative? Ich sah allein die Chance, die sich mir bot. Eva, nun nicht mehr bloß die Braut, war mit mir nach unten gegangen, sie wollte doch dabei sein, wenn es losging. Sie fror. Nun macht schon – Auch der Fahrer wurde ungeduldig. Er ließ die Ladeklappe herunter, packte meinen Koffer und meine Reisetasche, schob sie in die andere Ecke hinter der Fahrerkabine, zurrte die Plane zurecht, zog mich zu sich hinauf, sprang ab. Die Nacht, der beißende Frost, was sollten wir da lange diskutieren. Kracht –, hatte ich verstanden. Christian Kracht. Ich schätzte, er wird zehn Jahre jünger sein als ich. Drahtig, mittelgroß. «Die Welt», Reporter. Er wußte so wenig wie ich, wer hier am Ort noch mit von der Partie sein würde. Es ergab sich, noch ein Journalist, ein Redakteur der «Hamburger Volkszeitung», sie war das Blatt der KP. Eine Frohnatur.

Was ich mir, wie wohl viele, all die Jahre wünschte, wurde über Nacht auch wie ein Traum, der sich endlich erfüllte, Wirklichkeit. Früh um vier Ankunft in Hannover, wir werden beim Standort der Besatzungsmacht abgesetzt, wir sind ab nun ihre Gäste, der Gastgeber, ein Major Pope, spricht Deutsch, als sei er hier aufgewachsen, er bedauert, daß wir so froren. Ein Tag zunächst, um uns einander anzunähern, überdies gibt es, erst am Morgen darauf, für die Fahrt zur Küste allein den Militärzug über Bentheim nach Hoek van Holland. Die Fähre bringt uns nach Harwich, von dort geht es zügig nach London, Liverpool-Street-Station, wir sind in einer anderen Welt, sie huscht zwanzig, dreißig Minuten an uns vorbei, ein Austin oder Morris bringt uns ans Ziel: Ein Training Center für durchweg dreihundert Kriegsgefangene aus den rund tausend Lagern auf der Insel, die hier in einem einst weiten Park für jeweils sechs Wochen zu Vorträgen, Gesprächen, Diskussionen mit repräsentativen Politikern, Wissenschaftlern, Publizisten des Landes zusammenkommen. Unsere Quartiere wie die der POW's robuste Wellblechbaracken für je zwei Mann. Ich teile eine unserer gesondert plazierten Hütten mit Kracht: er mein Junior – zwanzig Jahre danach ist er Topmanager bei Axel Springer –, ich sein Senior. Zwei Hamburger mit schroff unterschiedlichen Interessen, einer kraß anderen Sicht der Situation.

Am ersten Abend, als Auftakt, ein Seminar mit Richard Crossman, Chefredakteur des «New Statesman and Nation», populärer Labour-Abgeordneter, als solcher ein hochengagierter Anwalt der POW's. Wir werden durch die Fleet Street geführt, es kommt zu vielfältigen Kontakten mit der Londoner Presse, vornehmlich mit dem «News Chronicle», mit Ewan Butler von der «Daily Mail», er war für seine Zeitung längere

Zeit in Berlin gewesen. Lady Astor, nahezu siebzig, berichtet uns über ihren Weg als Englands erste Frau im Parlament, wir scharen uns an einem besonderen Abend am offenen Kaminfeuer um den Historiker Arnold J. Toynbee, berühmt mit seiner «Study of History», seiner am Ende zwölfbändigen Geschichte sämtlicher Zivilisationen. Wir üben uns im Brain Storm mit hohen britischen Richtern, stellen uns in einem riesigen Arbeitscamp bei Aylesbury östlich von Oxford bis drei Uhr morgens den uns hart bedrängenden bis herausfordernden Fragen unserer Landsleute, die noch nicht hatten heimkehren können. Die BBC im Londoner Bush House gab mir wie einem Berliner Kollegen je eine Viertelstunde zu einem Wort an die Hörer daheim. Ein Colonel lud danach zum Lunch. Abends an diesem Tag saß ich bei Wolfgang von Einsiedel, er hatte, offiziell kein Emigrant und doch ein Emigrant, 1938 Berlin verlassen. Auf seinem Arbeitstisch lag eine mir noch unbekannte Rarität: der von Martha Musil 1943 in Lausanne aus dem Nachlaß ihres im Jahr zuvor verstorbenen Mannes herausgegebene «Dritte Band» seines unvollendeten «Mann ohne Eigenschaften». Vier Tage danach, an einem Sonntagmittag, lief unser Dieselzug fürs Militär in den Altonaer Bahnhof ein. Auf dem Bahnsteig stand meine nun anders nicht mehr gesehene Gefährtin, sie war ja hier zu Hause.

Schon nach exakt einem Monat gingen wir von hier auf unsere erste große Reise. Kein besonderer Anlaß. Ich hatte sie sechs Wochen bei dem uns noch kaum vertrauten alten Ehepaar, das uns die zwei seiner Räume abgetreten hatte, mehr oder minder sich selbst überlassen müssen. Dutzende zermürbende Bombennächte lagen hinter ihr, dann die ungewissen Wochen mit der Mutter im Notquartier bei deren Kusine, dazu das stete Risiko ihrer Existenz, ihre physische, auch psychische Labilität, es gebot sich, ihr wieder Halt zu geben. Wir besuchten meine Schwester, für sie die Schwägerin, den

Schwager in Frankfurt, es zog mich aufs neue an den Platz, an dem ich zuletzt, kurz vor Hitler, studiert hatte, machte sie mit Didi, seinen Eltern, seinen Geschwistern bekannt, saß mit ihr an einem Abend bis nach zehn bei Jaspers, sie stellte Fragen, die ihn zu überraschen, zu amüsieren, ja ihm zu gefallen schienen. In Gauting bei München übernachteten wir auf einer Matratze in Hans Eberhard Friedrichs «Prisma»-Redaktion. Sie sollte auch sehen, wo der Krieg für mich zu Ende ging, sie dankte, als sei sie meine Frau, den großherzigen Gastgebern am Thumsee, wir trafen den Freund Hocke am Starnberger See, sie war von ihnen allen aufs höchste angetan. Auch von Heinz Maria Ledig-Rowohlt in Stuttgart, der dem Verlag schon, vor seinem Vater, die Lizenz der Amerikaner gesichert hatte. Ich sah ihn noch, zwei Jahre vor dem Krieg, als Ernst Rowohlts alerten jungen Mann, von dem es hieß, er sei sein Sohn, und den er gleichwohl wie seinen auf Distanz gehaltenen Mitarbeiter siezte. Ernst von Salomon sollte dieses Geheimnis später in seinem «Fragebogen» lüften.

Szenenwechsel. Ich war darauf vorbereitet, hatte es kommen sehen, es nicht abwenden können. Für unser Blatt, das zeichnete sich schon bald ab, würde es mit vier Verlegern und drei Sprechern der Redaktion auf die Dauer nicht leicht sein. Es gab Mißverständnisse, verdeckte Querschüsse, verschwiegene Rivalitäten. Der Konsul verstand sich als primus inter pares, war es ja auch, der seine Partner elegant überspielte, er wünschte sich als Pendant zu sich nur eine statt unserer drei Stimmen. In unserem ersten Sommer hatten wir, nebenbei auf der Suche nach dem einen oder anderen womöglich interessanten Gesicht, gemeinsam noch einmal quer durch die Zonen das Gelände sondiert. Ein Favorit, wie unser Diplomat es sah, fand sich irgendwo auf dem Lande, er war ihm wohl auf seinen speziellen Wegen empfohlen worden, in Hamburg hatte man nie etwas von ihm gehört. Gleich nach unserer

Rückkehr traf ich ihn, nicht weit von uns, in einer Runde beim Blankeneser Kollegen des Konsuls wieder. Er nun, an Stelle von Silex, der Chefredakteur, warum nicht? Ich übernahm das Feuilleton. Ohne Zweifel, das war eher mein Metier. Und Stimme der Partei hinter der Zeitung, überhaupt einer Partei, das wäre nicht mein Weg. Es ließ sich nicht verdrängen, letztlich liefe es darauf hinaus. Mittelpunkt des Abends war ein Bayer, der diesen Kreis sprengte: Der Anwalt Josef Müller, seit kurzem Justizminister seines Landes, im Widerstand ein Mann der ersten Stunde, Oberst Oster, Admiral Canaris so eng verbunden wie Hans von Dohnanyi, Klaus Bonhoeffer, wie sie, er seit 1943, den Torturen der Gestapo ausgesetzt, schließlich, in Südtirol, schützten ihn die Amerikaner.

Clemens Alfermann. Ein Besucher aus der Schweiz. Er war Wirtschaftskorrespondent, ich erinnerte mich an den Freund von Coco Chanel und deren luxuriöse Villa über der Côte d'Azur, wir hatten uns unlängst mal im Zug getroffen. Die Schweiz interessierte mich, die merkwürdigen unbewußten Reflexe, es war mir gleichgültig, was er, ob er überhaupt etwas von mir wollte. Zürich? Mein Freund Schaeuble wohnte da, er war nach dem Krieg nicht wieder nach Berlin gegangen. So sprachen wir von Zürich, ich sei nur mal vom Schwarzwald aus für eine Stunde dagewesen. Besuchen Sie mich mal. Ich überhörte es, tat so. Im Ernst. Hieß es, ich habe es nicht nur so hingesagt? Es zeigte sich, er hatte das Gespräch gesucht. Er war kein Schweizer, ich hätte es hören müssen, er stammte, verstand ich ihn recht, wie ich vom Niederrhein, möglich, daß er so auf mich gekommen war, er schien mir ein Meister der Camouflage. Ja, er hatte es ernst gemeint. Er war vor sich selbst politisch ein Neutrum geworden, tastete sich wieder an uns heran. Ganz offensichtlich wurde das in Zürich. Zwei Monate später, Anfang Juli, holte er mich spätabends am Hauptbahnhof ab. Wir fuhren quer durch die Stadt bis an den in sie eingeschmiegten See. Es war ein Vergnügen für ihn, einen Gast bei sich zu haben. Das Haus lag unmittelbar am Wasser, er wohnte im oberen Stock, lehnte man sich nicht hinaus, war es, als schwebe man über ihm. Unten? Ich hatte nicht danach gefragt. Das ist Madame. Ich habe sie seit Tagen nicht gesehen. Ich rief Schaeuble an, nach ihm die schöne Ciglia, ich hatte sie zwei-, dreimal bei Gerda P. in Berlins Eichkamp getroffen, sie hatte mit all ihren Freunden auch mich zu einem Abschiedstreff ins Ferienhaus ihrer Familie im Engadin eingeladen, der Brief erreichte mich erst, als es vorbei war, zuletzt hörte ich, sie dolmetsche bei den Nürnberger Prozessen. Hallo – Ein Wunder, sie war sofort am Apparat. Dabei blieb es. Der Freund aus Arosa lud mich zum Mittagessen ein. Max Rychner, ihn kannte ich ja auch. Carl J. Burckhardt – Musils Chiffre für ihn: ckdt. –, über Jahre Präsident des Internationalen Komitees vom Roten Kreuz, berühmter «Richelieu»-Biograph, derzeit Gesandter der Schweiz in Paris, ich plante eine Studie über ihn, wir hatten darüber schon korrespondiert. Durch ihn, nein, durch Rychner kam ich zu Emil Staiger, Star der Germanistik, zu Walter Meier, Chef der Manesse-Bibliothek. Wir saßen allesamt einen Nachmittag draußen vor einem Café beim Bellevue, dabei auch Bernard von Brentano. Ich hatte seinen «Theodor Chindler», eine Chronik um einen Zentrumsabgeordneten, in unserem Blatt in Hamburg als eine nachzuholende Entdeckung abgedruckt. Es wurden vollbesetzte reiche fünfzehn Tage. Mein Gastgeber: Laden Sie ein, wen Sie wollen. So war Rychner einen Nachmittag bei mir, auch sogar Eschmann, kann sein, wir trafen uns in einer Buchhandlung, ich entdeckte da als Neudruck eines kleinen Verlags Musils «Drei Frauen», suchte den jungen Verleger auf, er gab mir Martha Musils Anschrift bei ihrer Tochter Annina in Philadelphia. Ihre Antwort darauf kam nach zwei Wochen aus Rom. Sie war mit dem Nachlaß ihres Mannes bitter enttäuscht aus den Staaten zu ihrem Sohn Gaetano zurückgekehrt. Zwei Jahre waren unsere Briefe hin- und hergegangen, auf meine letzte Post gegen Ende August 1949 die Nachricht der Tochter vom Tod der Mutter fünf Tage danach: «... mein Bruder ... als auch ich ... fühlen es als unser Erbteil und unsere Pflicht ihr Lebenswerk fortzusetzen und alles daran zu setzen, daß Robert Musils Werk seinen verdienten Platz in der Weltliteratur einnimmt. Wir wären Ihnen sehr dankbar, wenn Sie auch uns, wie Sie es bei meiner Mutter taten, mit Ihrem Rat beistehen wollen.» Ich fuhr aus purer Neugier nach Basel zu Edgar Salin, einer Zelebrität der Soziologie, nach Genf zu Elisabeth Burckhardt, um auch mit ihr über ihren Mann zu sprechen, auf dem Rückweg in Rheinfelden suchte ich schließlich noch seine Schwester von der Mühll auf. Einmal da unten sprach ich, in der Erinnerung an die Wochen in ihrem Forsthaus, auch noch bei der Tochter meiner einstigen Mäzenin fürs Studium vor, aß bei ihr zu Abend, promenierte danach noch gut eine Stunde mit dem noch jungen Armin Mohler, er war hier zu Hause, x-mal ums Münster, er entwarf mir dabei sein Konzept der «konservativen Revolution», zwei Jahre später machte es ihn schnell bekannt.

Eva erwartete mich diesmal an unserer S-Bahn-Station, das waren nur etwa zweihundert Meter. Ich erschrak, sie sah, noch früh am Morgen, bestürzend elend aus. Sie schien total erschöpft, lächelte angestrengt, ich hatte sie wieder zu lange allein gelassen. Vor uns lag das Wochenende, was war zu tun? Den Arzt nebenan, nicht lange danach unser Hausarzt, hatten wir noch nicht bemüht. Am Sonntag mittag brachte ich sie, ich nannte sie «die Ärmste», sie war es für mich, zur II. Medizinischen Universitätsklinik in Eppendorf. So zwei Wochen hindurch jeden zweiten, dritten Tag. Ambulant, stationär? Sie sperrte sich gegen jedwedes Hospital, ich wußte sie auch lieber bei mir. Sie legte sich in mein Bett beim Schreibtisch, sah mir eine Weile zu, der Blick zu mir entspannte und beruhigte sie, sie zog es vor, es tat ihr wohl, so zu ermüden, schlief ein. Ob sie zu mir hinsah, ob sie bei mir schlief, mich lenkte das nicht ab, es störte mich nicht. Sie nannte mich ihre beste Therapie. Neben, hinter ihr hatte ich stets ihr Bild unserer ersten Stunden, ja Minuten, unserer ersten Tage, Wochen vor mir. Wir mußten nicht darüber sprechen. Kein Geheimnis. Wir nahmen uns so, wie wir waren. Über Wochen keine Störung. Sie ging mit mir ins Theater, gleich danach, noch in der Nacht schrieb ich darüber. Es war für mich ein neuer Weg, Hamburg, wie einst Berlin, eine Theaterstadt der ersten Kategorie. Der Reiz und das Risiko des ersten Urteils. Mein Prinzip, schon vorher, erst recht beim Palaver in der Pause und ganz entschieden nicht hernach mit jemandem, mit wem auch immer, über das, was wir sahen, zu sprechen. Das Wagnis, sich zu irren. Ich hatte es so kaum einmal bei einem Kommentar zur Politik gesehen.

ANFANG JANUAR, nun 1948, fuhr ich ein weiteres Mal nach London. Diesmal schon ab Hamburg per Bahn, ab Hoek van Holland die Nacht durch mit der «Arnheim», einem Passagierschiff. Nun wieder, auf einer ungleich anderen Basis, als Gast. Ein Brief Einsiedels bereits im Herbst: Er «möchte mich gern noch was anderes fragen. Hätten Sie wohl Lust, die deutsche Schriftleitung für ‹Blick in die Welt› in Hamburg zu übernehmen?» Eine «Monatsschrift mit literarischen Ambitionen», die «einen anderen Stil voraussetzt als eine Tageszeitung». «… ich glaube, daß man Ihnen … ein Monatsgehalt von 1500 RM anbieten wird», von meinem Blatt bekam ich nicht eine Mark mehr. «Blick»-Herausgeber: das Central Office of Information, London W 1 Baker Street 62–64, Teil einer der Süd-Nord-Achsen der Stadt, sie führt vom Wellcome Museum geradenwegs zum Regents Park. Ewan Butler regte für seine «Daily Mail» einen Bericht über meine Eindrücke und Ansichten zu Deutschland-England an. Es war mein vorletzter Tag. Ich setzte mich dazu noch nach Mitternacht hin, brachte das Skript, in die langsam erwachenden Straßen verliebt, auch um mich noch ein wenig zu bewegen, gut zwanzig Minuten weit zur Redaktion, warf es dort ein. Schon gegen Mittag lag bei der Rezeption in meinem Hotel ein Brief mit 20 Guinees. Die Rückfahrt wieder die Nacht durch auf dem holländischen Schiff, nach Hamburg wieder mit dem Militärzug. Zwei Abende danach stand nach Jahr und Tag, er hatte sich nicht angesagt, Evas Mann vor der Tür. Jan K. besucht seine Frau. Alt, müde. Wir essen, er bleibt zwei Stunden. Er geht wieder fort.

«Die Reise ins Ausland», ein erstes kleines Buch, ein Büchlein, mehr ein Heft, vierundfünfzig Seiten, schmutzig graues Papier, nicht der Rede wert. Irgendwer bei der Zeitung, es waren ja immerhin Gründerjahre, sah sich schon als Verleger, sagte sich, warum sollen wir nicht auch mal ein Buch herausbringen? Ein aktueller, wenn auch noch kein mitreißender erster Satz: «Auch das Reisen für uns Deutsche ist wie ein Anfang.» Ein bißchen die Illusion, wir seien dabei, die Welt zu entdecken. Der Sprung nach London, der in die Schweiz, die Dialoge mit England, mit jungen Franzosen in Genf sind Ereignisse. «Die Zeit» setzt über die Seite mit einem Vorabdruck, meinem ersten Beitrag für sie: «Wir müssen das Leben ändern!» Allenthalben Signale einer Aufbruchstimmung. Die Bühnen holen nach, was sie sich so lange hatten versagen müssen: O'Neill, Wilder, Sartre. Trumpf ist die Zukunft, aber wir sehen uns auch im dritten Jahr seit dem Mai 45 nach wie vor eingeengt, isoliert, auf uns selbst zurückgeworfen, unsere Riviera ist der Bodensee. Im Mai fahren auch wir wieder hin. Ein Gedanke dabei, die Autoren rund um den See zu interviewen, sie im Gespräch mit ihnen zu porträtieren, auch der Gedanke, mich zu verändern, Neues zu versuchen. Einen Anstoß dazu gab Josef, für die Freunde Jupp, Müller-Marein, der Reporter der «Zeit», passionierter Feuilletonist, Motor der Redaktion, vor Marion Dönhoff war er über zehn Jahre ihr Chef.

Wir hatten uns kein Zeitlimit gesetzt. Ringsum, von Baden-Baden über Konstanz, Bad Schachen, Lindau Freunde, neue Begegnungen. Ahnten wir, daß das Land in diesen Wochen in die Lage versetzt werden sollte, sich von Grund auf zu stabilisieren? Wenn ja, so ging die Rechnung auf. Die Spannung, das Fieber beim Glücksspiel der Erwartungen hatten uns schon etliche Tage voraus erfaßt. Nach einem Monat, gegen Mitte Juni, Abschied vom Bodensee, über eine Woche Zwischenrast in Weißenburg südöstlich Ulm bei Erwin H., dem Freund aus Heidelberg, aus Berlin, wir hatten uns acht Jahre nicht gesehen. Unser Timing funktionierte nicht. Als wir aufbrachen strömender Regen, überfüllte Züge. Der Wechsel des seit Jahren wertlosen Geldes, sein Umtausch waren angesagt, keine Ruhe mehr für die mit einem Mal paradox anmutenden Ferien, die Massen stürmten wie in Panik heim. Dank «Blick in die Welt» waren wir mit dem sogleich fälligen zweiten Gehalt, dazu mit unserer zweifachen Quote, für ein paar Tage ein nahezu wohlhabendes Paar.

Die neue Lage, ein neuer Arbeitsplatz. Eine Erklärung erübrigte sich. Anfang Juli, schon nach einer Woche, stand, was ich schrieb, in der «Zeit». Ich war nun wieder in der Politik, nur mein Platz war noch nicht frei. Der Vorgänger mochte sich noch nicht von seinem Zimmer, das auf mich wartete, trennen. Man ging betont taktvoll miteinander um. So saß ich mal da, mal dort. Irgendein Zimmer war immer für ein paar Tage unbenutzt. Kein seltsamer, lediglich ein lautloser Übergang. Hamburgische Diskretion. Ein Dauertraining für den gebotenen Takt. Woche für Woche ein kurzer Dialog mit Richard Tüngel, einst Baurat der Stadt, für den Leser nach Ernst Samhaber der Sprecher der «Zeit». Als Chefredakteur gehörte ihm die erste Seite. Mein Platz war vorweg der für die Glosse oben rechts. Zum Wochenende sprachen wir ab, was mir dafür blieb. Ein Kurzkommentar nach Maß. Bis dahin Spekulationen zur Lage, der tägliche Gedankenaustausch, das Ritual der

Konferenzen. Höhepunkt am Ende der Schlußkonvent in der Druckerei, die Börse für die Wahl der zugkräftigsten Überschriften, ein echter Wettbewerb. Abschluß, mancher entzog sich ihm, in einer Weinstube.

Erstes Thema: «Die Not der Studenten». Es könnte ein Programm sein. Bald indes überwiegt die Tagespolitik: «Strategie des Kreml», «Die Währungsgeschädigten», «Antikommunismus», «Im Kreml und in Berlin». Im Sommer kommt Brüning, der Mann der Notverordnungen von 1930, nach vierzehn Jahren erstmals wieder nach Deutschland. Otto A. Friedrich, höre ich von seinem Bruder, blieb all die Zeit mit ihm in Verbindung. Ich besuche ihn bei Phoenix in Harburg, die Situation Brünings in der Emigration verdeutlicht sich. Wichtiger ist mir, so ähnlich fing ich ja nach dem Krieg an, der Rückblick auf einige an den Rand gedrängte, wenn nicht vergessene Autoren, denen ich begegnete: Joseph Roth, Hermann Kesten, Gottfried Benn, Robert Musil. Ein Stück Zeitgeschichte und so auch Politik, doch nicht nur Aufregungen des Tages. Die Faszination der unmittelbaren Aktualität, das war es. Es fiel mir von Woche zu Woche schwerer, auf sie bis zu sieben Tage zu warten. Und es hieß, für alle unerwartet, wir müssen sparen. Das neue Geld hatte die Auflage nicht erhöht, im Gegenteil, mir lag daran, mein Level zu halten. Beiläufig der Anruf eines früheren Kollegen, wie es gehe. Wie es so geht. Ich kommentiere gegen Ende Oktober noch einen Tumult im bayerischen Landtag zum «Recht der Flüchtlinge». Am 2. November vermerke ich: «Kammerspiele: Jean Anouilhs ‹Medea›». Nun also wieder beim Feuilleton. Ich vermerkte es nicht, als ich ging, nicht, als ich zurückkam.

Ein Jahr, wie es glauben ließ, ohne besondere Ereignisse. Die Fahrt an unsere Riviera wurde zur Gewohnheit. Sechs Wochen Mai-Juni. Spätabends Ankunft in Überlingen, noch in die Nacht hinein mit dem Schiff nach Unteruhldingen, von dort schon am zweiten Tag zu Fuß nach Meersburg. Ich notierte, wir nahmen auch den Rückweg auf uns. Für Eva eine Kraftprobe, das Glück, daß sie sie besteht. Wieder in Überlingen bei Rudolf Hagelstange. Jeden Tag nehmen wir uns etwas vor. In Konstanz wieder bei Gerhard F. Hering, wir sehen Hilperts «Stella»-Inszenierung, besuchen die Insel Mainau, am Sonntagmorgen wandern wir landeinwärts nach Daisendorf mit «ai» zwischen Uhldingen und Meersburg. Und ein weiteres Mal eine Morgenwanderung durch den Wald dorthin. Die weit ausholende, auch schon vertraute Rückfahrt über Freiburg hinein in den Schwarzwald nach Muggenbrunn, auf den Feldberg und über Baden-Baden nach Bonn. Nach fast zwei Jahren wieder einmal bei der Mutter. Die wieder aufgeblühte junge Frau bei mir gefällt ihr.

In den Herbst hinein zunächst stille Veränderungen, Zeichen einer beginnenden Nervosität. Die Konkurrenz am Ort ist eine Gefahr geworden, sie verstärkt sich. Das Blatt ist über die Monate zusammengeschnurrt, wenn man so will verschlankt, es hat Anzeigen verloren, verliert sie noch, zudem wurde der Chef der Abteilung, eine Legende schon beim «Fremdenblatt», von heute auf morgen abgeworben. Es fehlt auch an Papier, der Verlag hat das nicht kommen sehen, die Marktführer, voran Kanada und Finnland, und deren langfristige Dispositionen falsch eingeschätzt. Keine Anzeigen, kein Papier. Auch die Verkleinerung der Schrift von Petit über Kolonel auf Nonpareille bringt nichts, für den Leser ist es das reine Augenpulver. Die Redaktion trifft keine Schuld. Ihr Chef freilich hätte den Mangel an Erfahrung im Geschäft erkennen, vor den Konsequenzen warnen müssen. Nun prophezeit er, das überstehen wir nicht.

Ein Rettungsversuch. Im Erdgeschoß unseres Hauses mit Blick auf die Alster, im Rücken das Rathaus, wird ein Druckmaschinenpark installiert. Aus dem Südwesten kommt als neuer Boß Hans Georg von Studnitz, seine Berichte über die Nürnberger Prozesse bis ins Jahr davor haben ihn weit über den Kreis der «Zeit»-Abonnenten zu einem Begriff gemacht. Bei ihm ein junger Mann, zweiundzwanzig, der spätere Amerika-Korrespondent Klaus Harpprecht, Chef des S. Fischer Verlags, Sprecher des Bundeskanzlers Willy Brandt, Biograph Georg Forsters und Thomas Manns. Anders als sechzehn Jahre vorher bei der «Vossischen» die Erfahrung, wie eine Zeitung an sich selbst zugrunde geht. Eine Vergleichsverhandlung vor dem Amtsgericht, abschließend eine, wie es zu erwarten war, überaus unruhige Betriebsversammlung; am Tag darauf, am 24. März 1950, die letzte Ausgabe.

Am Nachmittag im Atlantic «Eine Stunde mit Graham Greene»: «Mr. Greene ist inkognito hier. Nur drei, vier Personen hatten von seinem Besuch gewußt ... Es war das erstemal nach dem Kriege, daß Greene nach Deutschland kam ... Die Nacht vorher verbrachte er bis sechs Uhr morgens auf der Reeperbahn.» So stand es in der «Deutschen Zeitung» in Stuttgart. Wir waren da schon wieder auf dem Weg zum Bodensee, Ziel Radolfzell. Das Leben war neu zu organisieren. Ich war auf die Abzweigung vom Zeller zum Untersee, zur Höri, mit dem Weiterfluß des Rheins vorbei am Schweizer Kanton Thurgau verwiesen worden. Kattenhorn mit einem alten Schloß dicht am Ufer, teils Dauer-, teils Feriensitz einer dort ansässigen Familie, zwei von ihr abgetrennte Zimmer in einem Seitenflügel, für Eva ein Sanatorium. Mai bis Oktober, fünf Monate. Auf der Hinfahrt, in Frankfurt, in Stuttgart die ersten Autoreninterviews für «Die Zeit», mit der Kaschnitz, mit Kasack. Um den See mit Theodor Plievier, Wilhelm Schäfer, Werner Bergengruen beim Besuch seiner Tochter in Überlingen, mit dem Philosophen Theodor Ziegler, mit Ernst Jüngers jüngerem Bruder Friedrich Georg. Sie erscheinen ab Juni 1950 (Abschluß: Juli 1951). Auf der Rückfahrt zwei Tage bei den Demoskopen von Allensbach am Gnadensee, Arbeitsgespräche in Stuttgart, ein Wochenende über Baden-Baden auf der Bühler Höhe mit von weither angereisten Wissenschaftlern, Schriftstellern, das Kurhaus gedenkt Max Kommerells, der wie einst Gundolf auch zeitweilig dem Georgekreis angehörte. Dazu, ein Großereignis, Martin Heidegger über «Die Sprache». Wieder am Wochenende in Köln nach etwa zwanzig Jahren Wiedersehen mit Richard Alewyn, in Unkel nach dreizehn Jahren wieder einmal bei Stefan Andres. Wir besuchen auch wieder die Mutter. Im Gepäck der Kattenhorn-Ertrag, knapp siebzig Seiten, ein weiterer Versuch zu einem Roman.

Die Musil-Geschichte. Um Mitternacht nach gut einem halben Jahr waren wir wieder in Hamburg. Nun endlich kam sie in Gang, wurde der Vertrag formuliert. Ein Termin ließ sich nicht prognostizieren. Allein Martha Musil hatte den Nachlaß gekannt, er war ihr vermutlich Satz für Satz vertraut gewesen. Gaetano, ihr Sohn, behütete ihn, blickte indes nicht in ihn hinein. Sein Vater lebte noch, ihm war er verbunden, der Mann der Mutter war für ihn, bei allem Respekt, schlicht Dr. Musil. Ein ledig gebliebener Privatgelehrter, spezialisiert auf Dante und Wilhelm von Humboldt, Lehrer an einem liceo, mit einer gleich ihm liebenswürdigen hilfsbereiten Tante, der wohlbeleibten «Contessa». Ich meldete mich bei ihnen vormittags am 8. Mai. Am Abend davor war ich bei Hocke drei Stockwerke hoch in der Via del Babuino nahe der Piazza di Spagna. Ich kam just zu seinem Geburtstag. Wir feierten ihn bis zwei. Er war wieder der Freund wie daheim, Italien, vor allem Rom seit Jahren seine zweite Heimat. Ich war durch ihn zu einem «Panorama della letteratura tedesca dopo il 1945» eingeladen. Ort die Villa Sciarra, Roms Goethe-Haus. Ein Vortrag von rund einer Stunde. Ich hatte in drei Phasen daran gearbeitet. In Hamburg, als wisse man nichts von uns, in der Schweiz bei dem Verleger meiner Studie über Burckhardt verschob sich das Bild. Ich sah ein, daß ich mich korrigieren müsse, in Rom werde, kaum anders als in Zürich, unser literarisches Leben so unbekannt nicht sein. Hocke sah es noch schärfer. Ihm verdankte ich, daß ich am Ende den richtigen Ton traf. Ein vollbesetzter Saal, junge, nicht mehr junge Zuhörer, darunter eine Schar junger Geistlicher aus dem Vatikan in ihren feuerroten Soutanen, sie verstanden mich mit jedem Wort. Musil? Ich verwies natürlich auch auf ihn, daß hier, nah beim Justizpalast, sein Nachlaß liege, daß ich seinetwegen hergekommen sei. Man nahm es zur Kenntnis.

Dutzende wohlgeordnete Mappen. Sie lagen in Martha Musils Zimmer zu ebener Erde, wo sie auch gestorben war, großenteils in einem schönen alten Schrank hinter Glas. Vier Wochen waren für die erste Durchsicht angesetzt. Ich traf eine erste Auswahl, listete auf, was ich fürs erste mitnehmen würde, der Beginn einer Arbeit, die mich zunächst gute sechs, schließlich dreißig Jahre in Atem hielt. Nicht nur dadurch schwierige Wochen. Mitte Juli ein Rückfall Evas. Ich alarmiere, er, nur er könne ihr helfen, Dr. Lungwitz, ihren Arzt vor Jahren in Bernau. Er ist nun in Rissen, wo ich beim Kohlenhändler das gut gewärmte Zimmer gefunden hatte, leitet dort das Allgemeine Krankenhaus. Ich konnte das arme Kind, das sie ja immer für mich war, keinesfalls sich selbst überlassen, wer sollte sich um sie kümmern? Ich mußte wieder auf einen Sprung, für nur vierzehn Stunden, nach Rom. Dazu kam, Kurt W. Marek alias C. W. Ceram («Götter, Gräber und Gelehrte») hatte mich mit der Europa-Film in Verbindung gebracht. Das Objekt: «Der Turm zu Babel», ein Film aus Frankreich zur Zeitgeschichte, darin die berühmte oder nur noch peinliche Aufnahme des letzten Kaisers, er steigt total entblößt mit seiner Kamarilla irgendwo in die offene See. Der Auftrag, ihn fürs Kino bei uns zu synchronisieren. Dafür nebenbei zwanzig Augusttage in Paris in einem Palasthotel bei der rue de Rivoli. Ich nutze sie zu zwei Besuchen bei Julien Green in der rue de Varenne, berichte darüber Mitte September in der «Zeit». An einem Samstag wieder in Hamburg führt mein erster Weg zu Evas Bett in Rissen. Meine Notiz abends: «Elende Verschlechterung. Auseinandersetzung mit J. Kennis.» Der Zorn, daß er sie sich selbst überlasse. Nachmittags, abends, ganze Tage bei ihr, aber ich muß wieder nach Rom, es ist unmöglich, sie mitzunehmen. In ganz Italien ist es so heiß, daß ich mit Arbeit bepackt nach Taormina in ein kleines, fast leeres Haus, die casa bove marino, halb über dem Strand fliehe. Anfang November, ich bin wieder in Rom, nach sieben Wochen: «Der erste Brief von Eva!» Mitte Dezember bei Baden-Baden auf der Suche nach einem neuen Quartier: «Abends endlich wieder mit Eva telefoniert». Ich finde es mit Hilfe von Freunden, auch dem Schwager in Oberreifenberg im Taunus, zu Silvester ziehe ich ein, ein Heim der Caritas mitten im Ort. Über den drei Stockwerken der weiträumige und wie für mich und die Arbeit mit über zweitausend Seiten karg eingerichtete Speicher. Wie in Rom, wie bei Taormina und wieder in Rom acht Wochen Tag- und Nachtarbeit. «Der Mann ohne Eigenschaften» nach zwanzig Jahren in einer Neuausgabe. Zu den 1680, nun 1041, Seiten von 1932/33 kamen 544 plus 24 Seiten mit nachgelassenen Texten, Entwürfen, diversen Fragmenten, vierzig dieser Texte standen schon in Martha Musils Band von 1943. Ich hatte mit all den von Musil bei seinem jähen Tod Mitte April 1942 hinterlassenen Blättern den Roman zu Ende bringen, ihn so abrunden und als Ganzes präsentieren wollen, wie sein Autor es angestrebt und sich vorgestellt haben mochte. Nicht gezielt, eher unbewußt hatte ich die philologischen Kriterien dahinter zurückgestellt. Die eigenen Hinweise auf Musil, der so gut wie vergessen war, schon Oktober 1945, Oktober 1948, der dramatische Appell des «Times Literary Supplement» in London Oktober 1949 mit dem aufsehenerregenden Satz «Robert Musil, der bedeutendste deutschschreibende Romancier dieser Jahrhunderthälfte, ist einer der unbekanntesten Schriftsteller dieses Zeitalters» hatten die Erwartungen bei uns wie draußen aufs höchste gespannt. Musils bald auch schon angekündigtes Comeback hätte sich schwerlich um die Jahre, die am Ende noch erforderlich wurden, vertagen lassen.

Zweite Hälfte Februar 1952. Die Zeit im Taunus ist zu Ende. Ich fahre nach nahezu einem halben Jahr für zwei Tage nach Hamburg, treffe beide Rowohlts, zweimal essen wir zusammen, am Wochenende bin ich in Lübeck, nach fünf Monaten Wiedersehen mit Eva. Ich erschrecke mehr als zuletzt, eine blasse, wie verhärmte Frau, es quält mich, wie ihre Augen matt aufleuchten, sie sich zu lächeln bemüht. Ich bin seit ein paar Tagen im Gespräch mit einem Blatt in Düsseldorf. Sein Theaterrezensent, wir kannten uns von den Premieren, hatte mich auf eine Vakanz bei ihnen angesprochen. Für ihn sei das nichts, er sei kein Redakteur. Es ging mir durch den Kopf. Ich hatte, wie ich auch nie am Rhein studierte, noch nie, abgesehen von der Schulzeit, mein Geld in meiner Gegend verdient. Kein Programm, es ergab sich so. Nun reizt es mich, doch auch hier einmal tätig zu sein. Wir kommen ins Gespräch. Nicht jetzt, sagte ich. In einem Jahr. Ein Roulettversuch. Es ging immer auch, ja vorweg um sie, wie sollte ich es dem, der sie nicht kannte, auch wenn er sie kannte, erklären? Lungwitz, sosehr er sich um sie sorgte, begriff das nicht. Sie ist krank, wie oft hatte er mir das gesagt. Der Realismus des Arztes. Auch der des im Haus neben uns, er war nur milder, mochte ihr wie mir nicht den Mut nehmen. Sein Stereotyp: Sie spürt das. Und tröstlich: Der Süden, Sie haben recht, er ist gut für sie. Das Blatt, es überraschte mich: In einem Jahr? Die Stelle für mich war noch besetzt, es ging auf meinen Vorschlag ein.

Wir fahren nach Zürich. Nimm nur mit, was du unbedingt brauchst. Von da nach Barcelona. Ich hätte sagen können, wir fliegen zum Mount Everest. Du mußt mal aus allem raus. Eva lebte, als sei sie nie wirklich krank gewesen, in der Sekunde auf. Ich kannte das. Sie produzierte in solchen Momenten, von allem, was sie beschwerte, ihr zu schaffen machte, befreit,

Kraft, von der sie schon verlassen schien, Selbstvertrauen. Ich hatte die Papiere für die Schweiz, Spanien, für alle Fälle auch für Frankreich besorgt. Die Aussicht auf eine Reise verwandelte sie. Kein Auto, es war noch die autolose Zeit. Schlafwagen, den brauchte sie, aber sie hätte auch auf ihn verzichtet. Sie hatte keine Beziehung zum Geld. Jan K. hatte sie verwöhnt, das war nun vorbei. Sie klagte nie, auch wenn wir nur Kartoffeln gegessen hatten. Ich dachte nie darüber nach, was uns verband. Uns verband, daß wir uns kannten. Alles sonst wäre Theorie. Wer immer auch sie sah, wer mit ihr sprach, mochte sie. Vielleicht war es das. Die Frau des kleinen Verlegers in Thal/St. Gallen ging mit ihr zu ihrem Arzt. Das Blutbild – Eva hatte schon, ich glaube, den linken Arm freigemacht. B_{12}, ich weiß. Der Doktor war ein älterer Herr. Er gab ihr die Spritze, dazu auch ein Rezept. Er hatte nichts dagegen, daß ich bei ihr geblieben war, er nahm an, sie sei meine Frau. Ein Kavalier, etwas altmodisch. Er hob die Hand, die sie ihm reichte, ein wenig an.

Barcelona, Valencia, Denia, wir waren schnell am Ziel. Das Landhaus eines Arztes, er war wie so viele ein Gomez, weit herum niemand, die Saison würde noch kommen. Die Nachbarn die Guardia Civil am Strand, ihr Blick ging übers Wasser, sie waren nur der Schmuggler wegen da. Es geschah nichts, es war einsam. Abends gingen wir, wie schon vor dem Frühstück, noch einmal ans Meer, sprachen mit den Polizisten, mehr mit deren Frauen. Die eine oder andere kam morgens bei uns vorbei. Meine Remington interessierte sie, sie blieben, wenn ich tippte, zwei, drei Minuten, auch länger vor meinem Fenster stehen. Es war nicht zu erkennen, was sie noch festhielt. Um zehn, elf kamen auch die Händler vorbei, sie wußten, was wir brauchten. Nach drei Wochen bekamen wir erstmals Post. Die vierte Woche begann. Dann die Nacht, mit der wir nicht gerechnet hatten. Es war zwischen drei und vier, Lärm, Gepolter, eine Attacke aufs Haus. Wir schliefen oben, die Treppe zu uns stieg steil an. Eva hatte sich gesagt, so etwas passiert mal. Hinter oder unter dem Kopfkissen, kann auch sein auf ihrem Nachttisch lag mit einem griffig zu packenden Stiel ein von mir im ersten Schreck als wuchtig empfundener Kartoffelstampfer. Sie drückte ihn mir in die Hand. Die Einbildung, ein Trugschluß, ich habe eine Waffe. Sie wie mich beseelte äußerste Vorsicht, oder es war kurzweg Angst. Wir tarnten uns, machten kein Licht. Ein großes Zimmer, drei Fenster, auch, wie bei einer alten Burg, ein schmaler Spalt, dazu ein schmales Fenster. In ihn hinein, durch ihn schrie ich meine Hilferufe. Mir fielen, als hätte ich sie eingeübt, die passenden, sogar für meine wie Evas Ohren geradezu dramatischen Worte ein: Auxilio/Socorro/He aqui la casa del médico Gomez/Bandidos/Ladrones/La casa del Médico Gomez. Vor und zurück, immer wieder, die Stimme so dunkel wie möglich. Der Lärm stockte, er ging verstärkt wieder los. Ich hörte mich im Widerhall, berauschte mich daran. Auf einmal war da nur noch meine Stimme. Die Dunkelheit, die Nacht betäubten mich. Für Minuten eine unheimliche Stille, ich mißtraute ihr, wagte nicht, mich zu rühren, gar die Treppe zu betreten, hinunterzugehen. Wir hielten beide, wir hatten kein Gefühl dafür wie lange, den Atem an.

Die nächsten Stationen glanzvolle Punkte des Landes: Murcia, Granada, Sevilla, Malaga. Wir entschieden uns aufs neue fürs Meer, suchten, wie stets per Bus, die Küste ab, verließen uns dabei auf uns selbst. Almuñécar, wir hatten noch nie davon gehört. Der Provinz Granada schmaler Platz an der Costa del Sol, im Rücken die das halbe Jahr, wie der Name sagt, beschneite Sierra Nevada, eine Gründung der Phönizier, Jahrhunderte in arabischer Hand. Das Mediterraneo, ein ins Meer hineingebautes leuchtendweißes Hotel, im Bett die Illusion, es schwimmt eines Nachts unversehens mit uns davon. Anfang Juni Evas erstes Bad im Mittelmeer. Du wirst immer jünger. Sie hatte nicht einmal einen Arzt benötigt, sie hatte nie geklagt, stetig gut gegessen, gut geschlafen. Sie war glücklich, froh.

Die Remington. Sie schien auch hier eine Rarität. Eine Familie aus Madrid. Wir wohnten auf demselben Flur. Die Tochter, Studentin, bedrängt den Vater, mir die kleine Maschine abzuschwätzen. Wir hatten an eine Woche in Madrid gedacht, allein für den Prado würden wir drei Tage brauchen. Zweimal acht Tage für ein zwanzig Jahre altes Stück? Wer würde dabei verlieren? Gewiß war, wir würden gerade noch nach Hause kommen, wir würden uns Madrid versagen müssen. Ich pokerte nicht, aber es reizte mich, und der in seine Tochter vernarrte Vater biß sich fest. Sein Vorschlag, Sie behalten sie, bis Sie nach Hause fahren. Eva hielt sich heraus. Deine Remington – Es blieb auch so sehr knapp. Unsere letzte Station war Straßburg, Ankunft gegen Mitternacht. Noch eine Stunde in der Brasserie Moritz, noch ein kleiner Bummel durch die Stadt. Tags darauf zwei Stunden im Bahnhof Kehl. Ich gehe zur Post, hole das vom Verlag in Hamburg dahin postlagernd georderte Geld, Eva wartet unterdes. Auf dem Bahnsteig in Köln steht ihre Schwester, die ledig geblieben war, sie sieht uns eher als wir sie, eine Stunde später fahre ich nach Düsseldorf.

Die mir seit den Knabenjahren vertraute Stadt, aber es ist schwierig, ein Quartier zu finden. Die ersten Tage Gast des Theaterrezensenten, er sei zu neunzig Prozent seiner Zeit unterwegs. Ein stilles Wochenende. Montag früh, schon um sechs, reißt mich eine Kreissäge tief unten im Hof aus dem Bett. Ich lasse mir Adressen geben, fahre herum. Dazu alsbald der Verdacht, ich übernehme mich. Ein Taunusspeicher wäre die Lösung, ich müßte mich wieder ausbreiten können. Draußen irgendwo, ich versuche es mit Kaiserswerth. Kindheitsbilder, nichts ist wie es war. Immerhin, ich versuche es, ich ziehe zweimal in vierzehn Tagen in eine Pension. Eva ist wieder in Lübeck, sie will da bleiben, sie geduldet sich. Interessante Leute, eine interessante Arbeit, das ist es nicht. Gründgens ruft spät abends in der Redaktion an, will mir seinen Wagen schikken, ich nehme ein Taxi. Ein Gespräch übers Theater. Ein Großprojekt, das alle einbeziehen sollte, die Chefs der Bühnen, die Regisseure, die Dramaturgen, die Stückeverleger, die Topleute beim Rundfunk, die Kritik. Als Ziel am Ende eine Art «Gewissen des deutschen Theaters». Peter Gorski, «einer meiner Assistenten», bringt mir am nächsten Morgen einen Brief zu den «ersten 1½ Stunden unseres Gesprächs». Autoren-Abende bei Peter Diederichs. Ende des Jahres kündige ich an, es tut mir leid, es geht nicht.

Noch vier Monate, insgesamt zehn Monate. Stichtag ist der 23. April, ein Donnerstag. Um sieben Uhr trifft Eva ein, sie kam mit dem Nachtzug. Zu Beginn des Monats war ich – nur ruhelos, wetterwendisch? – zum wievielten Mal nur umgezogen, von Oberkassel rechts des Rheins zu einer Pension an der Inselstraße beim Hofgarten auf der anderen Seite. Halb drei werde ich von der Redaktion kollegial wie ein guter Freund verabschiedet. Zwei Stunden später bringe ich einen Koffer mit Musiltexten nach Bonn zur Kurierabfertigung des Auswärtigen Amtes in der Adenauer Allee. Besuch bei der Mutter, wir übernachten im Rheinischen Hof. Frankfurt–Zürich, von dort diesmal geradenwegs wie aufs Geratewohl ins Tessin. Von Porto Ronco und Brissago am Lago Maggiore hinüber zum Lago di Lugano. Wir suchen uns wieder selbst, was uns zusagen soll. Morcote am Knick hinauf nach Figino. Wir lassen uns in einen wie verlassenen Park hineinziehen. Mittendrin ein wohl einmal opulenter, nun liegengelassener Besitz, verstreute Pavillons. Es findet sich jemand, mit dem wir reden können. Il signore, la signora sind in Mailand. Das hier ist frei. Wir stehen davor. Einer der Pavillons: La casseta, das Kästchen. Es ist voll möbliert. Frische Wäsche für zwei, drei Wochen. Die Küche, das Bad. Da ist schon jemand, der Ihnen hilft. Sonst Selbstversorger. Eva traut es sich zu. Kein Auto, wie gesagt. Wir schaffen das.

Der berühmte Friedhof mit Eugène d'Albert, Alexander Moissi. Am dritten Abend steigen wir langsam hinauf, auch zur Wallfahrtskirche Madonna del Sasso, sie liegt hoch über uns. Am Nachmittag vor Pfingsten macht Eva sich, es ist seit längerem ihr erster Versuch, sie sagt mir nichts, allein auf den Weg, sie will den Ort besichtigen. Die Folge, am Tag darauf, Pfingstsonntag, bricht sie zusammen, ein Schwächeanfall, ich bin zum Glück da, lege sie ins Bett. Am nächsten Morgen kein Wort darüber, sie will nicht krank sein. Sie liest, setzt sich in die Sonne, ich sitze neben unserem Zimmer, vor mir eine alt gekaufte Olympia, an meinem ans Fenster gerückten Tisch. Sie fragt nicht, was ich mache, sie fragt überhaupt nicht. Allenfalls sagt sie mal: Zufrieden? Weiß ich, was sie denkt? Ich weiß nur, sie verschweigt mir nichts. Es ist elf, wir sind fast schon zwei Monate hier. Ich hatte gerade auf die Uhr gesehen. Da ist er – Sie flüstert. Und noch: Mach das Licht aus – Damit ist sie auch schon bei mir. Da ist er – Sie hatte es schon mal gesagt. Sie war eher am Schalter für die Lampe bei mir als ich, zog bei mir, nun auch bei sich die Gardine vor. Ich sah, der Hund für den Park, er schlief manchmal bei uns, war schon an unserem kleinen Haus vorbeigeschossen, er war so in seine Jagd vertieft, so von ihr in Anspruch genommen, daß er nicht mal bellte. Wie bei Denia. Schlimmer. Da hatten wir keinen Hund. Eva zitterte: Das wird langsam unheimlich. Da stimmt was nicht. Was? Das sparte ich mir. Wir schliefen die nächste Nacht, ein Stück zum Ort hin, im Rivabella, wir hatten, ganz zu Anfang, schon mal da gewohnt.

Wir fuhren über Lugano mit der Seilbahn auf den Monte Brè. Italien unter uns. Die Nacht hindurch Lebensfreude, Gesang, alle lieben sich. Nicht jedermanns Charme der Hochsaison. Über Chiasso, Mailand nach Ravenna, Bologna, eine Irrfahrt quer durchs Land, wir steigen unentwegt um. Endstation Turin Von dort über Arona, Stresa, Domodossola, den Simplonpaß, Kandersteg, Thun nach Bern. Eva muß hier ihren Paß erneuern. Irgendwann sind wir wieder daheim. Wo daheim? Eva fährt in den Taunus, wartet da auf mich, ich besuche die Mutter. Im Zug höre ich: Ich würde nach Godesberg ziehen. Das betraf nicht mich. Fahrgäste wie ich auf dem Weg nach Bonn. Bad Godesberg, da gibt es immer etwas. Attachés, Journalisten, das ist ein Taubenschlag. Mir ist entfallen, wer mich darauf brachte. Schon nach zwei Tagen bezogen wir nahe dem Rhein eine möblierte Etage unter dem Dach, unter uns nur ein pensionierter Schulmann, dem das Haus gehörte, samt seiner Frau. Die Mutter kam, Freunde besuchten uns, zwei «Spiegel»-Leute befragten mich zu Musil. Die «Ärmste» fuhr nach Lübeck, schon nach fünf Tagen war sie, kurz vor Mitternacht, sie hatte sich nicht angemeldet, wieder da: froh, lausbübisch. So vermerkte ich es auch.

Tagelang Musil-Nachlaß-Diktate, wieder die Herren vom «Spiegel». Friedrich Vogel, Herausgeber, Chefredakteur vom «Handelsblatt» in Düsseldorf, erwägt einmal in der Woche eine Seite «Geistiges Leben», ich könne sie machen, wo ich will. Studnitz übernimmt den «Hamburger Anzeiger» am Gänsemarkt, er schlägt vor, mich drei Monate, nur diese drei Monate, des Feuilletons bei ihm anzunehmen. Ich sage ab, er bedrängt mich, ich sage zu: Dezember, Januar, Februar 1953/54. Weihnachten natürlich bin ich in Godesberg, wir fahren zur Mutter und ich auch noch für ein paar Stunden nach Düsseldorf. Ich bin auch Silvester wieder daheim. Mit Eva beide Male eine sorglose Stunde am Rhein. Sie weiß, daß ich Ende Februar wieder da sein werde. Am 17., mittwochs, bin ich zu einer Aufnahme beim Funk, esse mit einem Freund, habe einen Termin mit dem Steuerberater. Tags darauf abends zwei Anrufe aus Bad Godesberg, von der Frau des Hauses, von einem Arzt, den ich nicht kenne: «Eva krank!» Ich hätte sofort zu ihr fahren sollen. Es hieß, sie würden anrufen. Einige Tage kein Alarm, nichts Neues. Das Telefon steht im Parterre, das ist zu umständlich für sie, wir haben noch keinen eigenen Apparat. Auf einmal, ohne Vorwarnung: Ihre Frau wurde heute mittag in Bonn in die Uni-Klinik eingewiesen. Ich will zu ihr fahren, sitze bei beiden Rowohlts. Ich komme zu spät. Sie brachten sie gegen Abend in die Chirurgie auf dem Venusberg. Ein verspäteter Brief, ein Telegramm, daß sie in der Klinik, nach zehn Minuten eines, daß sie tot sei. Telefonate. Ich bin schon unterwegs, komme fünfzig Minuten vor Mitternacht in Bonn an, klingele den Arzt heraus, er wohnt in unserer Straße, wir gehen sie eine Stunde auf und ab. Leere, nur Leere. Es gibt keinen Weg, sie zu sehen. Erst am Mittag darauf. Dr. Kun, ihr Chirurg, ging mit mir: Darmverschluß. Es war nichts zu machen. Eine Sache von Minuten. Sie lag schon auf dem Tisch.

Ein sehr freundlicher Arzt. Er hätte nicht mit mir gehen müssen. Ich bemerke es nicht, als er weggeht. Wie sie da liegt, hätte sie sich auch erheben, sich bei mir unterhaken, mit mir wohin sie wollte gehen können.

Ich gab dem Friedhof Evas schick geschnittenen Frühjahrsanzug. Sie hatte ihn selten angezogen, nur bei besonderen Anlässen. So sah ich sie geschützt, und sie fror nicht. Ich stand dabei, als sie den Sarg über ihr schlossen, ich hatte ihren Schmuck neben sie gelegt, eine Perlen-, eine Goldkette, Brillanten zu einem Armband, zwei Ohrringen, einem Gehänge, einer goldenen Nadel. Geschenke von Jan. Er war nicht zu erreichen gewesen, er sollte zumindest so bei ihr sein. Ein kleines Begräbnis. Aus ihrer Familie allein die wohlsituierte Schwester, Herr X., bei dem sie zuletzt mit mir wohnte, ein Ehepaar und zwei Frauen, die ich nicht kannte. Ich hatte ihren Tod – «in erschütternder Einsamkeit» – weithin angezeigt, Gottfried Benn dazu: «Ihre seltsame Todesanzeige ... diese traurige Gelegenheit». Acht Personen, mit mir meine Schwester. Wir fuhren vom Friedhof zur Mutter im Hospital in Bonn, zwei Wochen später brachte ich sie in ein Sanatorium bei uns. Ich konnte viele Stunden, am Ende ganze Tage bis in die Nacht bei ihr sein. Sie starb, sechs Wochen nach Eva, früh um fünf. Da schlief ich.

Nach den Exequien für die Mutter in der Krypta des Bonner Münsters mußte ich nach Düsseldorf zum «Handelsblatt». Ich fühlte mich nicht wohl, übernachtete bei Freunden. Noch ein Tag bei der Zeitung. Wieder «zu Hause» krank, erschöpft, Druck im Leib. Ich blieb zwei Tage im Bett, bat den letzten Arzt der Mutter zu mir. Gelbsucht, er nahm mich in sein Sanatorium mit, ich blieb da zwei Wochen. Eine Stunde, zwei Stunden intravenöse Infusionen. Die Arbeit ging weiter, Tag für Tag Musil-Korrekturen, liegengebliebene Beiträge fürs Blatt, unerledigte Post. Mir schmeckte nichts. Das Rauchen. Ich weiß. Kettenraucher. Ich höre auf.

Ich hatte es versucht, drei, vier Tage. Ich ging wie auf Wolken, rauchte wieder, nun widerte schon der Geruch mich an. Ich entschloß mich erneut, nicht mehr zu rauchen. Der Dr. ing. aus Hannover hatte uns vor dem Raucherbein gewarnt. Ich blieb nun dabei, mir wurde klar, ich würde sonst in wenigen Jahren nicht mehr leben. Der Tag darauf der 9. Mai, ein Sonntag. Drei Notizen, die zweite: «Nachmittags kurzer Besuch von Habermas». Er kam mit Wilfried Berghahn, auf ihn verwies ich nicht. Es kann nur so gewesen sein. Zwei erst kürzlich in Bonn bei dem Philosophen Erich Rothacker, dem Germanisten Günther Müller promovierte Freunde. Allein Musil hatte den jungen Philologen zu mir geführt, Thema waren indes auch ihre Probleme, ob Wissenschaft, ob womöglich Publizistik. Habermas war durch seine Polemik gegen Heidegger, er nannte sie einen «Heideggerverriß», bereits im Gespräch. Darum wohl notierte ich nur ihn. Ich erwähnte meine Seite im Handelsblatt, Habermas griff das auf, es schien, das interessierte ihn. Schon fünf Tage danach stand sein wohl erster Beitrag im Blatt: «Der Hilfsarbeiter wird angelernter Ingenieur. Die Entwicklung vom Fließband zum Prüfstand – Berufsumschichtung durch die Technik». Ein für eine Wirtschaftszeitung hochwillkommener neuer Mitarbeiter. Sein nächstes oder eines seiner nächsten Themen schon im Juni: «Sie gehören zum ‹Staat› oder zum ‹Betrieb›/Die unpersönliche Macht der modernen Bürokratie – Ihre Herkunft und ihre Gefahr».

Anfang 1970 nach der Frühphase seines Weges befragt, erinnerte Habermas sich auch daran: «Der Dr. phil. hatte genug von der Philosophie, ließ sich von Adolf Frisé als freier Mitarbeiter fürs ‹Handelsblatt› anwerben, landete aber schon nach anderthalb Jahren wieder bei einem philosophischen Forschungsstipendium über den Ideologiebegriff. Frisé vermittelte Habermas dann an Adorno, bei dem Habermas drei Jahre Institutsassistent war.» Ich erschrak, als ich das las. Jahre später hörte ich von ihm, er, wer sonst, habe den Autor dieses Versuchs über ihn so informiert. Adorno traf ich erstmals gegen Ende 1955, ich war für ein paar Tage von Bonn nach Frankfurt gefahren, fragte Habermas, ob es ihm recht wäre, wenn ich den berühmten Mann auf seine Situation anspräche. Ein halbes Ja, ein halbes Meinetwegen. Ich rannte in eine weit offene Tür. Berghahn schlug ich Rowohlt für die seit 1963 auf immer höhere Auflagen gekletterte Monographie Musils vor. Er überlebte sie, erst vierunddreißig, nur gerade um ein Jahr.

Ende Juli, die Hitze unter dem Dach trieb mich fort. Auch der Gedanke an Eva, die mit mir hier lebte. Mein neues Quartier, ich hatte nur einen Tag danach gesucht, zwei still gelegene, nicht sonderlich freundliche Zimmer nahe der Post, dem Bahnhof. Ihr Vorzug, sie waren gleich einer Wohnung abgeschlossen, nichts lenkte mich ab. Zuvor die Praxis eines Arztes, seine Witwe trat sie an mich ab. Mein erster Besuch dort: Marie-Louise Roth aus Luxemburg. Musil führte auch sie zu mir. Jahrzehnte später schrieb sie dazu: «Ich erinnere mich an unsere Irrfahrt bis wir das Haus erreichten. Eine Atmosphäre der Trauer im Hause Frisé war angesichts der dunklen Wohnung deutlich spürbar. Seine Gefährtin und seine Mutter waren kurz nacheinander gestorben. Mein Mann wartete draußen im Wagen unter einer Laterne.»

Studnitz lud Anfang Oktober in sein Attaché-Haus in Mehlem hinter Bad Godesberg zu einem Abendessen ein. Eine kunstvoll stilisierte Wohnung, eine anspruchsvolle Bibliothek, Erstausgaben aus dem 17. und 18. Jahrhundert. Ein Palais en miniature. Berühmte Gäste aus der Zeitungs- und Magazinwelt: Friedrich Sieburg, jahrzehntelang das Paradepferd der «Frankfurter Zeitung», nun Spitzenmann der Literaturkritik bei ihrer Nachfolgerin, der «Frankfurter Allgemeinen», Rudolf Augstein, der Herr des «Spiegel», und mit ihm Claus Jacobi, dessen einige Jahre danach wohl jüngster Chefredakteur, zu Beginn mein Politik-Assistent bei der «Hamburger Allgemeinen». Antipodin Sieburgs: Gabriele Baronin Oppenheim vom Gestüt Schlenderhahn. Sie wetteiferten um den besten Platz, die größere Aufmerksamkeit. Seine Eloquenz war der Trumpf Sieburgs, die Baronin ihm auch buchstäblich gegenüber die Gesellschaftslady, die sich nur ungern von ihm überspielen ließ. Eine amüsante Miniszene. Man wünschte sie sich nicht jeden Abend. Der Gastgeber war der Mann der Tradition, er genoß es, die Rivalen auf Kurs zu halten.

ES WAR WIE EIN AUTOMATISMUS. Schwer zu sagen, was es wirklich war. Es zog mich von Zeit zu Zeit nach Hamburg. Es war, wo sonst ich auch lebte, für mich eine oder sogar die Gegenwelt. Den Krieg hindurch, bis an sein Ende, war das, ähnlich automatisch, Berlin, doch nun war es Vergangenheit, die nicht wiederkommt. Auch als ich Hamburg verließ, blieb ich Hamburger wie ich vordem sechzehn Jahre lang Berliner gewesen war. Ich blieb dort unter der Adresse eines Galeristen gemeldet, auch entsprechend steuerpflichtig. Zum Jahresschluß, schon vier Tage früher, fuhr ich über Düsseldorf, wo ich ja auch halb und halb zu Hause war, zur Lombardsbrücke bei der Alster, das kleine Parterrehotel dort war tatsächlich mein zweites Zuhause. Kam ich spät heim, konnte ich aus dem Zimmer gleich vorne beim Eingang seligsten Orgasmus hören. Mir fehlte etwas, wenn er mal ausblieb. Ich sah nie, wer sich da so entrückt der Liebe erschloß.

«armes war entsetzt nase hoch lebensänderung naturnotwendig beschütze dich mit ganzer kraft.» Ein Telegramm, das ich übers Jahr aufgeben würde, die Kopie hatte ich versehentlich in eine Schublade gelegt. Der Anstoß, daß es zu diesem Zuspruch kam, lag ein Vierteljahr zurück. Ledig (Rowohlt jr.) war der letzte Tag des Jahres gerade recht, um mit mir über Musil zu sprechen. Wir saßen, zwei Junggesellen im Wartestand, bei ihm irgendwo in Harvestehude, dachten nicht ans Feiern, demnächst würde eine Auswahl aus Musils Tagebüchern mit seinen Essays, seinen Reden erscheinen, er liebte Musil, er erinnerte sich gern an seine speziellen Erfahrungen mit ihm, und mir gefiel der ihm eigene Witz. Gegen elf fuhren wir zur «Insel» an der Alster, nur ein paar hundert Meter von meiner mehr Pension als Hotel. George Grosz wartete da auf ihn, ich kannte ihn noch nicht, war neugierig. Eine lange strapaziöse Sitzung. Silvester in großer Runde, so war es nicht vorgesehen. Ich fand mich am Ende, es war schon Frühstückszeit, in einem Haus an der nahegelegenen Badestraße. Neue sogenannte gute Bekannte. Über sie wurde ich Anfang März zu einem Faschingsfest in Harburg bei einer mir unbekannten Familie aus der Geschäftswelt eingeladen. Fünfzig, sechzig Gäste. Ich stellte mich zu der einen, zu der anderen Gruppe, die Unterhaltung da wie dort sprach mich nicht an. Es war wohl auch eine Frage der Konstellation. Ein paar Tage zuvor war Evas Todestag. Ich war über Wochen nahezu täglich zu ihrem Grab, zu dem der Mutter symmetrisch hinter dem ihren gegangen. Meine Notiz dazu unlängst: «Alles unbegreiflich fern.»

Warum war ich, immerhin vom Rhein, hierhergefahren? Ein Spiel mit dem Zufall? Der Zufall spielte mit mir. Ich hatte daran gedacht, mich wegzustehlen, scheute den Fauxpas. Doch dann zog mich ein Gesicht an. Eine ernste junge Frau. Ausgeglichen, nachdenklich. Sie saß seitlich in der Ecke, den Rücken zur Wand, auf einem leicht erhöhten Rondell. Sie schien, nicht wie durchweg alle kostümiert, ganz auf sich konzentriert, oder sie hatte sich, als sei sie nicht da, gegenüber dem Trubel rundherum unauffällig abgeschaltet. Wünschte sie nur, wie ich bis zu diesem Augenblick, nicht da zu sein? Aber warum war sie da? Eine jüngere, gleichfalls, doch eher noch kindlich, anziehende Frau, schoß kurz zu ihr hin, umhalste und küßte sie, schoß vergnügt wieder weg. Ihre Schwester? Sie nickte, kann sein, sie lächelte, ich weiß es nicht mehr. Wie auch, wir kamen ins Gespräch. Ihr Mann, ja, er war auch da. Drei Buben, der jüngste sechs. Wir wohnen nicht weit von hier. Ich? Ich lebe allein. Eva. Sicher, ich sprach auch von ihr. Journalist? Vier Jahre hier in Hamburg. Ich bin gerne hier. Was tut sie, was denkt sie? Ich verbarg nicht, daß ich mehr, daß ich alles über sie erfahren möchte. Wir waren beide seltsam mitteilsam. Sie lesen viel? Interessant. Morgen? Sie überlegte. Halb fünf. Sie schlug das Atlantic vor. Am Dienstag trafen wir uns wieder da, aßen zusammen. Einmal rief sie an, einmal erreichte ich sie nicht, doch dann noch am späten Nachmittag. Ich bin morgen in Münster, komme mit dem Zug. Viertel nach zwei. Ich fuhr ihr entgegen, holte sie ab, zunächst für zwei Stunden nach Düsseldorf, dann hinunter zu mir, nicht direkt zu mir, sie hatte es versprechen müssen. Nur auf neutralem Boden, das war die Bedingung. HC, die Chiffre für Hans Conrad, unser Codename für ihn, sie hieß Maria, auch noch Helene Amaly Editha Agnes, wußte schon von Anfang an, was hier, im Jargon der Straße, lief. Der coup de foudre, der mich wie sie, sie wie mich, in jedem Fall mich getroffen hatte, hätte ihm nichts gesagt. Er war sicher, es würde sich geben. Sie sah es anders. Sie wäre für ihn sein Besitz, er leihe sie wohl nur einmal aus. Sein Ideal die Ehe zu dritt? Es wäre ein Motiv für so manches. Bei aller Großmut, wenn sie es denn war, kein Verzicht auf seine Rechte. Sein Faustpfand wie eh und je die Buben. Ich begriff es und begriff es nicht. Ich sagte mir, wir sollten einmal miteinander reden.

Schwierige, verwirrende Wochen. War sie zu offenherzig gewesen? Die Furcht, sie halte das nicht durch. Ende des Monats ein Telefonat mitten in der Nacht. Sie entschied sich gegen uns. Nach wieder drei Wochen lag in einem Hotel in Baden-Baden ein Brief von ihr. Schrieb ich ihr, ich würde dort sein? Eine Tagung, eine Strawinsky-Matinee, danach das Darmstädter Gespräch. Anfang Mai fahre ich mit Freunden, die ich da traf, nach Gent, Brügge, wir besuchen die berühmten Museen (van Eyck, Memling, Rogier van der Weyden). Nebenbei ein Versuch, mich abzulenken. Zu Hause ein Brief Marias, auch ein Telegramm. Um Mitternacht ein Anruf von HC, ich hatte mir nichts mehr gewünscht. Ein wie es sich anhört faires Gespräch, ein Angebot. Er, ja er bietet die Scheidung an, dazu: die Buben bleiben bei der Mutter. Frühmorgens ruft sie an: Bin nach vier in Münster. Wieder ein paar Tage am Rhein. Es geschieht nichts. Telefonate. Plötzlich auch ein Anruf aus der Nähe. Pfingsten im Taunus. Eine Woche danach via Zürich über den Juni wieder nach Rom zu Gaetano Marcovaldi. Ein Essen bei der Familie Kaschnitz, dort auch, zum ersten Mal, Ingeborg Bachmann. Einmal treffen wir uns auch bei der Piazza di Spagna, einmal bei der Hauptpost an der Piazza San Silvestre. An einem der Rom-Sonntage ein Anruf Marias: «Die Würfel sind gefallen!» Auf dem Rückweg ein kurzer Stop in Venedig, um Giorgione, seine erst jüngst offerierte repräsentative Ausstellung zu sehen, ein langer Tag in Zürich bei Max Rychner, bei Musils Freund Robert Lejeune. Ein Tag «Handelsblatt» in Düsseldorf, Anruf bei Maria, gegen Mitternacht in Hamburg. Was so definitiv entschieden sei, gilt nicht mehr. Sie steht auf dem Bahnsteig im Hauptbahnhof, erwartet mich.

Maria gibt nicht auf, ich gebe nicht auf. Ein immanenter Vertagungsprozeß. Der Julisommer. Wir fahren mit dem Bus hinauf nach Holstein, Grömitz, Pönitz am See, ein flüchtiges Glück dicht bei der Lübecker Bucht. Wieder in Hamburg nimmt Maria den Schlafwagen nach Köln, ich weiß wozu, ich begleite sie. Frühstück im Dom-Hotel, eine Henkersmahlzeit. Ich weiß es, wie gesagt. Die Schwiegermutter in Godesberg, wo ja auch ich wohne, freut sich auf sie, ich zweifle nicht daran, auch Maria, ich zweifle daran ebensowenig, dürfte sich freuen. Wieder der schon trainierte Abschied. Ausdrücklich und nun unwiderruflich: Für immer!

Kein Quartier mehr beim Rhein, ich ziehe in eine Pension, sage mich bei den Ski- und Schwarzwaldfreunden in Den Haag an, sie besorgen mir im Handumdrehen nahe bei ihnen in Wassenaar, wo angeblich die meisten Millionäre des Landes wohnen, ein neues Nest. De Pauwhof, der Pfauenhof, ein Asyl für Maler, Schriftsteller. Man sitzt mittags, auch abends um einen langen ovalen Tisch, es wird, sofern nicht holländisch, englisch gesprochen. Die Straße Amsterdam–Den Haag, ich hatte noch keine Hörbeschwerden, vertrieb mich. Zum Abschied ein delikater Moselwein. Für zehn Tage, es war ein guter Anlaß, ein Abstecher nach Genf zur ersten Internationalen Atomkonferenz. Ein nicht alltägliches Thema für meine Seite im «Handelsblatt». Ich treffe Ladame, seinen Freund Perrier, wir erinnern uns an Rahn. Ich suche die Plätze, wo Musil wohnte. Seine erste Adresse in der rue de Lausanne parallel zum See, in Chêne-Bourg die Pouponnière am Chemin des Grangettes, ich spreche mit ihrer Chefin Barbara Borsinger de Baden, sie erinnert sich noch lebhaft an Musil, sehe auch noch das idyllische kleine Haus, in dem er 1942 gestorben war, in Champel am Chemin des Clochettes. Jahre später, die Stadt Genf stellte zur Erinnerung an ihn Fritz Wotrubas Büste Musils auf, gab es dieses einst so still abgelegene Haus nicht mehr. Mächtige mehrstöckige Wohnblocks hatten es aus dem Weg geräumt.

Von Genf zurück ziehe ich nach Noordwijk, habe da einen Bungalow für mich. Mir fehlt nichts. Ich fahre jede Woche nach Düsseldorf, übernachte da in einem bescheidenen Vertreterhotel, setze mich am Abend in die Halle des Parkhotels. Ein idealer Arbeitsplatz. Ich sitze weit zurück an einem gesondert belichteten Tisch, die Musik vorn verhallt bis dahin, habe ich Hunger, kann ich noch bis tief in die Nacht mir etwas bringen lassen. Ich höre, eine Freundin liegt im Krankenhaus, wir kennen uns seit der Zeit vor dem Krieg. Ich besuche sie, sie erwartet ein Kind. Es kommt nicht zur Welt, es war schon tot. Hohes Fieber. Es bedrückt mich. Wünsche? Ich denke nicht darüber nach. Was hülfe es?

Es ist November, keine Zeit mehr für die See. Der Verleger der Zeitung lädt mich zu einer Fahrt mit ihm und seiner Frau nach Paris ein. Nach den Studienjahren, seit 1940 als Soldat mein dritter Besuch. Die frühen Eindrücke leben wieder auf. Der Montparnasse, das Café du Dôme. Nun ist St. Germain en vogue, ein anderes Paris, doch auch so lenkt es mich ab.

Von da zurück, gehe ich nicht mehr nach Holland, auch nicht nach Godesberg, bleibe vorerst in Bonn. Ich nehme ein Zimmer im Bergischen Hof. Habermas besucht mich da, es waren die zwei Gespräche zu Adorno. Ich treffe Benno Reifenberg. Zweimal um die Ecke, die Mutter hatte zuletzt bei ihrer Kusine in der Sternstraße gewohnt. Das Klima der Hauptstadt, habe ich das gesucht? Ein Hauch von Heimatlosigkeit.

Mitte Dezember. Beim «Handelsblatt» liegt unter der Post für mich, ich war mittags von Bonn herübergekommen, ein Brief mit der Handschrift Marias. Fünf Monate. Ein erstes Lebenszeichen. Ich hatte ihr nicht geschrieben. Wie wäre es, wenn ich ihr geschrieben hätte? Maria sah da kein Problem, wir schnitten es erst gar nicht an. Immerhin, wir sahen uns. Das alte Vertrauen. Neue kleine Schritte, wir hatten unsere Erfahrungen mit uns. Zur gleichen Zeit erste Gespräche mit dem Rundfunk in Frankfurt. Sie hatten, gelegentlich, en passant, in Hamburg begonnen. Auf einmal, es interessierte mich nicht wodurch, war das, worum es ging, spruchreif geworden. Zweite Hälfte Januar entscheidet es sich, der mich vorschlug, empfahl, geht mit mir zum Herrn des Hauses, in dem ich nun arbeiten soll. In der Osterwoche beginne ich damit. Eine verrückte, nein, eine märchenhafte Koinzidenz. Maria ist da fast schon auf dem Weg zu mir. Das Spiel mit ihr hatte sich nicht mehr ertragen lassen. Eine Familie mit Tradition, die der Mutter geht bis ins fünfzehnte Jahrhundert zurück, sie ist HCs Cousine, er ihr Cousin, ihre Namen sind an Normen gebunden, er verweigert ihr zuletzt jede Mark, nimmt ihr ihren VW, sie kommt allein mit dem, was sie anhat. Sie ist entschlossen, sich nicht mehr daran zu erinnern. Wir sprechen nicht mehr darüber. Ich hörte es von ihr durchs Telefon, las es in ihren Briefen.

Es ging weiter, immer weiter. Gerade nur zwei Wochen, noch im selben Monat, er setzt sein Spiel fort. Wir fassen es nicht. Ein Anruf aus einem stadtbekannten Café in Frankfurt, mit ihm wir nennen es einen Lockspitzel.

Ein einfaches nicht zu mißdeutendes Nein. Wie kann man sich dem aussetzen? Abends in Königstein bei Peter Suhrkamp. Marias erste Fluchtstation, sie war in jeder Sekunde mit ihren Gedanken bei den Söhnen, meldete jeweils, wo sie war, sie versteckte sich nicht. Eine Wiederbegegnung im Bus, der große anspruchslose Verleger, er ohne Auto, ich hatte das unsrige, für den Anfang einen bescheidenen gebrauchten Simca, natürlich ihr, dem Flüchtling, überlassen. Wir hatten uns ewig nicht gesehen. Wir sind für ihn eine besondere Geschichte, sie berührt ihn. Auch eine Tante Marias ruft aus Frankfurt an, sie ist eigens unseretwegen gekommen, sie will das Monstrum wenigstens einmal gesehen haben, aber es scheint, ich enttäusche sie. Und wieder die Anrufe. Wir mieten ein Schwedenhaus in Bad Homburg, Marias Mann weiß noch nichts davon, er sagt, er hole sie ab. Ich verkaufe Schmuck vom Vater, den es nie für mich gab, sie erschrickt. HC hatte erst unlängst noch mit ihr, das Grundstück war auf ihren Namen eingetragen, auf einer kleinen Höhe am Rande Rönneburgs hinter Harburg ein großes prächtiges Haus bezogen. Ein ohne Frage beachtlicher Kontrast. Als letztes hatten wir uns eine dritte Couch gekauft. Das war am Tag vor Pfingsten. Marias Schwester Christine, ihr künftiger Mann kamen zu Besuch. Maria kränkelte. Ich wurde sechsundvierzig. Wir fuhren, es war ja kein Tag wie jeder andere, zur Lochmühle bei Saalburg, am Wochenende zu Sieburg nach Gärtringen nicht weit von Stuttgart. Normale Tage. Ein bißchen Weltschmerz. Wir fahren auch noch einmal zum Feldberg hinauf, sehen uns noch einmal das hochgeschätzte Bad Nauheim an. Die für uns letzte Nacht. Gegen zehn, wir waren vor wenigen Minuten zurückgekommen, ging ich wieder fort, vertrat mir, wie ich spottete, die Füße. Ein Tiefpunkt, aber was sollte ich tun? Eine der Tanten Marias, die Schwester ihres Vaters, die Frau des berühmten Marschalls, sollte oder wollte mich nicht sehen. Nach einer halben Stunde gehe ich zurück, die in der Familie hochrespektierte Tante ist, wie abgemacht, nicht mehr da. Ihre Nichte, der sie, wie man sagt, besonders zugetan ist, und warum soll es nicht so sein, tut, was sie von ihr verlangte. Sie packte ihre Sachen zusammen, mir mißfiel das alles, doch auch merkwürdig, es machte mir nichts, daß es unsere letzte gemeinsame Nacht sei. Ich fahre sie am Morgen nach Frankfurt, setze sie an irgendeiner Ecke ab. Kein Schauspiel. Keine Zärtelei. Das wäre ohnehin nicht Marias Fall. Sie schwört, ich komme zurück.

Nur zwei Tage. Der Simca bricht aus, überquert den Platz, um den ich herumfahre, erst eine Teppichstange hinter einem Zaun hält ihn auf. Ich steige aus, als sei nichts geschehen.

Reine Nervensache. Maria soll es ruhig wissen. Sie kommt, tröstet mich, fährt wieder weg. Auch das spielt sich ein. Tags darauf ein Anruf, sie fliegt nach Stockholm. Die Olympischen Spiele. Ich gönne es ihr, sie war schon als Kind eine passionierte Reiterin. Mal himmelhochjauchzend, mal zermatscht. Madame Roth meldet sich, sie ist nun in Saarbrücken, eine halb französische Universität. Musil – ihr Thema. Sie bittet mich zu einer conférence. Maria will das alles wissen, will das nächste Mal dabei sein. Am selben Tag, sie ist wieder aus Schweden zurück, ein Abschiedsbrief, auch am Tag darauf. Ich fliege zu ihr, da stimmt was nicht. Einmal heißt es, der Faden ist gerissen. Bin ich da, ist es vergessen. Ja, es geht auf und ab. Sie klagt, es war schrecklich. Noch in derselben Woche bricht sie die Beziehung zu mir ab. Suhrkamp: Ich kenne das. Ich verstehe: Sie machen das falsch. Ich tauche ab, zum Wochenende fahre ich wieder hinauf, sage es ihr, sie bestellt ein Zimmer. Früh um sechs höre ich, sie ruft mich aus einer Telefonzelle an: Verzweifelt, sie wurde geschlagen. Ich bin noch nie geschlagen worden. Sie war die Nacht, sie sagt die ganze Nacht hindurch herumgeirrt. Ich frage nach ihrer Nummer, rufe zurück. Ein Dreistundengespräch. Eine schwierige akute Hilfe. Ich stelle den Wagen auf dem Parkplatz des Hotels ab, schalte einen Anwalt ein, hinterlege für ihn die Wagenschlüssel, zudem eine vielleicht erforderliche Reserve. Nach Tagen ein Brief aus Sylt: Ferien mit den Kindern. Und doch wieder Apathie, Depressionen. Ich tauche wieder ab, nehme mir vor, nun verstumme ich, sie muß zur Ruhe kommen. Wochen, in denen wir nichts von einander hören. Ihr erster Anruf, der Tenor: Die Situation hier spitzt sich zu. Ihr Konto ist wieder gesperrt, der VW ihr wieder weggenommen. Ich bin völlig isoliert, ich komme zurück. Ein Telegramm: Kann nicht anrufen komme morgen. Das war ein Dienstag und es kommt noch ein Telegramm, wann sie eintreffen wird. Noch an diesem Tag 13.05 Uhr ist sie wieder da.

Peter Suhrkamp lädt uns für den Tag darauf zum Mittagessen ein. Mitte Dezember fliegen wir nach Rom, treffen Hokke, Hermann Kesten, Wolfgang Koeppen, fliegen weiter nach Taormina, fahren über Catania, Enna, Caltanissetta nach Agrigent, Palermo, Neapel, Capri. Auch hier wieder ihre Tristesse, die Depressionen.

Ein Eilbrief der Schwester, der Älteste, er ist elf, liegt im Krankenhaus, Blinddarmoperation. Nach sieben Monaten wieder ein Telefongespräch der Eltern. Wieder eine unerwartete Koinzidenz. Maria fliegt nicht nur, um den Sohn zu sehen, nach Hamburg. Es ist der Tag ihrer Scheidung. Kein Streit mehr. Sie kommt tief deprimiert zurück. Eine Nacht ohne Schlaf. Indes wie immer, das Leben geht weiter. Wir fahren zum Prix Italia nach Baden-Baden. Eine Ablenkung. Wir fahren über Bruchsal, Maulbronn, wo ich mich vor langer Zeit drei, vier Tage vom Studium erholte, Maria anschließend zu ihren Söhnen auch diesmal nach Sylt. Sie fühlt sich da bald wieder «bedrängt», ein Momentreflex, Anfang August kommt sie braungebrannt, von Grund auf erholt zurück. Ich sitze über Musils Erzählungen, seinen Stükken, auch schon seinen Tagebüchern. Der weitere Band erscheint im Dezember. Ich übersehe da noch nicht, was alles für weitere gut zwanzig Jahre vor mir liegt. Heiraten wir? Ich bezweifle, daß das ein Problem ist. Maria gab später zu, sie habe es, ich denke teils unbewußt, hinausgezogen. Die Familie, voran die Kinder. Ein Aspekt, der sich nicht ignorieren ließ. Doch auch, nach allem, das Glück der Unabhängigkeit. Das der Selbstverwirklichung. Sie hatte studieren, ihren Weg gehen wollen. Im Dezember lud Studnitz, seit kurzem Pressechef der Lufthansa, zum ersten Nonstopflug Frankfurt–New York ein. Ein Kreis von Singles, nur wir als loses Paar. Wir waren nolens volens ein Notfall. Ein Motiv, zu heiraten. Ein Kollege vom Funk, ein freundlicher Herr vom Standesamt übernahmen es, unsere Trauzeugen zu sein. Ein Festessen zu dritt in einem Café. An eine Anzeige hatten wir beide nicht gedacht.

Die Söhne. Das Haus, das wir uns zwei Jahre später bauten, war für sie zu klein, nur die beiden jüngeren kamen zu uns, allein der jüngste wohnte auch bei uns, machte hier sein Abitur. Für die Mutter bis heute ein Schmerz, daß die Familie sich nicht geschlossen als ihr Clan um sie scharen konnte. Sie hat so vieles aufzuholen, das ist zu verstehen. Constantin, Hubertus, Jürgen, inzwischen gute Fünfziger, sie sind ihre Männer. Ein Unternehmer, er erweiterte eindrucksvoll, was er vom Vater übernahm, er komponiert, es ist entschieden mehr als sein Hobby, es ist ein Teil seiner Existenz, ein Musical nach dem anderen, ist mit ihnen auch in die Medien gekommen. Ein passionierter Arzt, ein fast ebenso passionierter Marathonläufer, er liest die Bücher des Tages, nur die wichtigen Bücher, ist mit dem Programm der Hamburger Bühnen vertraut, reist mit seinen Kindern, deren Freunden, seiner Frau nach Kuba, in die Staaten. Ein Münchner Anwalt, ein großer Schweiger, spricht nur selten von sich, Autor einer umfangreichen Studie zum europäischen Sozialrecht. Er wäre ein Mann der Wissenschaft.

Maria hat längst aufgeholt, was sie sich über Jahre nehmen ließ. Jeder ihrer Briefe traf mich. Es stand für mich schon nur nach Tagen fest, hier verwirklicht sie sich. Sie besuchte Constantin, er war, wie zeitweilig auch Jürgen, im Internat, sie berichtete darüber, gab den Text Karl Korn. Er las ihn eher als ich, druckte ihn. Sie schrieb weiter, er druckte auch das, nahm sie in die Redaktion, sie blieb da über zwanzig Jahre. Ledig machte für Rowohlt aus den Geschichten ihr erstes Buch, ihr zweites mit ihren Überlegungen «zum Thema Männer, Frauen und Familien». Sie hatte ihre Leser, das stimulierte. Vier weitere schmale Bände mit auch sarkastischen Geschichten aus dem Alltag. Voran steht die Erinnerung an ihre «Schlesische Kindheit».

Über fünfundvierzig Jahre, all die Zeit am selben Platz. Die Entscheidung für Musil, für den Frankfurter Rundfunk. Man kann sich das nicht vornehmen. Die Landschaft hat damit zu tun, wesentlich, entscheidend der Partner. Die Beharrlichkeit des anderen. Sie fordert dazu heraus, ihr zu entsprechen, es wäre schwer, möchte man sich nicht überschätzen, sich ihr entziehen.

WER STIRBT ZUERST? Im Ernst, wir sprechen darüber. Die Gründe? Einer wird den andern überleben. Sie möchte, ja sie will es nicht sein. Ich sage nicht, wie ich das sehe.

PERSONENREGISTER